Socialismo.info

edizione 2018
Pubblicizza questo libro come credi, anche facendone oggetto di commercio, ma se lo modifichi non attribuire a me cose che non ho mai detto, a meno che tu non pensi di contribuire alla causa di un socialismo davvero democratico.

MIKOS TARSIS

HOMO PRIMITIVUS

Le ultime tracce di socialismo

Essere naturali è una posa difficilissima da mantenere.

Oscar Wilde

Nato a Milano nel 1954, laureatosi a Bologna in Filosofia nel 1977,
già docente di storia e filosofia, Mikos Tarsis (alias di Enrico Galavotti)
si è interessato per tutta la vita a due principali argomenti:
Umanesimo Laico e Socialismo Democratico, che ha trattato in homolai-
cus.com e che ora sta trattando in quartaricerca.it e in socialismo.info.
Per contattarlo:
info@homolaicus.com o info@quartaricerca.it o info@socialismo.info
Sue pubblicazioni su Amazon.it

Premessa

L'evoluzione è un concetto molto relativo, come quello di progresso. Sembra che la si debba intendere come un processo che va da un aspetto inferiore verso uno superiore. Ma già questo modo astratto è fuorviante.

I concetti di "inferiore" e "superiore" sono quanto mai condizionati dal contesto in cui vengono formulati. Per noi per esempio è "inferiore" vivere a contatto *prevalentemente* con la natura, mentre è "superiore" essere dotati delle più moderne tecnologie.

L'uomo primitivo avrebbe però potuto dirci che, dovendo essere dipendenti da qualcosa, è sempre meglio scegliere la *natura*. Probabilmente ce l'avrebbe detto anche se avesse potuto conoscere l'uso che facciamo dei nostri strumenti di lavoro e di comunicazione.

Oggi infatti abbiamo a che fare con una tecnologia così complessa che pochissime persone sono davvero in grado di padroneggiarla. Per la sua periodica manutenzione noi abbiamo sempre bisogno di un tecnico specializzato.

Viceversa l'uomo primitivo era in grado di fare qualunque cosa, e non perché avesse un basso livello di tecnologia (ogni cosa va rapportata al suo contesto), quanto perché i mezzi erano sufficienti per vivere un'esistenza appagante, in cui non ci si sentiva frustrati per ogni inconveniente.

Quindi è difficile parlare di evoluzione: bisogna prima intendersi sul significato delle parole. È stato forse un progresso essere passati dalla fitoterapia alla medicina di sintesi? Abbiamo certamente sconfitto molte malattie, ma quante altre ne abbiamo introdotte? E siamo proprio sicuri che le malattie sconfitte siano sempre esistite? O lo diciamo soltanto per giustificare la nostra artificiosità? Al tempo di Colombo tante malattie che gli europei consideravano naturali, erano del tutto sconosciute agli amerindi.

Dire "coscienza evoluta", dal punto di vista tecnologico, non vuol dire assolutamente nulla. Nessuna società avanzata sul piano scientifico riuscirebbe a sopravvivere se non avesse un rapporto iniquo col cosiddetto "Terzo mondo" e un rapporto dispotico con le risorse naturali. Lo sviluppo della tecnologia ci ha portati a dominare il pianeta, non a essere eticamente migliori.

Una vera "coscienza evoluta" può essere soltanto quella che vuole ripristinare un *rapporto diretto con la natura*. Questo significa però fare piazza pulita degli ultimi seimila anni di storia. Infatti tutta la storia delle civiltà non ci serve assolutamente a nulla per capire la profondità della nostra coscienza. Dobbiamo tornare a studiare gli *stili di vita dell'uomo primitivo*, perché solo quelli salveranno l'umanità dalla desolazione.

"Coscienza evoluta" significa fermarsi e tornare indietro. Qualcuno la sta chiamando "decrescita". Bisogna uscire quanto prima dal sistema, rioccupare le terre abbandonate, recuperare i mestieri perduti, valorizzare le risorse del territorio locale, tornare all'autoconsumo, gestire in maniera collettiva i mezzi produttivi.

La "coscienza evoluta" è quella che ci fa tornare alla semplicità, all'immediatezza, alla trasparenza dei rapporti tra noi e tra noi e la natura. Dobbiamo avere il coraggio di farlo e certamente da soli, come singoli, non vi riusciremo mai.

I

SOCIETÀ COMUNITARIE

Introduzione all'epoca preistorica

Premessa

In che senso l'uomo primitivo era "primitivo"? In che senso intendiamo questo aggettivo? Non sarebbe stato meglio usare l'aggettivo "primordiale" o "ancestrale"? Nel linguaggio comune "primitivo" ha una connotazione negativa, equivalente a quella di rozzo, ignorante.

Il socialismo scientifico parlava di "comunismo primitivo", riferendosi a quell'epoca storica in cui non vi era divisione in classi, ma ha sempre sostenuto la *necessità* (o comunque l'*inevitabilità*) di uscire da quella formazione sociale. Il cordone ombelicale che teneva legato l'individuo alla tribù andava reciso.

Quindi, in tal senso, anche il socialismo scientifico contrapponeva l'aggettivo "primitivo" a quello di "evoluto", "scientifico", "consapevole". L'uomo era "primitivo" perché "ingenuo", "istintivo", timoroso nei confronti della natura, impossibilitato a uscire dal clan, dalla tribù, inevitabilmente destinato a diventare "religioso".

E se prendiamo le tesi dell'ideologia borghese, la denigrazione nei confronti della preistoria è mille volte maggiore. La stessa parola "preistoria" è indice eloquente del disprezzo che le civiltà antagonistiche nutrono nei confronti del comunismo primitivo. Ancora oggi è così. Gli ultimi "uomini primitivi" vengono visti con senso di commiserazione, compatimento, come un fenomeno da circo.

La "storia" inizia solo con la nascita delle "civiltà": tutti i manuali scolastici e universitari lo dicono, da sempre. Cioè inizia con la scrittura, le città, i commerci, il denaro, il potere, la forza militare, le conquiste territoriali e così via. Si è voluto guardare il passato non per quello che è stato, ma nello stesso modo con cui guardiamo il presente.

Linea del tempo

Anni	Natura
13-14 miliardi	Universo
13,7 miliardi	Galassia Via Lattea
4,5 miliardi	Sistema solare
4,5-4,6 miliardi	Terra (ere geologiche)
4 miliardi	Batteri / Alghe
570 milioni	Invertebrati
400 milioni	Pesci
300 milioni	Anfibi
250 milioni	Rettili
100 milioni	Uccelli
70 milioni	Mammiferi
5 milioni	Ominidi/Umani (evoluzione)

Domande sull'essere umano

1. Perché l'essere umano è emerso per ultimo in questa linea del tempo? Perché è una sintesi in grado di conservare tutto quanto lo ha preceduto e, nel contempo, è anche l'unico ente che contiene qualcosa che prima non c'era: la *coscienza*. L'universo ha preso coscienza di sé con la nascita dell'essere umano.
2. Perché è occorso così tanto tempo prima che l'universo prendesse coscienza di sé? Perché nell'universo esiste il principio di *evoluzione*, secondo cui le cose più complesse nascono dopo quelle semplici, in un processo che non ha mai fine, poiché *tutto è in perenne trasformazione*, al punto che non viene neppure escluso il passaggio inverso: dalla complessità alla semplicità.
3. L'universo conteneva già in sé la possibilità della propria autocoscienza? Sì, perché l'universo è destinato ad essere *totalmente compreso dall'uomo*.
4. Che cosa dobbiamo capire? Come le cose si formano e come si sviluppano. Come stanno insieme queste tre categorie: *possibili-*

tà - realtà - necessità, che regolano tutti i processi sociali e naturali. In particolare ci interessa sapere quale sia *il senso della libertà* e come questa libertà possa essere vissuta in forme e modi che non contraddicano l'essenza della nostra umanità.

5. L'esperienza della libertà sul nostro pianeta è l'unica possibile? No, perché anche questo pianeta ha una durata limitata, e poi perché la dimensione ultima dell'essere umano non è quella terrena ma quella *universale*. L'universo ha *leggi oggettive*, valide ovunque.

6. Esiste il rischio che, non rispettando queste leggi, l'essere umano, sulla Terra, distrugga l'ambiente naturale e quindi se stesso? Sì, proprio perché è dotato di *libertà di coscienza*. Ma poiché è la Terra che appartiene all'universo e non il contrario, la distruzione della libertà sulla Terra non implica la distruzione della libertà nell'universo, che è infinito nello spazio e illimitato nel tempo. Quanto non si riuscirà a realizzare su questo pianeta, dovrà essere realizzato nell'universo, se si vuole salvaguardare l'identità umana, senza costrizione alla libertà.

Evoluzione umana

Anni	Cervello (cm^3)	Tipologie	Ambiente	Attività
5.000.000 4.000.000	450-520	**Austrolopiteco** (scimmia africana emisfero australe)	Foresta Prateria Di notte sugli alberi Africa	Posizione abbastanza eretta. Raccoglie tuberi, frutti, piante. Mangia insetti, carcasse di carne. Usa bastoni, ossa, ciottoli. Attrazione istintiva. Accoppiamento promiscuo. Difesa maschile del territorio. Cibo equamente ripartito.
4.000.000 3.000.000	630	**Homo habilis**	Savana Foresta Africa	Pollice opponibile, specializzato. Scheggia la pietra per renderla acuminata e tagliente (chopper). Usa bastoni da scavo. Linguaggio parlato per la

				caccia di piccoli animali, che poi scuoia. Difesa del territorio. Si raggruppa per bande. Calcola le distanze e si orienta nello spazio. Sviluppa memoria e linguaggio e predisposizione alla simmetria (senso estetico). Uguaglianza dei sessi (fa vita di coppia in nuclei familiari organizzati).
1.800.000 250.000	900-110	**Homo erectus** o ergaster (sinanthropus, pithecanthropus, atlanthropus)	Campi-base ai margini di foreste e savane. Dall'Africa in Asia, Indonesia, Europa.	Bipede con fisico sviluppato. Insediamenti più stabili (capanne con muretti di legno e spazio riservato al focolare). Strumenti litici (amigdala, tagliente su due lati; utensili in osso decorati con incisioni astratte o simboliche). Usa e conserva il fuoco. Caccia qualunque animale. Nomade: segue migrazioni della selvaggina, ben equipaggiato. Ogni generazione migra circa 50 km. Vincoli di coppia. Organizzazione per gruppi di caccia (uomini) e raccolta stagionale di frutti, foglie, radici, funghi (donne). Subisce I-II-III glaciazione. S'interessa di pratica funeraria: postura rituale-simbolica.
250.000	1300-1600	**Homo sapiens**	Quasi tutta	Costituzione robusta.

| 40.000 | | (Neanderthal) Resti in Germania | Europa (anche tra i ghiacciai) e Africa | Fabbrica attrezzi complessi (aggiunge un manico agli strumenti di pietra). Si copre con pelli di animale. Costruisce ripari e abita caverne (uno spazio è riservato ai morti). Caccia in gruppi i grandi animali (mammuth, renne, cervi, cavalli, orsi…) e addomestica il lupo. Cuoce qualunque cibo. Vita familiare di coppia e per bande di 30-40 persone. Parla lentamente. Seppellisce i morti in apposite fosse (composti, arti flessi, braccia incrociate in grembo, con offerte di cibo, strumenti vari, ghirlande di fiori). Dipinge. Subisce la IV glaciazione. Misteriosa la sua scomparsa. |
| 100.000 36.000 | 1000-2000 (in media 1500) | **Homo sapiens sapiens** (Cro-Magnon) Resti in Francia | Emigra dall'Africa e popola tutta la Terra. | Lavora legno, ossa, avorio. Produce ami da pesca, aghi da cucire in osso o avorio, lampade, otri di cuoio per l'acqua, il trapano ad archetto. Conosce la tecnica dell'incastro (p.es. impugnatura di legno con lama di pietra). Confeziona abiti e realizza ornamenti estetici. Inventa l'arco per la caccia. Usa il bulino (lama di selce a forma di scalpello per |

spaccare varie cose).
Accende il fuoco, cuo-
ce il cibo. Costruisce
ripari e vive in villag-
gi. Culto della stirpe e
dei morti (corredo fu-
nebre nelle tombe).
Linguaggio complesso
e sviluppo di canto,
danza, musica e pittu-
ra (incisioni e dipinti
su pietra).

Teorie sull'evoluzione umana

Le differenze dell'*homo sapiens sapiens* sono così grandi rispetto agli altri animali che è assurdo pensare a una qualche evoluzione di elementi quantitativi, tanto più che la nostra specie sembra non aver avuto alcun rapporto con quella a noi più prossima, la Neanderthal, scomparsa per motivi misteriosi.

Da dove veniamo non lo sappiamo. È inutile parlare di sicura evoluzione, di sicura provenienza dal Kenya, di "Eva nera" di centomila anni fa e via dicendo. Sono tutte teorie che rischiano di apparire ideologiche, viziate in partenza, con cui si cerca anzitutto di smentire quelle creazioniste dei credenti. Sarebbe sufficiente dire che quelle creazioniste sono mitologiche, suggestive certo sul piano letterario, ma assolutamente inutili su quello scientifico, proprio perché è il concetto stesso di "dio" che non ha senso, essendo indimostrabile. Dopodiché ci si dovrebbe limitare a sostenere che l'origine dell'essere umano resta ignota.

Noi possiamo soltanto dire che l'uso finalizzato di costruire strumenti per ottenerne altri è segno di *intelligenza*, o che la decisione di seppellire i morti corredando le loro tombe con gli oggetti che in vita gli appartenevano, è segno di *sensibilità* (evitando però di aggiungere che questa sensibilità era di tipo "religioso", poiché anche questa conclusione è ideologica, metafisica, condizionata dal nostro modo alienato di vedere le cose).

Sono troppi gli "anelli mancanti". Gli scienziati ci dicono che il processo di "ominazione" è stato incredibilmente lungo e complesso (e oggi continuiamo a vederlo nello sviluppo di un qualunque essere umano), ma non sappiamo affatto quando questo processo sia cominciato, cioè quando sia nato un essere umano effettivamente identico a quello odierno. Nessuno può dire quando i primi esseri umani abbiano iniziato a parlare.

Le date sono sempre molto approssimative, continuamente soggette a modificarsi ogni volta che si trovano dei reperti archeologici significativi. Per quanto ne sappiamo, l'attuale essere umano potrebbe anche essere nato a causa di *fattori esogeni*, esterni al nostro pianeta, che non dovremmo aver paura di ammettere, pensando che, facendolo, si presterebbe il fianco a interpretazioni clericali.

Tutto ciò che non è in qualche modo sperimentabile, verificabile, dimostrabile, o non esiste o comunque non ci riguarda, non è indispensabile alla nostra esistenza, in quanto possiamo vivere come se non ci fosse. Questa forma di *ateismo*, che ognuno di noi dovrebbe avere come convinzione naturale, non può però escludere l'idea che l'essere umano possa essere in realtà "figlio dell'universo" e non tanto della sola "Terra".

Le cause ultime della nostra esistenza potrebbero essere molto più remote ed eterogenee di quel che crediamo. Nessun adulto è in grado di ricordarsi cosa provava quand'era nel ventre della propria madre. Le nostre origini sono destinate a restare sconosciute.

Tuttavia se noi sviluppassimo la consapevolezza che non è solo la Terra il nostro habitat naturale ma addirittura l'intero universo, noi dovremmo arrivare alla conclusione che la nostra esistenza ha *un'origine infinita*, a differenza di quella di qualunque altro animale, ed è anche destinata a non avere alcun termine. Se noi arrivassimo a dire che l'*essere umano* in realtà non è mai nato e mai morirà e che tutto quello che vediamo su questo pianeta è soltanto un *processo di trasformazione*, le cui cause risiedono nelle *leggi dell'universo*, noi saremmo sicuramente più vicini alla verità che non quando diciamo di provenire dalle scimmie.

Se diciamo di provenire dalle scimmie siamo ridicoli, poiché le differenze, nonostante il 97% di geni compatibili, sono enormi, e se anche volessimo tornare indietro, al nostro passato più remoto, non riusciremmo mai a spiegarci perché mai noi siamo andati così avanti. Nessuna specie animale, nello stesso arco di tempo di milioni di anni, ha mai fatto progressi così significativi da poter dire: "ecco siamo diventati una cosa completamente diversa".

Le diverse caratteristiche fisiche che, nella nostra specie, separano p.es. i neri dai bianchi non è affatto detto che siano frutto di un processo evolutivo. Noi non possiamo sapere con sicurezza se i nostri più antichi progenitori fossero neri come l'ebano. Certamente dal nero al bianco vi è *recessione* (basta vedere la muscolatura, la dentatura, il timbro della voce e altre cose ancora, per accorgersene), ma questo non toglie che possa essere esistito un processo inverso, che ha portato l'olivastro al nero, come l'olivastro al bianco o al giallo.

Cioè noi non possiamo escludere con sicurezza che in origine il colore della pelle fosse qualcosa di poco definito, che si è andato precisandosi (in questo caso specializzandosi) a seconda dell'ambiente via via incontrato. In questa maniera, se evoluzione c'è stata, riguarderebbe solo aspetti di tipo formale (fisico, anatomico, fisiognomico), il cui tempo di realizzo sarebbe stato molto più breve di quel che non si pensi. In questo modo peraltro si spiegherebbe il motivo per cui la scomparsa del Neanderthal non abbia inciso sulla riproduzione e diffusione della specie umana.

L'evoluzione del genere umano non può essere avvenuta sulla base di un'unica linea di continuità, che ha avuto un unico punto di partenza. Ci deve essere anzi stato un luogo geografico da cui si sono diramate più linee, ognuna delle quali, pur partendo da elementi genetici comuni, ha preso a differenziarsi a seconda degli ambienti incontrati.

Gli esseri umani potrebbero essere non tanto "usciti" dall'Africa, come generalmente si crede, quanto piuttosto "entrati". Così come sono entrati in tutti gli altri continenti, dopo essere partiti da un luogo comune, un luogo che non poteva aver già prodotto un essere umano fortemente caratterizzato nel colore della pelle, nella forma degli occhi, nel tipo di statura ecc. È più facile pensare che all'inizio sia esistito qualcosa di neutro o di indifferenziato, come l'ancestrale pangea, che col tempo, mutando l'ambiente grazie al proprio nomadismo, è andato diversificandosi in maniera significativa. L'ambiente originario può essere stato un punto qualunque lungo la fascia che va dal tropico del Cancro a quello del Capricorno, dove il clima era favorevole in quanto mitigato dalla presenza delle foreste, la maggior parte delle quali oggi sono scomparse perché disboscate dalle civiltà schiavistiche.

Questa "cosa neutra" (né troppo bianca né troppo scura, né troppo alta né troppo bassa ecc.) può essersi formata in virtù di processi non necessariamente evolutivi, cioè provenienti da specie animali inferiori alla nostra (è infatti evidente che, se si parte da una scimmia, è poi impossibile non parlare di "evoluzione"). Alla nostra nascita possono aver contribuito elementi esterni al pianeta, che al momento non conosciamo, anche se sappiamo che la formazione della Terra è stata incredibilmente lunga e complessa.

Noi non sappiamo il modo esatto in cui il nostro pianeta s'è formato. Perché p.es. parliamo di "evoluzione" e non di "involuzione" quando diciamo che ci siamo staccati da una stella e in seguito ci siamo raffreddati, permettendo così la formazione di una crosta terrestre? La Terra non sarebbe nulla senza il Sole, che è l'unico a "fecondare". Semmai dovremmo chiederci il motivo per cui soltanto il nostro Sole abbia "fecondato".

Intuitivamente l'unica risposta che possiamo dare a questa domanda è che *tra essere umano e universo non sembra esservi una differenza sostanziale*, nel senso cioè che deve per forza esservi qualcosa di "umano" all'origine dello stesso universo, e l'universo, infinito e illimitato nel tempo e nello spazio, altro non attenderebbe che di essere "abitato" in ogni sua parte da questo ente di natura.

Il culto dei morti

Un qualunque manuale scolastico di storia antica non ha dubbi nel sostenere che il culto degli uomini per i morti (a partire dall'uomo di Neanderthal) è indizio sicuro dello svilupparsi di una certa "coscienza religiosa" e che quindi il "senso religioso" è connaturato all'essere umano. Cioè ogniqualvolta dentro le tombe gli scienziati trovano resti di cibo, attrezzi, armature ecc., giungono ovviamente alla conclusione che gli uomini primitivi credevano quanto meno che l'anima, dopo la morte, sopravvive al corpo.

Così facendo, noi applichiamo categorie moderne ad azioni che vanno, in realtà, considerate naturali. Quando in vita si sviluppano sentimenti forti per una persona, è normale pensare ch'essa continui ad esistere anche dopo la morte. Ma questo non significa affatto che gli uomini primitivi fossero "religiosi", che per noi vuol dire "credere in qualche divinità".

Oggi la parola "religione" è monopolio della chiesa e, per essa, la religione presuppone sempre la fede nella trascendenza divina. Sicché quando si osserva che l'uomo primitivo si limitava a manifestare la propria fede religiosa corredando la tomba di oggetti che il morto aveva usato in vita, inevitabilmente siamo portati a pensare che avesse una fede "primitiva", ancora molto superficiale. E così non riusciamo più a distinguere quando un certo comportamento è "naturale" e quando invece - come lo è in genere quello dei credenti in un dio - è frutto di una "alienazione".

Glaciazioni europee del pleistocene
(primo periodo dell'era quaternaria o neozoica)

Nomi alpini di fiumi	Sequenze	Anni
GÜNZ	I (glaciazione)	800.000-720.000
GÜNZ	A (interglaciazione)	720.000-600.000
MINDEL	II (glaciazione)	600.000-330.000
MINDEL	B (interglaciazione)	330.000-250.000
RISS	III (glaciazione)	250.000-130.000
RISS	C (interglaciazione)	130.000-80.000
WÜRM	IV (glaciazione)	80.000-12.000
WÜRM	D (interglaciazione)	12.000-oggi

L'Era Glaciale che gli scienziati sono in grado di studiare è iniziata 40 milioni di anni fa con la crescita della calotta glaciale del polo sud (Antartico), e circa 3 milioni di anni fa si è avuta l'espansione della calotta glaciale del polo nord (Artico). Da allora vi sono stati dei periodi di glaciazione durante i quali le calotte si sono estese e ritirate ciclicamente. L'ultimo periodo glaciale (la glaciazione Würm) è terminato circa 12.000 anni fa, in cui si sono formate temperature e precipitazioni analoghe a quelle odierne.

Durante le glaciazioni i mari regrediscono, mentre il contrario avviene nei periodi di disgelo. Oggi i ghiacciai occupano 1/10 di tutte le terre emerse: nel massimo della loro espansione ne hanno occupate 1/3. Le quattro glaciazioni hanno ricoperto le Alpi con una calotta di ghiaccio spessa fino a 2.000 metri. Al culmine dell'ultima glaciazione l'abbassamento marino arrivò fino a 100 metri, tant'è che 20.000 anni fa, laddove oggi esiste lo stretto di Bering, era possibile attraversarlo a piedi, passando dalla Russia all'Alaska.

Le cause possibili delle glaciazioni:
1. le variazioni periodiche dell'orbita della Terra attorno al Sole,
2. le variazioni dell'attività solare,
3. le eruzioni vulcaniche,
4. l'eventuale impatto di meteoriti.

Il clima migliore la Terra l'ha raggiunto nel 5000 a.C., che è l'epoca delle grandi civiltà del bacino del Mediterraneo (egizi, fenici ecc.). Intorno all'anno 1000 a.C. il clima divenne più fresco e più umido, con una leggera avanzata dei ghiacciai. Questa situazione rimase fino all'800 dell'era cristiana, quando il clima divenne più mite e i ghiacciai tornarono a ritirarsi.

Intorno al 1300 la temperatura si abbassò di nuovo e iniziò la cosiddetta "piccola età glaciale", che durò fino al 1850. In questo periodo si ebbe un'avanzata dei ghiacciai, che nei territori alpini invasero i terreni coltivati e distrussero case e villaggi. Il clima influì negativamente sull'agricoltura, provocando carestie che ridussero di molto la popolazione europea.

A metà dell'Ottocento un'inversione climatica fece registrare un aumento della temperatura, che portò all'inizio del Novecento a un nuovo miglioramento climatico con una conseguente brusca regressione dei ghiacciai. La situazione restò invariata fino al 1960, quando iniziò una nuova espansione dei ghiacciai. Dal 1986 questa tendenza pare essersi attenuata e alcuni ghiacciai sono in regressione.

I nomi alpini si riferiscono a quattro affluenti minori del Danubio in Germania.

Ere geologiche

Periodo in anni	Denominazione
4.500.000.000 - 570.000.000	Archeozoico (arcaica, originaria)
570.000.000 - 220.000.000	Paleozoico (primaria, antica)
220.000.000 - 70.000.000	Mesozoico (secondaria, di mezzo)
70.000.000 - 2.000.000	Cenozoico (terziaria, recente)
2.000.000 - oggi	Neozoico[1] (quaternaria, nuova)

---

[1] L'era neozoica (*zoon* = vita) viene anche detta "antropozoica", poiché essa si configura come "età della pietra lavorata dall'uomo".

Età della pietra

Anni	Età	Caratteristiche
2,5 mil - 14.000	**Paleolitico** (pietra antica, scheggiata)	- 4 glaciazioni - comparsa dell'homo sapiens sapiens - nomadismo (caccia, pesca, raccolta) - fuoco - sepoltura dei morti - graffiti nelle caverne - clan e tribù
14.000 - 10.000	**Mesolitico** (pietra di mezzo, scheggiata)	- fine delle glaciazioni - arco e fiocina - barche e palafitte
10.000 - 4.000	**Neolitico** (pietra nuova, levigata)	- agricoltura - allevamento - stanzialità - comunità di villaggio - tessitura / filatura - argilla

Rivoluzione agricola nel neolitico

A partire dal 10000 a.C. nasce l'agricoltura, favorita dal fatto che durante il Mesolitico i cambiamenti climatici avevano diminuito la grossa selvaggina da clima freddo (mammuth, bisonti, renne, orsi...). Prima di arrivare all'agricoltura si pensa di addomesticare alcuni animali (capre, pecore, maiali, buoi, lupi, oche, renne, cavalli...).

L'agricoltura nasce quando ci si accorge che le piante che si mangiano potevano anche essere coltivate. E ciò avviene grazie all'invenzione prima della zappa, poi della vanga e, successivamente, dell'aratro in legno, trainato da una forza prima umana, poi animale, con cui si poteva dissodare la terra e piantarvi dei semi.

In Europa, all'inizio, i semi principali sono: avena, segale, vino, ulivo; in Africa: orzo, grano, riso, miglio, sorgo, piselli, lenticchie, palma; in Medio Oriente: orzo, dattero, cipolla, frumento, farro, piselli, lenticchie, ulivo; in America: ananas, avocado, cacao, mais, fagiolo, zucca, patata, pomodoro; in Asia: erba medica, canapa, grano, riso, soia, aglio, banano, cocco.

Quando si sviluppa l'agricoltura l'uomo da nomade diventa stanziale, ma gli allevatori restano nomadi. Per essere stanziali si dovevano allestire dei villaggi permanenti costituiti da capanne di legno o di pietra o di argilla.

Nei villaggi si sviluppa la produzione di vasellame di argilla, modellata a mano e cotta al fuoco, per conservare i cereali e i prodotti della terra. Per macinare i cereali occorreva la mola di pietra.

Nei villaggi, usando il manto di alcuni animali addomesticati (ovini e caprini), si sviluppa la filatura e la tessitura, grazie all'uso del telaio (successivamente si useranno il lino e il cotone, ricavandoli dalle piante).

Quando il cibo eccede le necessità vitali, viene scambiato (barattato) con altri oggetti prodotti dai villaggi limitrofi e di cui si può aver bisogno.

Gli spostamenti da un villaggio all'altro fanno nascere l'esigenza di avere carri dotati di ruote, trainati da animali (ma gli scambi avvengono anche attraverso fiumi e laghi, usando delle imbarcazioni).

Sul piano sociale i villaggi sono divisi in tanti clan familiari, con vincoli di parentela. L'insieme dei clan è una tribù. Ogni clan è rappresentato da persone autorevoli che partecipano all'assemblea della tribù, dove il capo (eletto dall'assemblea) è generalmente un uomo con molta esperienza, affiancato da un consiglio di altri anziani. Non esistono discriminazioni sociali basate su sesso, forza fisica, provenienza e la proprietà dei mezzi produttivi è comune.

L'era quaternaria

L'era quaternaria o neozoica si suddivide in Pleistocene (inferiore, medio e superiore) e Olocene. Quest'ultimo (quello del definitivo sviluppo dell'Homo sapiens, l'unico sopravvissuto del genere Homo, e destinato a diventare in breve tempo, con la sottospecie Homo sapiens sapiens, l'essere dominante del pianeta) si suddivide in cinque età e il suo periodo andrebbe da 12.000 anni fa ad oggi.

Il Paleolitico, indicativamente, in quanto le aree geografiche del pianeta hanno subìto sviluppi analoghi in momenti differenti, si suddivide in:

- *Paleolitico inferiore* (2.500.000 - 120.000 anni fa): comparsa dell'Homo erectus con la relativa industria litica; strumenti in selce; scoperta e uso del fuoco.

- *Paleolitico medio* (120.000 - 36.000 anni fa): caratterizzato dalla comparsa dell'Homo sapiens Nearderthalensis e la relativa industria Munsteriana; creazione delle schegge usate come punte per frecce e lance; uso della sepoltura dei morti.

- *Paleolitico superiore* (36.000 - 10.000 anni fa): appare l'Homo sapiens sapiens; l'industria litica è molto più elaborata; si usano anche le ossa e vengono introdotte le arti. Nascita del culto della divinità femminile della fertilità (ritrovamenti di statuette raffiguranti la dea della fertilità risalenti a quest'epoca).

Con la scoperta dell'uso dei metalli si esce definitivamente dalla preistoria e si entra nell'epoca schiavistica.

Il *Calcolitico* o Età del Rame (3.500 - 2.300 a.C.). Si formano le prime città; sorgono civiltà fluviali nei pressi del Nilo in Egitto, del Tigri e l'Eufrate nella Mesopotamia, dell'Indo in India e del Fiume Giallo (Hwang-ho) per la Cina. Si sviluppano le arti e i vari culti religiosi. Nel 3.000 a.C. si ha uno dei primi esempi di scrittura la tavoletta di Namer.

L'*Eneolitico* o Età del bronzo (2.300 a.C. - 900 a.C.). Il Bronzo cominciò ad essere lavorato in Mesopotamia, per poi diffondersi verso l'Egitto e la Grecia Antica. Si sviluppano le prime grandi civiltà, quella Egizia, quella Minoica e in Asia quella Indiana e quella Cinese. Le città vere e proprie iniziano a formarsi con fortificazioni per proteggerle dall'esterno. Vi sono le prime guerre per il predominio e la conquista dei territori che porteranno allo sviluppo di grandi civiltà.

L'*Età del ferro*, che in Europa inizia nel 900 a.C. (mentre nel Vicino oriente dal 1300 a.C.), culmina con la rivoluzione industriale del XVIII sec.

Dalla preistoria alla storia

Quando si parla del passaggio dalla preistoria alla storia e si introduce la descrizione delle cosiddette "civiltà", si dovrebbe precisare immediatamente che si tratta pur sempre di civiltà basate sullo schiavismo e che il termine di "civiltà" andrebbe considerato in relazione a questa specifica formazione socio-economica, sostanzialmente assente nel periodo della preistoria.

In tal senso la storia andrebbe studiata a ritroso, partendo dall'epoca contemporanea per risalire fino a quella primitiva. La storia non dovrebbe essere basata tanto sull'evoluzione della scienza e della tecnica, quanto piuttosto sull'*involuzione* dei processi sociali e dei comportamenti umani. Eroi, miti, leggende, religioni, monarchie, guerre... tutto fa parte in maniera diretta e consequenziale della scelta che ad un certo momento è stata operata a favore dello schiavismo, ovvero a favore della proprietà privata in antagonismo a quella collettiva.

E sarebbe interessante verificare se nella preistoria il passaggio dal nomadismo alla stanzialità, in cui si praticavano agricoltura e allevamento e in cui si cominciò con le manifestazioni artistiche a esprimere una certa nostalgia per i tempi passati, può essere letto come una sorta di innocente anticamera alla formazione dello schiavismo.

Resta comunque incredibile che ancora oggi nei manuali scolastici di storia si ponga una netta differenza tra "storia" e "preistoria" basandosi sull'introduzione della scrittura, sullo sviluppo delle città o dei metalli, senza precisare che tali fenomeni sono una diretta conseguenza della nascita dello schiavismo.

Come non rendersi conto che i cosiddetti "documenti storici", basati appunto sulla "scrittura", altro non sono che testimonianze di un interesse di *classe* (dei potenti o comunque dei vincitori in guerre sanguinose)? Come non rendersi conto che gli intellettuali che li hanno redatti erano semplicemente al servizio esclusivo di questi potentati? Queste sono fonti storiche che ci fanno capire le cose molto meno dei fossili e dei reperti archeologici.

A noi occidentali sembra del tutto naturale considerare come appartenenti alla storia tutte quelle civiltà che si sono fondate sulla guerra, sullo sviluppo delle civiltà e dei commerci, sulle differenze sociali e gerarchie politiche ecc. Questa scontatezza metodologica proviene dal fatto che non mettiamo mai in stretta correlazione capitalismo e schiavismo.

Nessuno storico avrebbe mai il coraggio di affermare che le attuali radici del capitalismo affondano nel lontano schiavismo di quelle civiltà.

Nell'analizzare le cosiddette "meraviglie" delle civiltà scomparse (p.es. le piramidi egizie), spesso gli storici o i ricercatori si limitano a osservazioni di tipo tecnico-scientifico e dimenticano di sottolineare il fatto che è stato il sistema schiavistico o comunque servile a produrre quelle "meraviglie". Si cita lo schiavismo solo per dire che ci vollero moltissimi schiavi o servi per realizzare quelle opere.

In realtà lo schiavismo non produsse solo quelle opere colossali (utili al prestigio dei potenti), ma trasformò anche l'ambiente in cui quelle opere venivano collocate; nel senso che, non meno dei colossali mutamenti climatici, lo schiavismo è stato responsabile di guasti irreparabili all'ambiente (desertificazione e spopolamento di zone un tempo rigogliose e densamente abitate, estinzione di specie animali ecc.).

Lo schiavismo ha modificato il corso dei fiumi e le temperature, i climi, l'umidità atmosferica: è stato un processo storico così violento, pur nella sua progressiva gradualità, che sono andate distrutte persino le prove di queste immani tragedie.

È grave che gli intellettuali trascurino di considerare gli effetti negativi sull'ambiente che possono aver avuto delle civiltà basate sull'antagonismo di classe. Anche perché poi, nonostante la nostra pretesa scientificità, si arriva spesso a credere che le cosiddette "meraviglie" di quelle mitiche civiltà sono state costruite in maniera del tutto (o quasi del tutto) sconosciuta.

Il sistema schiavistico, basato sullo sfruttamento dell'uomo e della natura, è durato almeno 4000 anni, raggiungendo il massimo dell'efficienza possibile sotto i romani. In Africa la più potente civiltà schiavistica è stata quella egizia; in Medioriente quella assiro-babilonese; in Sudamerica quella azteca; in Asia tantissime popolazioni vivevano in stato di schiavitù sia in India che in Cina.

Oltre allo schiavismo vi sono stati, nel complesso, altri 2000 anni di sfruttamento meno violento, che passa sotto i nomi di colonato e di servaggio. Oggi ci troviamo a cavallo del millennio che caratterizzerà lo sfruttamento del lavoro salariato, tipico del sistema capitalistico, che è appunto iniziato nel XVI secolo.

Dopo la nascita e lo sviluppo del cristianesimo lo schiavismo, cioè lo sfruttamento dell'uomo sull'uomo, non poteva imporsi che nella formale determinazione giuridica della *libertà personale*. Lo sfruttamento cioè non poteva più affermarsi, almeno in apparenza, come conseguenza di un esplicito *rapporto di forza* (come appunto nello schiavismo classico), ma doveva necessariamente celarsi dietro la maschera del consenso volontario dello sfruttato.

Tuttavia, per poter sfruttare la manodopera (attraverso il lavoro salariato), a prescindere da un esplicito rapporto di forza (come p.es. nel servaggio, in cui il contadino era incatenato alla terra), era indispensabile che tra lo sfruttato e lo sfruttatore si ponesse un terzo elemento: la *macchina*, sostitutivo del primato che in precedenza si attribuiva alle braccia e alla terra.

È appunto la macchina che media un rapporto che non può più essere diretto, ovvero basato sull'uso esplicito della forza. La *macchina* e la *tutela giuridica della libertà personale* vanno di pari passo sotto il capitalismo. Il macchinismo quindi non è nato semplicemente allo scopo di produrre di più in minor tempo: esso piuttosto è il risultato di una vera e propria "rivoluzione culturale". Non ci sarebbe stato lavoro salariato, cioè moderno schiavismo (fisico e oggi soprattutto intellettuale) se non si fosse dovuto tener conto che il cristianesimo aveva posto in essere il valore della *persona*.

Oggi il macchinismo sta assumendo una fisionomia ancora più sofisticata, ancora più indeterminata: la *finanziarizzazione dell'economia*, che rende il nemico ancora più invisibile, ancora più anonimo, i cui attacchi speculativi, improvvisi, inaspettati, come quelli che avvengono nelle borse di tutto il mondo, hanno effetti devastanti per intere società.

Storia dell'agricoltura antica

Premessa storiografica

Per milioni di anni, quando la Terra era ricoperta di foreste, gli uomini sono stati cacciatori-raccoglitori e le donne esperte di piante e di erbe.

Tutti gli storici ritengono che l'uscita dalla foresta abbia costituito un progresso fondamentale dell'umanità, perché ci ha portato a una forma di organizzazione del tutto diversa, non dipendente al 100% dai cicli della natura.

Dapprima abbiamo iniziato a coltivare la terra: è vero, ma dopo aver abbattuto enormi estensioni di foreste. Poi abbiamo addomesticato taluni animali selvaggi, allevandoli per le nostre esigenze e facendo addirittura incroci inesistenti in natura: è vero, è stato appunto così che abbiamo tolto loro qualunque forma di libertà. Infine abbiamo edificato le città: sì, ma dopo aver inventato infinite discriminazioni tra uomo e uomo, tra uomo e donna, tra uomo, donna e natura, tra forte e debole, tra giovane e anziano, tra ricco e povero, che tutte le religioni si preoccuparono doverosamente di giustificare.

Oggi è forse giunto il momento di relativizzare questo progresso e di chiedersi se non sia il caso di fermarsi, di guardarsi indietro e di recuperare qualcosa che s'è perduto.

Gli storici guardano la realtà con gli occhi del presente e quando lo giustificano sono detti "conservatori"; quando invece pensano a un futuro migliore, qualitativamente diverso, vengono detti "progressisti". Ma chiunque s'azzardasse a dire che l'epoca d'oro dell'umanità è stata quella delle *foreste* passerebbe per pazzo, o quanto meno per eccentrico, antistorico...

Da molti e molti secoli il passaggio dall'epoca primitiva, tribale, venatoria, forestale, boschiva, montanara, nomade, alla civiltà fluviale, marittima, agricola, stanziale, urbana, mercantile viene considerato così naturale e necessario che anche chi dice di preferire l'agricoltura all'industria, l'autoconsumo al mercato, non può non nutrire profondi pregiudizi verso ciò che si è abbandonato. Uscendo dalle foreste, l'umanità - viene detto dagli storici - non ha perduto nulla: ci ha soltanto guadagnato.

Noi non riusciamo neppure a immaginarci un pianeta completamente ricoperto di foreste, di vegetazione lussureggiante, tant'è che continuiamo a sostenere che i tanti deserti che ci affliggono non sono stati provocati dagli uomini ma dai mutamenti climatici.

Quando gli studiosi parlano dell'evoluzione dell'uomo primitivo, paragonano sempre l'uomo delle foreste alle scimmie. Infatti, dicono, l'uomo inizia a diventare "umano" quando "esce" dalle foreste, quando entra nelle savane, nelle praterie. È qui che inizia a camminare nella posizione eretta e a usare le mani in modo intelligente, trasformando gli oggetti naturali in strumenti di lavoro.

Questo modo di vedere le cose serve soltanto a giustificare il passaggio dalla foresta all'agricoltura e all'allevamento, e dall'agricoltura alla città, poiché la città è il luogo privilegiato della nostra esistenza.

Se la Terra fosse stata un pianeta molto piccolo ci saremmo accorti prima dell'assurdità di questa storiografia, proprio perché le nostre devastazioni ambientali sarebbero state così grandi da minacciare la nostra stessa sopravvivenza. Invece con un pianeta così grande la nostra stupidità ha bisogno di molto più tempo per ricredersi.

Le foreste sono state tagliate per far posto all'agricoltura (e si continua a farlo ancora oggi, molte volte neppure per l'agricoltura, ma per un semplice allevamento di animali da macello, oppure per avere legname da vendere). Una volta tagliate, le foreste non sono più ricresciute; al loro posto si sono formati i deserti, non solo là dove prima esistevano le civiltà, ma anche là dove le stesse civiltà, al di fuori dei loro confini, sfruttavano le foreste per avere beni a buon mercato (legname, frutta, cacciagione, pellicce...). La distruzione delle foreste è stato un cataclisma soprattutto per le civiltà più deboli, quelle non in grado di opporsi alla forza delle civiltà cosiddette "antagonistiche".

Il grande deserto del Sahara ne è un classico esempio: civiltà di ogni lingua, cultura e tradizione, a partire da quella egizia, hanno sfruttato le foreste di quel territorio fino a farle scomparire del tutto in maniera irreversibile.

Coltivazione seminomade del taglia e brucia

Il "taglia e brucia" è la tecnica agricola più antica del mondo, usata per migliaia di anni, sin da quando l'uomo uscì dalla foresta.

È infatti sufficiente scegliere una porzione di foresta (o di savana o di prateria) e incendiarla. Nello spazio ottenuto s'inizia la coltivazione intensiva di varie piante, finché diminuisce la fertilità naturale del suolo, che ad un certo punto viene abbandonato per cercare altri appezzamenti da disboscare e sfruttare.

Il villaggio, in tal caso, deve per forza essere nomade. Tuttavia, dopo un certo numero di anni, il coltivatore torna a lavorare il primo lotto di terra, divenuto di nuovo fertile spontaneamente, grazie alla natura, e il ciclo ricomincia.

Generalmente la scelta del lotto veniva fatta molto accuratamente, accompagnata spesso da riti magici. Ma dalla semina in poi la coltivazione era compito esclusivo delle donne, che si servivano, generalmente, di un bastone da scavo, con cui praticare dei buchi nel terreno, per piantarvi dei semi. Gli uomini invece preferivano dedicarsi alla caccia e alla pesca, ai commerci, all'artigianato, alla manutenzione degli oggetti del villaggio.

Nei campi le piante crescevano come nelle foreste, cioè tutte mescolate, senza divisioni in filari, e si evitava soprattutto la monocoltura o le colture troppo semplificate, non in grado di reggere a un attacco di parassiti.

La varietà di piante doveva essere massima, così come la superficie coltivata. Le foglie crescevano in maniera stratificata, a seconda del tipo di piante. Spesso si lasciavano sopravvivere degli alberi per far tornare fertile il terreno dopo averlo abbandonato.

Questo tipo di coltivazione ovviamente funzionava quando poche persone (tra loro imparentate, generalmente) avevano a disposizione una vasta estensione di terre.

Orticoltura a irrigazione intensiva

L'orticoltura a irrigazione intensiva nasce quando gruppi di montanari preistorici dell'area del Kurdistan abbandonarono le loro colline per recarsi nelle pianure acquitrinose della Mesopotamia, dove il Tigri e l'Eufrate (che nascevano appunto nel loro territorio) rendevano impossibile qualunque attività agricola, a causa delle loro periodiche esondazioni.

Il motivo per cui siamo andati a vivere in una zona così inospitale, agli inizi del Neolitico, resta un mistero. Sappiamo soltanto che fu in ragione di quella scelta che, ad un certo punto, nacque la cosiddetta "civiltà".

All'inizio si limitarono a seminare nel fango lasciato dalle piene. Il limo di quei fiumi, ricchissimo di sostanze fertilizzanti, dava dei raccolti prodigiosi. Il loro esempio fu presto imitato dagli agricoltori del Nilo e dell'Indo.

Il secondo passo fu ancora più importante: si decise di non far dipendere la propria sopravvivenza dalle inondazioni dei fiumi, ma di deviare una parte delle loro acque verso una rete di canali artificiali, da dove poi veniva distribuita ai campi coltivati, secondo tempi e modi prestabiliti.

Nasceva così la coltivazione intensiva del suolo, ovvero l'agricoltura a irrigazione permanente. Inevitabilmente s'impose per la prima volta l'assoluta sedentarietà dei coltivatori.

Per far fruttare i campi si cominciò a usare non solo il limo e l'acqua, ma anche la sarchiatura, la concimazione tramite escrementi umani e animali, oppure usando le ceneri, la mota dei canali e degli stagni, la spazzatura, erbe particolari ecc., fino al drenaggio vero e proprio e alla rotazione delle colture.

Là dove s'era preferito coltivare il riso, come in Cina, Indocina, Indonesia, Birmania, Filippine ecc., distruggendo completamente la foresta tropicale, si dovette provvedere col sistema del terrazzamento, che è sicuramente la più evoluta forma di orticoltura a irrigazione intensiva, anche perché è quella che permette di nutrire il maggior numero di persone per chilometro quadrato di terreno.

Infatti col sistema del "taglia e brucia" circa 100 famiglie, per sopravvivere, dovevano avere a disposizione almeno 1.200 ettari di terra; ma se le stesse persone avessero coltivato riso, gliene sarebbero bastati 25. Tuttavia una risaia, per ettaro, poteva richiedere fino a 400 giornate lavorative; e il lavoro, molto faticoso, necessitava di un numero enorme di persone.

Agricoltura dell'aratro e della rotazione dei terreni

Il vero simbolo dell'agricoltura europea e medio-asiatica è però l'*aratro*, soprattutto per la coltivazione del frumento.

L'aratro trainato da un bue o da un cavallo è stata la prima macchina rurale inventata dall'uomo. Con essa si potevano lavorare terre anche molto difficili, in poco tempo e con pochi contadini.

La terra era destinata a subire una trasformazione radicale. L'intenso sfruttamento imponeva una rotazione delle colture. Ogni anno una parte dei campi doveva essere lasciata riposare (si metteva cioè "a maggese"), anche se, in luogo del frumento, i contadini potevano coltivare altre piante commestibili ("da rinnovo"), come le patate, il granoturco ecc., le cui radici raggiungevano strati ancora più profondi, non sfruttati. Oppure vi lasciavano pascolare gli animali domestici.

Il vantaggio era che il rapporto tra "terre a frutto" e "terre a maggese" non era più, come nel "taglia e brucia", di 1:4, ma diventava di 1:1. L'aratro rendeva possibile molte eccedenze.

Questo nuovo strumento meccanico era generalmente di due tipi: uno per i climi secchi, dove la terra è leggera e friabile e bisogna evitare che l'umidità giunga in superficie e si disperda; l'altro invece è per i climi piovosi, dove si ha bisogno di rovesciare le zolle, per impedire che l'eccesso di umidità faccia marcire il seme.

Il primo aratro era "a chiodo", o meglio "a forcella", in quanto, mentre gli animali da tiro venivano aggiogati al ramo più lungo, quello più corto invece tracciava dei solchi nel terreno, senza rovesciare le zolle. Il secondo aratro era detto "a vomere" e doveva fare l'operazione opposta: con la sua lama di ferro doveva penetrare in profondità, favorendo il rovesciamento e l'evaporazione delle zolle. Un aratro del genere aveva bisogno della trazione di almeno tre animali da tiro, se la terra era molto arida.

Davanti ai buoi, a fare da guida, c'era un giovane che teneva con una cordicella il primo paio di bestie, affinché quella di sinistra non uscisse dal solco, e le sferzava con una frusta, perché tutte tirassero l'aratro in sintonia e fare quindi meno fatica.

Ovviamente per la coltivazione del frumento non bastava il solo aratro: ci voleva anche l'*erpice*, che serviva per frantumare le zolle, asportando le erbacce dal suolo arato (col tempo verrà sostituito da un apposito frangizolle formato da un pesante rullo).

La semina veniva fatta a mano dal contadino, che gettava i chicchi di grano "a pioggia" tra i solchi. Poi vi era una lotta senza sosta contro gli uccelli predatori, i parassiti, le calamità naturali e le devastazioni procurate dagli eserciti in guerra.

Ecco perché la mietitura era sempre una gran festa, cui seguiva la necessaria trebbiatura, per separare il chicco dalle spighe, per arrivare poi alla sua trasformazione in farina.

Nell'antichità ogni famiglia macinava il frumento per conto proprio, utilizzando mortai di pietra. Solo in un secondo momento si passò a uno specialista: il mugnaio, che si serviva di un mulino, la cui macina veniva fatta girare o da un animale o dall'acqua o dal vento. La farina così ottenuta poteva essere cotta con o senza lievito. E fu così che nacque il pane.

Quando nasce l'agricoltura nasce anche l'allevamento, e ovviamente, anzitutto, quello degli animali più piccoli: polli, tacchini, pecore, capre, maiali, ma anche cavalli, cammelli, lama, asini, vacche, che potevano essere usati anche come scorta di cibo per tutto l'anno.

A volte gli animali diventavano così importanti, come p.es. la vacca indiana, che s'impose il divieto di macellarla: le vacche infatti trainavano l'aratro e il carretto, fornivano il latte (che poteva essere trasformato in burro e formaggio) e il loro sterco veniva usato come combustibile da cucina, per non parlare del fatto che vacche e buoi in India si nutrivano di niente, e ancora oggi è così.

Nomadismo e sedentarietà

La transizione dal paleolitico al neolitico doveva necessariamente portare alla nascita delle civiltà schiaviste? No, non è possibile sostenere che il passaggio dal nomadismo alla sedentarietà, dalla caccia e raccolta dei frutti spontanei della terra alla modificazione dell'ambiente, attraverso l'agricoltura e l'allevamento di animali domestici, doveva necessariamente portare, prima o poi, alla trasformazione del comunismo primitivo in società antagonistica, divisa in classi contrapposte.

L'unica cosa che si può pensare è che il passaggio dal nomadismo alla stanzialità deve per forza aver comportato una delimitazione del territorio. Si trattava tuttavia di una delimitazione collettiva, da parte di una tribù nei confronti di un'altra tribù. Non è certo ancora il caso di parlare di "proprietà privata" all'interno di una medesima tribù. Gli indiani nordamericani non hanno mai conosciuto alcuna proprietà privata e si scandalizzavano nel vedere i bianchi lottare per averla.

Il problema semmai è un altro. Che succede se una popolazione è ancora dedita al nomadismo, mentre un'altra ha scelto la stanzialità? Che succede se una popolazione dedita al nomadismo pratica l'allevamento di animali domestici, per i quali ha bisogno di pascoli adeguati?

Quando una tribù sceglie la stanzialità e pratica l'agricoltura, non può tollerare che i propri campi coltivati vengano compromessi dal passaggio di mandrie appartenenti ad altre tribù. Una popolazione stanziale può tollerare l'allevamento al proprio interno, ma nei limiti dei campi disponibili, altrimenti scoppia un conflitto di interessi (com'è documentato anche nei miti di Caino e Abele, di Romolo e Remo ecc.).

Dunque il passaggio dal nomadismo alla stanzialità può aver dato fastidio a chi si limitava a vivere di caccia e pesca e di raccolta dei frutti spontanei della terra e soprattutto deve aver dato fastidio a chi basava la propria sopravvivenza sull'allevamento degli animali.

Non è tuttavia da escludere che l'allevamento intensivo di animali domestici, tale da determinare una specializzazione di funzione lavorativa, sia stato proprio una conseguenza del passaggio dal nomadismo alla stanzialità. In tal caso lo si dovrebbe vedere come il primo tentativo di separarsi da un collettivo per ricercare un'affermazione individuale (una separazione che ovviamente è avvenuta in maniera graduale e che si è stabilizzata all'aumentare del tempo di permanenza delle mandrie al di fuori del villaggio originario).

Se vogliamo il vero nomadismo è soltanto quello di popolazioni che vivono di caccia, come appunto le tribù nordamericane, che seguivano gli spostamenti delle mandrie selvagge dei bisonti su territori sconfinati. Quelle popolazioni poterono restare prevalentemente nomadi, sino all'arrivo dell'uomo bianco, proprio perché non avevano particolari problemi di alimentazione. La stanzialità è sempre legata all'agricoltura, solo che l'agricoltura, ad un certo punto, si lega allo schiavismo.

È da escludere che la nascita delle civiltà antagonistiche sia potuta avvenire in virtù del nomadismo degli allevatori. Semmai si può dire che questa forma produttiva di nomadismo ha indotto le tribù stanziali a operare delle modifiche al proprio interno, che poi possono aver portato alla nascita delle civiltà antagonistiche. Cioè la fastidiosa presenza di allevatori nomadi può aver indotto le tribù stanziali ad accentuare il problema della delimitazione e quindi della difesa dei propri confini.

Nell'ambito del nomadismo non è mai esistito lo schiavismo come sistema economico produttivo. Potevano esserci al massimo dei servi domestici (p.es. prigionieri catturati in un conflitto bellico), ma erano casi eccezionali. Il conflitto si poneva piuttosto tra chi possedeva terre e chi solo animali.

Generalmente pare naturale pensare che prima del possesso della terra ci sia stato quello degli animali, il cui allevamento non poteva tollerare confini geografici. Nondimeno se è l'intera tribù che si sposta al seguito delle proprie mandrie domestiche, alla ricerca di nuovi pascoli, è una cosa, ma se all'interno di una tribù emerge la figura dell'allevatore specializzato, che fa solo questo mestiere, è ben altra cosa: in tal caso si deve quasi dare per scontato che la stanzialità preceda il nomadismo.

Se la stanzialità fa nascere l'agricoltura e l'allevamento intensivo, è evidente che a ciò deve aver contribuito una carenza di cibo. Non si può pensare a un processo spontaneo. Noi dobbiamo considerare il nomadismo più originario della stanzialità, meglio caratterizzante la natura umana, che ha continuamente bisogno di cercare ed esplorare.

La stanzialità è una costrizione che viene accettata in cambio di alcune comodità o in situazioni di particolare necessità: non è una forma che arricchisce di esperienza, che permetta di ampliare le proprie conoscenze vitali e di avvertire l'intero pianeta come la propria casa.

Questo non vuol dire che nella stanzialità non si sviluppino le conoscenze. Il fatto è che queste conoscenze il più delle volte non servono allo sviluppo di una personalità autenticamente umana, che vuol vivere secondo natura. Sono conoscenze artificiose, astratte, utili più che altro a regolamentare rapporti conflittuali all'interno appunto di comunità stanziali.

                                    *

Con il nomadismo tutto il mondo apparteneva all'uomo, non esistevano confini di sorta, ci si spostava seguendo i percorsi delle mandrie di animali selvatici, si praticava caccia e pesca là dove esisteva una selvaggina relativamente sufficiente. Per il resto si viveva di bacche, radici, frutti...

Con lo sviluppo dell'agricoltura e dell'allevamento il mondo deve essere suddiviso in forme di proprietà appartenenti a determinati clan o tribù, fino alle comunità di villaggio. I confini sono inevitabili. È il prezzo del relativo benessere.

Le tribù possono anche diventare nemiche, specie se una è dedita più all'agricoltura che all'allevamento e l'altra più a questo che a quella, o se addirittura una è dedita ad attività stanziali e l'altra pratica solo il nomadismo.

Tuttavia, in assenza di forme sociali antagonistiche interne a una tribù, vi sono scarse motivazioni per dominare altre tribù. Non esistono guerre di conquista. Vi possono essere battaglie per la difesa di un territorio, ma queste battaglie non arrivano mai a trasformarsi in guerre vere e proprie. Non esisteva infatti la concezione di poter usare gratuitamente il lavoro altrui.

Questa concezione implica già uno svolgimento di rapporti sociali, interni alla tribù, in direzione dello schiavismo: il che ovviamente presuppone una qualche differenziazione nella gestione della proprietà.

Se all'interno di una tribù esiste la possibilità di schiavizzare qualcuno, allora esiste anche la possibilità di trasformare una parte della proprietà pubblica in proprietà privata. Diversamente, ogni forma di lavoro servile può essere spiegata solo nel senso che determinate persone, uscite sconfitte da uno scontro bellico, venivano considerate da tutti i membri della tribù come persone di seconda categoria, i cui diritti erano limitati, e che sostanzialmente dovevano porsi al servizio di tutti i membri della tribù.

Se anche qualcuno della tribù poteva pretendere che una determinata persona sconfitta da lui stesso in battaglia, si ponesse al suo diretto servizio, di regola questa persona non svolgeva mai una quantità tale di mansioni da permettere a chi la dominava di non fare più nulla. Spesso anzi lo stato di servitù era a tempo determinato e veniva considerato come propedeutico alla totale integrazione negli usi e costumi della tribù. Persino nei tempi delle formazioni schiavistiche erano previsti periodicamente degli anni sabbatici, in cui era possibile un qualche affrancamento degli schiavi.

*

L'individualismo non può nascere nelle foreste o nelle savane e forse neppure nelle steppe. Deve per forza nascere in luoghi impervi, poco frequentati, dove l'esistenza è difficile.

L'individuo che si stacca dalla comunità è costretto a rifugiarsi in territori che la comunità abitualmente non frequenta, perché appunto considera ostici, ostili o troppo lontani.

Qui nomadismo e sedentarietà hanno un senso relativo. Una comunità può essere nomade, senza per questo favorire l'individualismo (gli indiani d'America erano nomadi e collettivisti). Si può parlare di individualismo se una parte (minoritaria) della comunità accetta di diventare nomade, mentre il grosso rimane stanziale. Però va anche detto che le civiltà individualiste sono tutte stanziali, al punto ch'esse lottano strenuamente contro il nomadismo e non permettono che venga praticato al proprio interno.

All'inizio i territori frequentati dall'individualismo sono i deserti, le alte montagne, le radure desolate. Qui diventa di prioritaria importanza l'uso delle poche risorse naturali disponibili. La principale di queste risorse è l'acqua dei fiumi. Non a caso attorno al Nilo, al Tigri, all'Eufrate... si formano le prime civiltà schiavistiche.

Chi si stacca dalla primitiva comunità teme di non farcela, si sente debole, impaurito. Deve per forza cambiare atteggiamento, mentalità, e diventare più autoritario. Deve a tutti i costi sopravvivere. È quindi inevitabile che per il controllo delle fonti energetiche si siano sviluppati modi di fare violenti, dove la forza fisica (militare) ha giocato un ruolo di primo piano.

In questa situazione conflittuale non ci ha rimesso solo la donna, ma anche l'uomo più debole, l'anziano, o quello troppo giovane. L'uomo forte, di una certa età, è diventato "signore" della propria famiglia-clan, con potere di vita e di morte. La civiltà individualistica è diventata inevitabilmente maschilista. Il culto della forza è diventato il primo valore.

La debolezza fisica si poneva come anticamera dello schiavismo. Tutte le persone deboli e successivamente quelle sconfitte in battaglia, venivano schiavizzate.

Lo schiavo permetteva al libero di non lavorare e di limitarsi soltanto a controllare il lavoro altrui. Con la nascita delle civiltà, per la prima volta, il libero si poneva il problema di come rendere produttivo il lavoro. Di qui l'esigenza di creare delle scorte, cioè di stoccare le eccedenze, per potersi assicurare un'esistenza tranquilla in qualunque condizione ambientale.

Un lavoro era produttivo se permetteva di vivere senza lavorare in qualunque momento dell'anno. Lo schiavo era colui che, sconfitto dalla forza del libero, non possedeva nulla, se non la propria forza lavorativa.

Tutta la storia delle civiltà è la storia di una sopraffazione del forte sul debole ed è anche la storia dei tentativi, da parte dei deboli, di sottrarsi a questa violenza.

Di fronte alla resistenza dei deboli, i forti hanno elaborato forme di compromesso e ideologie di ogni sorta, con cui cercare di convincere pacificamente i deboli ad accettare il loro stato di soggezione, seppure attenuato nella sua durezza. Spesso il carattere più mite dello sfruttamento caratterizzava solo una parte della popolazione, quella più combattiva, e il suo prezzo veniva pagato da altri strati sociali più deboli.

Queste forme di compromesso e queste ideologie si sono col tempo sempre più perfezionate, tant'è che i modi di sfruttare il lavoro altrui vengono continuamente cambiati, cioè si sono per così dire raffinati, diventando molto complessi.

Quanto più i deboli reagiscono allo sfruttamento, tanto più i forti perfezionano le loro tecniche di sopraffazione, finché si giunge a punti di rottura irreparabile, in cui inevitabilmente scoppiano delle rivoluzioni.

*

Qualunque forma di comodità si scelga ha un prezzo ambientale da pagare. I prezzi non si pongono quando gli strumenti che si usano si possono riutilizzare senza sostituirli.

Dell'uomo primitivo si sono trovate soltanto pietre scheggiate. Questo dimostra che è stato l'unico vero *ente di natura*, l'unica persona in equilibrio con le esigenze riproduttive della natura.

Una pietra scheggiata non è che una pietra rinvenibile sulla superficie terrestre, cui si è data una forma particolare, utile per compiere un lavoro con cui produrre altri oggetti che non possono essere più duri della stessa pietra. Notiamo, peraltro, che la pietra sotto l'acqua si corrode, perché l'acqua ha una componente di acidità.

La pietra si trovava in natura con grande facilità: non andava "smaltita", non aveva bisogno di essere "riciclata", aveva una durata assolutamente superiore alla vita di chi la utilizzava, e questo le permetteva di essere riutilizzata facilmente dalla generazione successiva. Non si sprecava energia per il suo riutilizzo. Anzi, si cercava di conservare al massimo ciò che con fatica si era autoprodotto, proprio perché il problema n. 1 era quello di *conservare l'energia*, cioè di non sprecarla, non dissiparla.

Finché non si arriverà al concetto di "autoproduzione", sarà impossibile capire con esattezza la necessità di risparmiare al massimo sui consumi.

L'economia del futuro dovrà tornare ad essere quella di *prelievo*, quella per cui la modificazione della natura è minima, in quanto si ha l'accortezza di permetterle una facile riproduzione. Per ogni albero abbattuto, p.es., ne andrebbe piantato subito un altro.

Un'economia di prelievo deve per forza essere *comunitaria*, poiché le risorse vanno equamente distribuite. Qualunque *eccedenza* deve appartenere al *collettivo*.

La tragedia del neolitico

La rivoluzione agricola del Neolitico (10000 a.C.) la collochiamo geograficamente nella cosiddetta "mezzaluna fertile", ma solo perché non abbiamo prove sufficienti che sia avvenuta anche in altre zone del pianeta, in precedenza o in concomitanza. In quell'area mediorientale le abbiamo perché con quella rivoluzione sono sparite le foreste, oppure essa è nata proprio perché qui le foreste erano scarse, forse a causa della rigidità del clima, che entrò nell'èra temperata 12000 anni fa; anche se bisogna dire che le foreste si formano sulla base dei climi che incontrano: gli alberi delle regioni scandinave o della Siberia non sono certamente gli stessi delle foreste equatoriali. È anzi probabile che la cosiddetta "mezzaluna fertile" avesse delle foreste tipiche di un clima temperato, cioè non sempre verdi o non troppo folte e sicuramente non con tronchi imponenti.

La foresta offre abbondantemente cibo e, in tal senso, l'area della "mezzaluna" era sicuramente meno fertile della foresta equatoriale, nonostante la presenza di flora e fauna mediterranee e di grandi fiumi: Tigri, Eufrate e Nilo. Quella zona divenne fertile per opera dell'uomo, anzi della donna, che inventò per prima l'*agricoltura*, quindi divenne fertile in senso prevalentemente "agricolo". E con l'agricoltura la donna ha inventato la *sedentarietà*.

Tuttavia non è da escludere che gli storici attribuiscano la nascita dell'agricoltura alla "mezzaluna fertile" solo perché qui sono nate, in seguito allo sviluppo impetuoso dell'agricoltura, le prime civiltà antagonistiche. Cioè non è da escludere che nei confronti di questa rivoluzione agricola ci si sia comportati come nei confronti della "scoperta dell'America", che noi attribuiamo a Colombo solo perché le sue conseguenze riguardarono i destini della nostra Europa. Un modo egocentrico, anzi eurocentrico, di vedere le cose, che permane ancora nei manuali di storia, pur sapendo noi oggi che i primi veri "scopritori" del continente americano furono quelli che per la prima volta attraversarono quello che oggi si chiama "Stretto di Bering" e che, quando lo fecero, era tutto ghiacciato.

Poi, altri "scopritori" dell'America furono i Vikinghi, che però non lasciarono tracce significative e durature, come invece noi europei sappiamo fare. Là dove noi non siamo riusciti a lasciare tracce indelebili, facilmente riconoscibili, la storia è come se non esistesse.

In realtà dovremmo ammettere che piantare qualcosa per terra va considerato un gesto abbastanza spontaneo anche da parte di chi vive in una foresta. Anzi piantare un rametto di un albero è sicuramente molto più spontaneo che seppellire i più grossi chicchi di cereali selvatici, aspettandone la maturazione, ed era anche molto meno complicato che costruire un'amigdala o un ago di osso.

Solo che una cosa è fare dell'agricoltura un aspetto della propria alimentazione, la cui parte fondamentale resta quella della caccia e della raccolta dei frutti (da cui pur proviene l'agricoltura); un'altra è fare di essa l'aspetto principale, su cui addirittura si costruisce un'intera civiltà, che assai poco avrà da spartire con quella paleolitica.

È dunque probabile che l'agricoltura si sia così intensamente sviluppata nel Vicino e Medio Oriente proprio perché qui i mutamenti climatici si fecero sentire di più. Col disgelo il livello del mare può essersi alzato, costringendo le popolazioni a ritirarsi sui monti; l'acqua salata può essere entrata nei fiumi danneggiando la pesca, nonché l'uso dell'acqua dolce, delle falde acquifere; possono essersi formati paludi e acquitrini là dove prima la vegetazione era rigogliosa.

L'agricoltura è nata semplicemente per la disperazione di non riuscire a sopravvivere negli stessi ambienti di un tempo. Il bisogno ha aguzzato l'ingegno, e fin qui, però, nulla di straordinario, poiché anche lungo tutto il paleolitico le scoperte scientifiche e tecnologiche erano sorte in situazioni di necessità. Non può essere stata l'agricoltura in sé che ha fatto nascere le società schiaviste.

Nessuna civiltà divisa in classi o ceti contrapposti può essere nata in virtù dell'agricoltura e/o dell'allevamento, in sé e per sé, che pur trasformarono l'economia di prelievo in economia produttiva. Probabilmente queste civiltà sono nate quando la *stanzialità* è venuta a confliggere col tradizionale *nomadismo*, mettendo in discussione equilibri consolidati da secoli, anzi da millenni, cioè quando s'è voluto fare dell'agricoltura e dell'allevamento non semplicemente un modo diverso di sopravvivere, ma un motivo di ricchezza, una forma di potere. Qui è avvenuto il passaggio dal comunismo primitivo alla società patriarcale e maschilista.

La vita sedentaria, quando cerca le comodità, il benessere assicurato, il lusso, diventa un problema per la vita nomade, che, per sua natura, non ama confini di sorta e non vive pensando al futuro o ad accumulare eccedenze che superino di molto i bisogni effettivi del momento. Lo stanziale vive nella paura, pur essendo un benestante rispetto al nomade, il quale invece vuole sentirsi libero di agire e di muoversi dove e come vuole, e l'attività lavorativa che compie per sopravvivere deve dargli soddisfazione, gusto della vita, non deve distruggerlo dalla fatica.

Il nomade non lavora per accumulare derrate alimentari, vive alla giornata, è aperto all'avventura ed è curioso di esperienze nuove. È pacifista e tollerante per definizione, non avendo interessi particolari da difendere, se non quelli generali della propria tribù. Un tipo di vita di questo genere è stato vissuto da tutte le popolazioni del paleolitico.

Il nomade vive di caccia e di pesca, di raccolta di frutti radici tuberi, e se anche pratica l'allevamento, è alla continua ricerca di buoni pascoli per le mandrie, da cui ricava latte, formaggio e tutto quello che gli occorre per le necessità quotidiane. È un grande conoscitore di erbe e piante selvatiche, che usa non solo per nutrirsi, ma anche per curarsi quando è malato.

Il nomadismo, per millenni, è stato la regola principe del vivere civile. La stanzialità invece fu un'eccezione che col tempo prese il sopravvento, provocando immani *disboscamenti* e *desertificazioni*. Se nel paleolitico i mutamenti climatici avvenivano in maniera naturale, progressiva e nel lungo periodo e non erano mai irreversibili, nel senso che non lasciavano mai impronte indelebili, tali da impedire la sopravvivenza al genere umano; da quando invece è iniziata la stanzialità, i mutamenti climatici sono diventati disastrosi, un autentico flagello dell'umanità.

Il cosiddetto "diluvio universale" (cioè del Mediterraneo), raccontato in varie mitologie, è forse il primo esempio degli effetti devastanti delle deforestazioni e desertificazioni avvenute negli ambienti che hanno caratterizzato proprio la "mezzaluna fertile" e anche negli ambienti limitrofi, in seguito a conquiste di tipo coloniale e di puro e semplice saccheggio di risorse naturali, compiuti dalle popolazioni stanziali delle civiltà urbanizzate.

Bibliografia

Braidotti Rosi, cur. Crispino A. M., *Nuovi soggetti nomadi. Transizioni e identità postnazionaliste*, 2002, Luca Sossella Editore

Pianciola Niccolò, *Stalinismo di frontiera. Colonizzazione agricola, sterminio dei nomadi e costruzione statale in Asia centrale (1905-1936)*, 2009, Viella

Pubblici Lorenzo, *Dal Caucaso al Mar d'Azov. L'impatto dell'invasione mongola in Caucasia fra nomadismo e società sedentaria (1204-1295)*, 2007, Firenze University Press

Identità e nomadismo. Catalogo della mostra (Siena, 27 maggio-25 settembre 2005). Ediz. italiana e inglese, 2005, Silvana

Maffesoli Michel, *Del nomadismo. Per una sociologia dell'erranza*, 2000, Franco Angeli

Schurch Dieter, *Nomadismo cognitivo. Ingegneria dello sviluppo regionale*, 2006, Franco Angeli

Farassino Alberto, *Fuori di set. Viaggi, esplorazioni, emigrazioni, nomadismo*, 2000, Bulzoni

Villani Tiziana, *I cavalieri del vuoto. Il nomadismo nel moderno orizzonte urbano*, 1992, Mimesis

Tallarita Loredana, *Verso un neonomadismo? Fenomeni migratori, fissità e mobilità nella società globalizzata*, 2008, Social Books

Matriarcato e comunismo primitivo

In Europa il patriarcato esiste da più di due millenni: Platone e soprattutto Aristotele lo sostenevano a spada tratta. Il *pater familias* aveva diritti di vita e di morte su moglie, figli e schiavi. Le famiglie patriarcali costituivano la società divisa in classi e questa lo Stato: la triade era così completa. La chiesa cristiana non fece che ereditare questa concezione, aggiungendo che "davanti a dio" si è tutti uguali.

La situazione, sul piano degli studi, mutò verso la metà del XIX secolo, allorché due opere antropologiche ed etnologiche cominciarono a parlare di un primato storico del matriarcato. Si trattava di *Das Mütterecht* (1861) dello svizzero J. J. Bachofen e di *Ancient Society* (1877) dell'americano L. H. Morgan.

Il primo cercò di dimostrare che nella storia più antica l'umanità aveva conosciuto un sistema di parentela e di eredità secondo la linea materna; il secondo affermò che la società primitiva era organizzata come un clan collettivistico e che il clan matrilineare costituiva l'antecedente di quello patrilineare.

Entrambi conclusero che nel matriarcato le donne dominavano gli uomini. F. Engels apprezzò notevolmente queste tesi, rielaborandole nella sua opera *L'origine della famiglia, della proprietà privata e dello Stato* (1884).

Alla fine del XIX secolo, l'etnografo inglese E. B. Tylor confermò che l'etnografia conosceva molti esempi di transizione dal clan matrilineare a quello patrilineare, ma neanche un esempio di transizione inversa.

A partire dagli anni Cinquanta del secolo scorso, le pubblicazioni etnostoriche marxiste misero in discussione l'identificazione dell'organizzazione clanica matrilineare col matriarcato, ovvero arrivarono ad affermare che la realtà del matriarcato, intesa come "dominio delle donne sugli uomini", non è mai esistita e che i corifei di tale dottrina (Bachofen e Morgan) si erano lasciati condizionare troppo dal bisogno di reagire allo stile di vita della società patriarcale.

Da allora quasi più nessuno crede nell'esistenza di un matriarcato avente le caratteristiche socio-politiche e organizzative di un patriarcato "rovesciato". Si pensa anzi che nella comunità primitiva il ruolo della donna fosse tenuto in alta considerazione semplicemente perché esisteva un'ampia democrazia.

Probabilmente gli uomini primitivi s'erano accorti che per "pareggiare" le conseguenze naturali dovute al bimorfismo sessuale, bisognava riconoscere alla donna maggiori prerogative sociali (specie in considerazione del fatto che il ciclo riproduttivo le privava di tempo e di forze che l'uomo poteva utilizzare in altro modo).

In questo senso, ad es., il fatto che in numerose società primitive gli uomini avessero i loro riti, i loro culti e persino i loro linguaggi segreti, e le donne i propri, non deve essere visto in maniera negativa, anche perché tale separazione dei sessi non veniva messa in rapporto con una rigida divisione del lavoro.

Il comunismo primitivo non ha mai conosciuto alcun dominio di un clan sull'altro o di una tribù sull'altra o di un genere sessuale sull'altro, e neppure alcun dominio degli esseri umani sulla natura. Se non è mai esistito un matriarcato inteso come dominio del sesso femminile, il motivo sta nel fatto che nella fase del comunismo primitivo risultava estraneo il concetto stesso di "dominio", che non a caso è stato elaborato quando è venuto emergendo il patriarcato.

Le principali strutture della società primordiale erano due: il clan e la comunità. Il clan era composto da persone imparentate tra loro, secondo una discendenza materna o paterna, in maniera indifferente: l'unico obbligo era quello di non sposarsi tra membri appartenenti allo stesso clan, evidentemente perché ci si era accorti che l'endogamia impoveriva geneticamente il clan, oppure lo isolava socialmente.

La comunità era praticamente il clan allargato, in quanto includeva gli elementi che, attraverso i matrimoni, erano stati acquisiti da altri clan. Nel Paleolitico e nel Mesolitico qualunque bene materiale apparteneva al clan, ma di fatto era a disposizione di tutta la comunità, senza distinzioni di sorta.

La divisione del lavoro tra i sessi era considerata "naturale": caccia e pesca per l'uomo; raccolta della frutta per la donna; lavorazione della pietra per l'uomo; delle pelli d'animale per la donna, e così via.

Soltanto nel Neolitico si sviluppano l'agricoltura e l'allevamento, che col tempo porteranno a una certa differenziazione tra nomadismo e sedentarietà. Stando ai miti a nostra disposizione, deve essere stata l'agricoltura a porre degli ostacoli all'allevamento. Quest'ultimo deve essere nato prima dell'agricoltura, non solo perché connesso al nomadismo, ma anche perché più facile da gestire.

L'agricoltura probabilmente è nata in maniera casuale, grazie a sperimentazioni condotte dalle donne, che la storia ci tramanda come esperte di erbe: finché è rimasta circoscritta a livello di orticoltura non può aver dato alcun fastidio all'allevamento. Quando invece s'è cominciato a capire che da essa si potevano ricavare importanti eccedenze per l'alimentazione nei periodi dell'anno più difficili, si è inevitabilmente cominciato a trasformare il prativo e il boschivo in arativo.

Una volta scoperta, l'agricoltura s'è sviluppata in maniera impetuosa, imponendo le esigenze della stanzialità e quindi la rinuncia definitiva al periodico trasferimento della tribù in zone più favorevoli alla caccia e all'allevamento. Inevitabilmente è sorta anche l'esigenza di interdire i campi arati alle mandrie.

Era impossibile non venire a conflitto con chi aveva continuamente bisogno di campi aperti. Una qualunque limitazione (p.es. con dei fossati) appariva all'allevatore come un abuso di potere, come una forma di proprietà indebita, benché il proprietario fosse un ente collettivo, quale il clan o la comunità, mentre l'allevatore si era specializzato in un lavoro cui si dedicavano poche persone.

Quando l'agricoltore Caino uccide l'allevatore Abele, non si ha a che fare con una diatriba tra estranei o tra membri di clan rivali, ma tra fratelli. Quindi si deve supporre che, in origine, chi aveva rinunciato all'agricoltura, conservando il mestiere originario dell'allevamento, fosse imparentato con qualche clan della comunità rurale. Anzi il mito dice che, dei due, il più religioso era Abele, a testimonianza che con la nascita dell'agricoltura, che sembrava favorire, attraverso le eccedenze, una maggiore sicurezza al clan, si forma anche una sorta di coscienza ateistica, ancorché vissuta in maniera individualistica, in contrapposizione agli interessi della tribù.

Qui non si deve pensare a degli agricoltori che non praticassero per nulla l'allevamento, poiché su piccola scala la presenza degli animali era indispensabile, ma a degli allevatori che non praticavano per niente l'agricoltura. Finché questa è rimasta ferma allo stadio dell'orticoltura, cioè del consumo dello stretto necessario, non possono esserci stati particolari problemi con gli allevatori. I problemi sono venuti quando l'agricoltura s'è trasformata in produzione estensiva, per avere cospicue eccedenze alimentari durante la stagione invernale.

Il patriarcato, probabilmente, più che nell'ambito dell'allevamento, si è sviluppato nell'ambito dell'agricoltura, benché in origine fosse la donna ad avere maggiore competenza in questo settore. Una precisa delimitazione dei confini agricoli del clan ha fatto maturare il senso della proprietà, e l'accumulo di eccedenze ha promosso l'esigenza del controllo. Il bisogno di regolamentare in maniera razionale i propri beni, il bisogno di quantificare il lavoro svolto devono aver indotto progressivamente l'uomo a vedere la donna come parte dei propri beni, come un anello fondamentale della catena produttiva e riproduttiva, di cui lui si sentiva in dovere di gestire l'inizio e la fine.

Processi di questo genere devono aver avuto dei decorsi lunghissimi, di migliaia e migliaia di anni, proprio perché, prima che s'affermasse un dominio del maschile sul femminile, s'è dovuto imporre il principio della proprietà privata tra gli elementi maschili.

L'uguaglianza tra i sessi è andata di pari passo con la proprietà comune (clanica e tribale) dei fondamentali mezzi produttivi. Non è mai esistito un periodo in cui le donne dominavano gli uomini, anche se resta del tutto plausibile l'idea che in origine fosse più importante la discendenza matrilineare. Ma una discendenza del genere non ha mai comportato un matriarcato vero e proprio. P.es. per gli ebrei resta ancora oggi fondamentale, per stabilire l'effettiva "ebraicità" di una persona, risalire all'origine materna, ma non per questo si può dire che l'ebraismo sia una religione "femminista".

È anzi probabile che il prevalere di una discendenza (matri o patrilineare) sia dipesa da circostanze casuali e che non abbia affatto inciso sulla differenziazione dei sessi vista in funzione del dominio dell'uno sull'altro. Quel che si sa con certezza è che esiste patriarcato là dove la proprietà viene trasmessa di padre in figlio.

Ripensare la preistoria

Noi non riusciremo mai a capire il periodo storico che chiamiamo "preistoria", che s'è concluso quando hanno iniziato ad affermarsi le prime civiltà urbane, semplicemente perché siamo figli di quelle stesse civiltà e consideriamo tutto quanto le ha precedute come destinato ad essere superato.

Per poter capire la preistoria in maniera adeguata, dovremmo prima eliminare qualunque cosa possa indicare o rappresentare la cosiddetta "civiltà". Non dobbiamo compiere un salto indietro, ma semplicemente fare in modo che, ad ogni crisi di civiltà, non si pongano delle soluzioni che ne rallentino il definitivo superamento: basterebbe soltanto smettere d'illuderci.

Dovremmo approfittare delle crisi, che sono cicliche e sempre più gravi, per fare decisi passi in avanti verso il recupero del comunismo primordiale. È del tutto inutile parlare di "transizione al socialismo" quando non riusciamo a capire che il modello da realizzare è quello anteriore a tutte le civiltà. È sufficiente elencare una serie di pregiudizi per capire quanto ancora siamo lontanissimi da un'adeguata interpretazione della preistoria.

1. Noi consideriamo che gli strumenti di lavoro della primitiva comunità tribale fossero del tutto "rudimentali". Usiamo certi aggettivi in maniera astratta, facendo confronti del tutto arbitrari, e non ci rendiamo conto che l'efficienza d'un mezzo è relativa ai risultati che si possono conseguire.

   Il fatto che per migliaia e migliaia di anni siano stati usati sempre gli stessi strumenti di lavoro, dovrebbe suscitarci stupore in senso positivo, non negativo. Evidentemente quei mezzi dovevano essere molto funzionali allo scopo.

   Oggi i nostri macchinari sono costosissimi, molto sofisticati, molto inquinanti, destinati a una precoce obsolescenza, al punto che invece di ripararli, siamo costretti a sostituirli, e per di più producono, col tempo, una caduta tendenziale del saggio di profitto, tant'è che gli imprenditori preferiscono trasferirsi là dove la tecnologia è di più basso livello, ma ancora più basso è il costo della manodopera. Peraltro l'uso di pietre, bastoni e ossa era, in quel lontano passato, del tutto compatibile con le *esigenze riproduttive della natura*: cosa che noi oggi non potremmo dire di alcun nostro strumento di lavoro.

2. Naturalmente al giudizio negativo sull'efficacia degli strumenti di lavoro, facciamo seguire la convinzione (come fosse una logica conseguenza) che l'uomo primitivo si trovasse quasi del tutto disarmato nella sua lotta contro la natura. E dicendo questo, non ci rendiamo conto che per l'uomo primitivo la natura non era affatto qualcosa da "dominare", ma, semmai, da rispettare profondamente, in quanto fonte di vita.

   Noi "civilizzati" abbiamo un rapporto con la natura molto controverso, in quanto per noi essa va fondamentalmente sfruttata, e siamo convinti di poterlo fare in maniera illimitata e indiscriminata, proprio perché la vogliamo dominare a livello planetario, cioè alla massima estensione possibile.

3. Peraltro ci meravigliamo al vedere l'uomo primitivo del tutto impotente al di fuori del suo contesto comunitario. Noi siamo abituati talmente tanto all'*individualismo* che viviamo il collettivismo solo in certi momenti della nostra giornata, per lo più nei luoghi di lavoro e spesso in maniera alquanto formale.

   Abbiamo sì organismi collettivi, ma la loro funzione o è quella d'imporre la loro volontà ad altri organismi o è quella di difendersi dalla volontà altrui.

4. Quando si sostiene che la raccolta collettiva dei prodotti della natura o l'esito di un'operazione di caccia si svolgevano su un territorio relativamente ristretto, nell'ambito di particolari gruppi di consanguinei, abbastanza isolati, si dicono cose del tutto imprecise.

   Anzitutto l'uomo primitivo, con le sue migrazioni, ha popolato l'intero pianeta; in secondo luogo è proprio vivendo in un territorio circoscritto che si è costretti a garantire alla natura una sua agevole riproduzione, e la natura viene considerata una fonte di sopravvivenza per la collettività, quindi una grande ricchezza da tutelare; in terzo luogo, se è vero che esistevano i gruppi parentali, è anche vero che le relazioni coniugali si cercava di realizzarle tra clan e tribù differenti; in quarto luogo il fatto che esistesse l'autoconsumo non ha mai voluto dire che non esistessero mercati e fiere ove praticare il baratto o lo scambio delle eccedenze: semplicemente non esisteva alcuna stretta dipendenza dal mercato.

5. Quando si afferma che nel comunismo primitivo esisteva una *semplice cooperazione*, senza divisione del lavoro, se non una, al massimo, per *sesso* (le donne p.es. si occupavano di raccolta, gli uomini di caccia) e, in certi limiti, per *età* (gli anziani p.es. fab-

bricavano strumenti di lavoro), si vuol dare per scontato che il loro livello di benessere fosse basso proprio per questo motivo.

In realtà l'assenza di una divisione significativa del lavoro rendeva la comunità molto compatta e omogenea, priva di conflitti sociali e di quelle tendenze che si avvalgono della stratificazione sociale per creare ceti di potere o ambiti privilegiati.

Noi dovremmo metterci in testa che la cosa più importante per l'affermazione dell'essenza umana è lo sviluppo degli *interessi collettivi della comunità*, poiché solo questi possono superare le contraddizioni di tipo antagonistico. Se per ottenere questa cosa, si deve essere disposti a rinunciare a tutto ciò che apparentemente sembra garantire un elevato livello di benessere e di comodità, non dovremmo avere dubbi di sorta sulla scelta da compiere.

Non è possibile considerare negativamente il fatto che lo sviluppo delle forze produttive avvenisse soltanto all'interno di strutture collettive. Se questo sviluppo non è stato "tumultuoso" o "impetuoso" come quello della borghesia nell'ultimo mezzo millennio, ciò non costituisce di per sé alcun problema. Non possiamo sacrificare sull'altare dello sviluppo tecnico-scientifico una qualunque altra considerazione.

Quante volte i classici del marxismo han detto che la divisione del lavoro in manuale e intellettuale era un limite da superare? Perché allora prendere proprio questa divisione come una fonte di progresso che ha reso necessaria la transizione dal comunismo primitivo allo schiavismo? Perché utilizzare solo la categoria della "necessità" per spiegare i passaggi da una formazione sociale all'altra? Questo determinismo economicistico è davvero in grado di spiegare qualcosa che riguardi i fenomeni di tipo "antropico"?

Spesso il marxismo è caduto in questa ermeneutica riduzionistica della storia perché, quando parlava di socialismo futuro, aveva in mente una sorta di comunismo primitivo ma con tutte le caratteristiche tecnico-scientifiche del capitalismo avanzato. Non si voleva tornare al passato, rischiando d'avere gli stessi problemi degli uomini preistorici. Si era convinti che, avendo a disposizione gli strumenti produttivi della borghesia, il socialismo futuro sarebbe stato una formazione sociale avanzatissima, praticamente insuperabile, perché totalmente priva degli antagonismi del capitalismo.

E invece il cosiddetto "socialismo reale" non aveva fatto i conti con l'oste, il quale metteva in discussione che una proprietà "statale" dei mezzi produttivi volesse dire una proprietà "sociale", in quanto il rafforzarsi dello Stato (in luogo della sua progressiva estinzione) aveva generato una classe di politici e burocrati del tutto privilegiata, che poteva estorcere plusvalore agli operai proprio in nome dello Stato. La stessa natura palesava tutta la propria sofferenza e rivendicava tutta la propria autonomia nei confronti dell'enorme saccheggio di risorse compiuto proprio in nome degli ideali cosiddetti "socialisti". Tuttavia i moderni mezzi produttivi, anche quando, invece d'essere "statalizzati", fossero "socializzati" nella proprietà, costituiscono sempre un nemico mortale per le esigenze riproduttive della natura.

Quindi non ha alcun senso limitarsi a socializzare in tutto e per tutto la produzione, senza chiedersi, *nello stesso momento*, se questi mezzi sono davvero idonei a garantire un *rapporto equilibrato tra uomo e natura*. Se non arriviamo a capire che più importante del *lavoro produttivo* è la *riproduzione dei cicli naturali*, non potrà mai esserci garanzia di un futuro del genere umano.

E perché questi cicli riproduttivi vengano integralmente rispettati, occorre che ogni componente del collettivo si senta *moralmente* e *materialmente* responsabile nei confronti di quello specifico ambiente naturale che gli garantisce la sopravvivenza.

Questo significa che il collettivo deve essere un'esperienza circoscritta, limitata nel territorio, in grado d'individuare facilmente le violazioni anti-ecologiche e porvi rimedio immediatamente. Il collettivo non può definirsi tale solo perché dispone di una *proprietà comune* dei mezzi produttivi, ma anche perché dispone di un *atteggiamento* e di una *sensibilità* comune nei confronti della natura.

6. Il difetto principale della storiografia marxista è stato quello di accettare la categoria hegeliana della "necessità storica", quella per cui le transizioni da una formazione sociale a un'altra diventano del tutto naturali, in un certo senso inevitabili. All'interno di questa ineluttabilità delle cose si è portati a credere che una successione di determinazioni quantitative (i mutamenti apparentemente poco significativi) ad un certo punto porta al formarsi di una nuova qualità, cioè a un inedito stile di vita.

Si minimizza insomma la tragicità e la complessità del trapasso. Si vuol far credere che la volontà degli uomini non sia in grado di fare granché nei confronti di determinati processi storici. Proprio perché si afferma il materialismo storico-dialettico, si vuol dare alla struttura un'importanza nettamente superiore a quella della sovrastruttura. E così si riduce la struttura, nonché la storia che ne spiega la nascita e l'evoluzione, a una mera caratterizzazione economica, e si riduce la dialettica a un rigido susseguirsi di cause ed effetti, dove il peso della libertà umana è ridotto a zero.

Di qui l'idea, molto banale, di credere che per passare dal comunismo primitivo allo schiavismo sia stato sufficiente trasformare la proprietà personale in proprietà privata, come se questa trasformazione, in un sistema dove domina la proprietà comune dei mezzi produttivi, fosse la cosa più naturale del mondo, al punto da passare, nella sua fase iniziale, del tutto inosservata.

Poi si è arrivati a dire che l'aumento della naturale produttività e del conseguente aumento della popolazione hanno fatto sì che, all'interno di questa popolazione, si formassero nuovi gruppi, intenzionati ad appropriarsi di nuovi appezzamenti di terra. Come se da un semplice miglioramento del tenore di vita, ottenuto con una gestione collettiva e quindi razionale della proprietà comune e degli strumenti di lavoro condivisi, si potesse passare, con tutta naturalezza, a trasformare una parte della collettività da proprietaria pubblica a proprietaria privata. Queste cose in realtà implicano un radicale mutamento di mentalità, che non può essere sottaciuto, né dato per scontato, né minimizzato.

7. È completamente sbagliato pensare di poter analizzare la cosiddetta "preistoria" dicendo che la principale contraddizione, seppur non antagonistica, stava nel fatto che i bisogni vitali degli uomini non riuscivano ad essere soddisfatti in maniera adeguata a causa di un basso livello di sviluppo delle forze produttive. È assurdo paragonare le loro forze alle nostre. È cinico credere che a causa di quel livello, ritenuto inadeguato, fosse necessaria la transizione alla proprietà privata e allo schiavismo. Si fa una storiografia quanto meno bizzarra quando si sostiene che, ad un certo punto, dopo che per decine di migliaia di anni aveva funzionato benissimo, il rapporto tra forze e rapporti produttivi s'era rivelato insostenibile.

Per circa due milioni di anni gli uomini, nella sostanza, hanno usato analoghi strumenti produttivi. Non era certamente stato fatto per mancanza d'intelligenza o per una particolare soggezione a ideologie religiose o alle forze della natura. Anzi, probabilmente era proprio il contrario: gli uomini avevano capito bene quali mezzi e metodi usare per sopravvivere senza arrecare alcun danno all'ambiente.

Piuttosto è oggi che, nonostante tutti i sofisticati mezzi di cui disponiamo, non riusciamo in alcun modo, neppure quando ce la mettiamo tutta, a rispettare la natura sino in fondo. Non c'è nessuna nostra azione, oggi, che non rechi danno alla natura: persino quando pensiamo in maniera "ecologista", il massimo che possiamo fare è riuscire a creare un danno minore.

Il digitale, in teoria, o meglio, come tendenza, dovrebbe sostituire il cartaceo, ma riciclare il digitale è infinitamente più complesso e oneroso, per non parlare dei pannelli solari che dovrebbero sostituire i combustibili fossili. Finché non decideremo di uscire dalle città e di vivere a contatto con la terra e la natura in generale, qualunque nostro tentativo ambientalista sarà soltanto, nel migliore dei casi, un semplice palliativo. Noi siamo destinati a illuderci e, nell'illusione, a usare quanta più violenza possibile, contro gli altri e contro noi stessi.

8. Se vogliamo, lo stesso passaggio dalla raccolta nei boschi e dalla caccia nelle foreste o nelle praterie all'allevamento e all'agricoltura rappresenta già una sorta di "involuzione" nell'esperienza della libertà umana. Cioè il fatto di voler modificare la natura degli animali, trasformandoli da selvatici a domestici; il fatto stesso di voler sfruttare la terra in maniera intensiva, rischiando di desertificarla, vanno visti, pur in presenza di una proprietà comune, come una sorta di anomalia nei rapporti tra uomo e natura.

Questo passaggio epocale non può essere avvenuto spontaneamente, solo per cercare maggiori sicurezze alimentari (le eccedenze), o maggiori comodità (dal nomadismo alla stanzialità): ci si deve per forza essere trovati in condizioni sociali e ambientali molto difficili, che hanno indotto a comportamenti inediti, che poi, col tempo, sono risultati prevalenti rispetto a quelli tradizionali. Non a caso le prime civiltà schiavistiche sono nate presso paludi, acquitrini, fiumi soggetti a periodiche esondazioni, zone impervie e malsane e poco abitate. Per scegliere di andare a vivere in luoghi così difficili e inospitali, per praticare appunto l'agricoltura e l'allevamento, dovevano essersi verificate, in seno al collettivo primordiale, delle gravi rotture sociali, che non si è più stati capaci di ricomporre.

Probabilmente sono stati i mutamenti climatici o delle improvvise carestie a indurre determinati gruppi di una tribù omogenea ad avventurarsi, senza rifletterci abbastanza, in taluni territori poco frequentati, in cerca di fortuna. E la scommessa venne vinta con la forza della disperazione, sottoponendosi a immani fatiche (soprattutto per le necessarie opere di bonifica e di canalizzazione, al fine di rendere vivibili aree giudicate, fino a un momento prima, depresse e infertili). La differenza, nel racconto del *Genesi*, tra l'albero della vita e quello della scienza stava proprio in questo, che uno era selvatico o naturale, mentre l'altro era un prodotto artificiale dell'uomo, della sua agricoltura.

Forse all'inizio si era soltanto vinta una scommessa fatta nei confronti di se stessi. Forse questa vittoria, nella fase iniziale, non aveva comportato una vera e propria stratificazione sociale o una innaturale divisione del lavoro o un'appropriazione privata di beni comuni. Forse neppure l'idea di conservare scorte di viveri per l'inverno, facendo tesoro delle eccedenze ottenute da un duro lavoro, può di per sé aver portato alla nascita delle civiltà antagonistiche. Però qualcosa d'importante stava cambiando e, in assenza di riflessione critica, il mutamento veniva percepito come irreversibile. Sarebbe stato sufficiente inventarsi qualcosa di strano, di vagamente *mistico*, per giustificare il controllo delle eccedenze nelle mani di un personale specifico, che poi col tempo avrebbe acquisito sempre più poteri, per realizzare qualcosa di assolutamente inedito rispetto allo stile di vita precedente.

9. Tuttavia sarebbe assurdo sostenere che le eccedenze, di per sé, portano allo schiavismo, fosse anche solo a uno schiavismo di stato, come quello di tipo asiatico ed egiziano, e non a uno schiavismo privato. È piuttosto quello che si fa in nome delle eccedenze che può portare a una situazione anomala, caratterizzata dalla stratificazione sociale.

   È fuor di dubbio, infatti, che chi si pone a controllare delle eccedenze, chi si arroga il potere della loro distribuzione, e non fa nulla, sostanzialmente, a livello produttivo, diventa, per così dire, un privilegiato. In questa suddivisione tra momento *produttivo* e *distributivo* si cela la possibilità di una differenza di classe, pur in presenza di una proprietà ancora comune.

   Le eccedenze possono garantire la sopravvivenza nei momenti difficili (dovuti a improvvisi mutamenti climatici, a esondazioni impreviste, a infestazioni di insetti, a eventi sismici...); possono anche permettere degli scambi commerciali con popolazioni limitrofe. Ma possono anche essere usate come arma di ricatto o d'intimidazione.

   Ecco perché, quando si cominciò a produrre eccedenze, i lavoratori non potevano non chiedersi se stavano lavorando per vivere o per produrre proprio quelle eccedenze, cioè per produrre ben oltre le loro necessità vitali. Non può esserci stato un passaggio graduale dal lavoro concepito come libera espressione di un bisogno vitale alla richiesta forzata di accumulare oltre questo bisogno. Una cosa è preoccuparsi di vivere anche in condizioni molto difficili; un'altra finalizzare tutta la propria attività come se ci si trovasse costantemente in tali condizioni. In questo secondo caso il lavoro smette d'essere un bisogno vitale e diventa una condanna, appunto una schiavitù, anche se nessuno ha il potere di vita e di morte su nessun altro.

Non ci può essere *spontaneità* nel passaggio tra questi due stili di vita, come non può svilupparsi alcun socialismo all'interno del capitalismo. Dall'uno all'altro deve essersi insinuato qualcosa di anomalo, che ad un certo punto ha reso necessario e irreversibile quel passaggio. Questo qualcosa non poteva che essere la trasformazione della proprietà "sociale" dei mezzi produttivi in proprietà "statale", impersonata da un potere separato dalla società, un potere che, da un lato si concepiva in maniera *autoreferenziale* e, dall'altro, si serviva di uno *strumento ideologico* per persuadere la popolazione della sua legittimità: questo strumento non poteva essere che la *religione*.

È profondamente errato sostenere che la transizione dal comunismo primitivo allo schiavismo (prima di stato, poi privato) sia avvenuta semplicemente perché la comparsa di strumenti di lavoro più efficienti o di nuove tecniche produttive, hanno reso inutile o poco rilevante il modo collettivo di procurarsi il cibo. Non è stato l'aratro che, di per sé, ha introdotto lo schiavismo, e neppure la sostituzione della caccia con l'allevamento, o del nomadismo con la stanzialità. Nessuna di queste cose, *presa in sé*, spiega lo schiavismo, e neppure tutte messe insieme, anche se è senz'altro vero ch'esse hanno creato un terreno favorevole. Se una popolazione dispone solo di arco e frecce, avrà con la natura un rapporto molto diverso rispetto a quella che ha scoperto l'uso dei metalli. Ma la vera differenza la prima popolazione la scoprirà soltanto quando l'altra vorrà conquistarla.

Per capire il passaggio dobbiamo immaginarci qualcosa di poco naturale, qualcosa che si è interposto nei rapporti fra uomo e uomo e fra uomo e donna, qualcosa che deve aver riguardato il concetto di *forza* (fisica e intellettuale), l'uso cioè di una forza per scopi individuali, che poi, in origine, saranno stati *clanici* (una parte della tribù ancestrale).

Indubbiamente all'inizio deve esserci stata una certa rivalità tra *allevatori*, sempre bisognosi di campi liberi, e *agricoltori*, preoccupati di non veder devastare le loro culture dal passaggio delle mandrie, e quindi sempre più intenzionati a porre delle recinzioni. Là dove si formano recinzioni, è facile pensare che si sia in presenza di una proprietà non collettiva. Di qui la necessità di pensare che all'inizio non può essersi posta una rivalità tra famiglie, ma piuttosto tra componenti sociali di una medesima tribù, i cui legami erano appunto *clanici*, cioè non dettati dalla semplice consanguineità.

Probabilmente la domesticazione degli animali ha preceduto la coltivazione intensiva della terra, che richiede strumenti specifici e non poche competenze. Ma non è questo il problema. Una volta passati dalla fase del nomadismo a quella della stanzialità, le due cose potevano essere anche gestite contemporaneamente. Di certo quando ci si specializza in un'attività, è molto facile vedere tutte le altre attività con sospetto, come potenzialmente nocive.

Lo schiavismo si è formato nei territori più impervi del pianeta, dove la sopravvivenza era un problema quotidiano, dove l'eccedenza forniva sicuramente una garanzia non trascurabile, e dove chiunque rischiava di diventare un pericoloso nemico se con la propria attività (p. es. l'allevamento) rischiava di compromettere la resa, la durata, la qualità e la quantità di questo faticose lavoro.

10. All'origine della transizione però deve esserci stata una sorta di *illusione*, quella di credere che, poste certe condizioni, fosse più facile vivere. Tali condizioni dovevano essere inerenti al concetto di "comodità". Il *surplus* è una comodità. Ora, chiunque si rende conto che avere una comodità cui poter attingere in un momento particolare di bisogno, come se fosse una riserva speciale per le emergenze, è una cosa; finalizzare tutta la propria vita e quindi tutto il proprio lavoro a incrementare di continuo tale risorsa, è evidentemente un'altra cosa. È assurdo che questo possa essere considerato un atteggiamento spontaneo. Qui siamo in presenza di qualcosa di *forzoso*, imposto o indotto alla collettività non con l'uso della sola *forza bruta*, pura e semplice, ma insieme a una *mistificazione di tipo ideologico*, elaborata per far credere utile, necessario un determinato comportamento anomalo.

È difficile pensare a una costruzione "libera" di imponenti piramidi, palazzi, templi ecc. senza l'illusione della *religione*, usata dai poteri costituiti, per i quali la *forza* era un valore alla base della stratificazione sociale. E poi, ad un certo punto, il fatto che l'illusione abbia preso due strade separate, parallele, unite da ponti in comune, cioè quelle della *religione* e del *diritto*, non cambia la sostanza delle cose. Il diritto non è che una *laicizzazione* della religione. All'inizio il sovrano era politico-militare e sacerdotale; col tempo tali funzioni si sono separate, anche se hanno continuato a conservare forti legami, in quanto risultava inevitabile la loro reciproca dipendenza.

Il fatto che le prime civiltà si siano date delle legislazioni scritte, in cui la religione era solo una delle componenti, indica soltanto uno sviluppo maturo del concetto di "forza". Infatti, più si sviluppa la forza politica, militare, economica..., e meno si ha bisogno di ricorrere a giustificazioni di tipo mistico.

11. La proprietà privata non può essere apparsa parallelamente a quella pubblica. Sono due cose che non possono coesistere. In origine le proprietà potevano essere solo di due tipi: *sociale*, cioè appartenente al collettivo, e *personale*, quella che uno produceva da solo o che acquistava o barattava o ereditava dei propri avi. La proprietà personale non poteva mai riguardare gli strumenti, i mezzi, le risorse che permettevano la sussistenza e la riproduzione dell'intero collettivo: non a caso essa veniva messa nella tomba di chi moriva, proprio perché continuasse a usarla anche nell'aldilà. Quando è la tribù intera a prevalere (o la comunità di villaggio) non può esistere proprietà privata. Infatti là dove questa esiste, la proprietà sociale o pubblica è del tutto secondaria, relegata ad aspetti marginali (p.es. i boschi o le paludi in comune).

Nel Medioevo esistevano le comunità agricole, ma dominava la proprietà privata dei feudatari, che pretendevano, in forza delle loro capacità militari, di vivere di rendita. "Proprietà comune" vuol dire che la fondamentale proprietà dei mezzi produttivi che garantiscono la sussistenza riproduttiva, appartiene all'intera collettività, che insieme decide come gestirla. Quando queste decisioni non vengono prese dagli stessi produttori, ma da dei dirigenti al di sopra di loro, vuol dire che la proprietà non è più "sociale" ma è "statale" o "privata".

È molto probabile che la proprietà pubblica, prima di diventare privata, sia stata "statale", anche se non come noi occidentali intendiamo tale istituzione. Di simile c'è soltanto il fatto che lo Stato, che può essere rappresentato anche da un monarca, è un ente astratto, edificato proprio per mistificare la realtà del collettivo.

In Europa occidentale non abbiamo avuto la proprietà "statale" proprio perché ce l'ha impedito il nostro *individualismo*, che ha preferito passare dalla proprietà sociale a quella privata. La proprietà privata in senso stretto l'abbiamo inventata noi europei. Anche quando, coi romani, abbiamo formulato un diritto valido per tutto l'impero, si trattava pur sempre di uno Stato in cui la figura dell'imperatore militare era centrale, il quale non avrebbe mai potuto opporsi agli interessi della classe nobiliare e mercantile, rappresentata dai senatori e dai cavalieri. L'impero romano non era che una gigantesca polis greca, dove la contrapposizione netta era fra classi sociali.

Laddove invece, come in Cina, in India, nell'Egitto dei faraoni e nelle civiltà pre-colombiane, ma anche nella Russia stalinista, ha finito col prevalere la natura dello Stato, e quindi una sorta di "schiavismo statale", pur incarnandosi questo nella figura individuale del sovrano, che si serviva dell'autorità militare per farsi rispettare, la classe dominante era quella dei funzionari di partito e dei burocrati, quella degli intellettuali, che non necessariamente erano proprietari di qualcosa. Anche Platone, per tutta la sua vita, cercò, invano, di realizzare uno Stato del genere, in cui la classe dirigente doveva essere quella dei filosofi nullatenenti, bisognosi di nulla.

L'Europa occidentale, che trasferì poi le sue caratteristiche nel continente americano a partire dal 1492, è sempre stata legatissima, da quando sono nate al suo interno le civiltà antagonistiche (schiavistica, feudale e capitalistica), all'idea di proprietà privata. E anche oggi lo Stato è concepito come un organismo che tutela questa proprietà e le classi sociali afferenti. Ecco perché per passare a una *proprietà sociale*, diventa preliminare l'abbattimento dello Stato.

Se nel momento stesso in cui si usa lo Stato per abbattere l'eventuale resistenza armata della borghesia, non si creano i presupposti di una produzione davvero *socializzata* e non statalizzata, di una gestione del potere politico sempre più *decentrata* e non accentrata, sarà impossibile impedire che qualcuno sostenga che quanto più si edifica il socialismo, tanto più la borghesia farà di tutto per abbatterlo. È stato proprio su questa ambiguità terminologica che lo stalinismo ha fatto la sua fortuna, facendo coincidere in senso stretto "sociale" con "statale".

Tutto ciò per dire che è profondamente sbagliato sostenere - come in genere fa la storiografia marxista, che pur risulta infini-

tamente migliore di quella borghese - che la comunità primitiva conteneva al suo interno i germi della propria rovina. Qui tra le due deve necessariamente imporsi un'alternativa: o si sostiene che un qualunque progresso tecnico-scientifico, che non tenga conto delle esigenze riproduttive della natura, è foriero di uno svolgimento sociale di tipo antagonistico (ma allora il futuro socialismo, visto che non vuole rinunciare a tale tecnologia, sarà destinato alla sconfitta), oppure bisogna cercare di capire quale sia stato l'elemento sovrastrutturale che ha indotto quelle antiche comunità a passare dal comunismo allo schiavismo (ma allora la storiografia marxista deve smettere d'interpretare la struttura secondo la categoria della "necessità storica").
Cioè se non si vuole attribuire alla sovrastruttura un ruolo *decisivo* nei mutamenti della struttura, ci si deve per forza convincere che quest'ultima può davvero funzionare, sul piano sociale, soltanto quando è *eco-compatibile*, ovvero quando l'ecologia ha un primato sull'economia.

Stereotipi dei manuali di storia antica

A vantaggio di chi le rivoluzioni agricole e urbane?

Premessa

Assai raramente un manuale scolastico di storia si chiede se un dato processo o avvenimento storico sarebbe potuto avvenire diversamente. I fatti vengono narrati seguendo una sconcertante logica deterministica, dove a una causa segue necessariamente un preciso effetto, che è unico, senza possibilità di scelta. Sicché tutto viene legittimato, come se un invisibile fato avesse predisposto in anticipo ogni cosa.

Pertanto, se p.es. dall'economia di prelievo si volle passare all'agricoltura, non c'era alcuna possibilità di fare diversamente; e ancora: quando si decise di passare dall'agricoltura pluviale a quella irrigua, apparve come cosa del tutto naturale che i villaggi rinunciassero alla loro autonomia e si lasciassero dominare dal villaggio più grande o più forte, che poi si trasformerà in città.

I progressi tecnici vengono visti come logicamente connessi a forme politiche autoritarie, in cui la centralizzazione dei poteri non è stata che una conseguenza inevitabile del benessere economico.

Lo storico vuol far credere che si accettarono, senza discutere, cose che, in realtà, fino a quel momento, non si erano mai viste, come p.es. la formazione di tecnici e specialisti in seguito alla divisione del lavoro; il versamento di tributi a organi centralizzati; l'uso della fede religiosa per scopi politici; l'obbligo di sottostare a leggi emanate da sovrani e classi dirigenti; la nascita di un corpo di polizia preposto all'ordine pubblico; un esercito utilizzato per occupare territori limitrofi, trasformandoli in colonie; l'uso della scrittura come forma di discriminazione sociale, e così via.

È assurdo pensare che un rivolgimento del genere, per quanto possa essere avvenuto in un arco di tempo molto lungo, non abbia incontrato alcuna forma di resistenza, o che la costruzione di dighe, bacini e canali dovesse necessariamente comportare la fine dell'autonomia gestionale di interi villaggi. Infatti nel periodo della "rivoluzione urbana" i mutamenti furono infinitamente più grandi di quelli avvenuti nel passaggio dall'economia di prelievo a quella produttiva.

È diseducativo far credere che, di fronte a necessità di tipo tecnico-produttivo, occorre accettare qualunque condizione, ovvero che al cospetto dell'idea di migliorare ulteriormente la propria condizione di vita, qualunque sacrificio sia giustificabile. Questo è un modo surrettizio di fare politica a favore di quei sistemi sociali in cui una casta o un ceto o una classe fruisce di una particolare funzione egemonica.

Uno storico dovrebbe considerare lapalissiano il principio secondo cui non esistono fatti storici la cui interpretazione sia inoppugnabile. Spesso anzi ciò che rende plausibili i fatti, la loro interna dinamica, il loro svolgimento temporale, sono proprio le *interpretazioni storiografiche*. Quindi, più che sciorinare *affermazioni a tesi*, aventi la pretesa di dirci come sono andate effettivamente le cose, sarebbe meglio parlare di "ipotesi interpretative", non solo quando le fonti sono scarse o lacunose, ma anche quando sono tante e corpose (la quantità non fa certo la verità). E questo soprattutto in un manuale scolastico, usato da un soggetto - lo studente - in via di formazione, che deve abituarsi a guardare le cose nelle loro molteplici sfaccettature.

Non esiste "la" verità dei fatti; non siamo in grado di stabilirla con certezza apodittica, anzi, per promuovere la democrazia è meglio rendere relativa l'ermeneutica di "tutti" i fatti.

Se la storia viene presentata come un succedersi lineare, inespressivo, di fenomeni socio-economici, i quali, a loro volta, producono inevitabilmente fenomeni di tipo politico, militare, amministrativo e culturale, dove sta la libertà umana? Che cos'è che differenzia il genere umano da quello animale? Anche i castori producono dighe. Anzi in loro il determinismo istintuale dell'azione non si configura mai come il rovescio di quella mera casualità che ha scatenato il fatto iniziale, quello che poi, avvalendosi di una specie di "effetto domino", ha provocato tutta una serie di conseguenze a catena. Il castoro non costruisce dighe perché "casualmente" si trova a vivere in un fiume.

È solo nei manuali scolastici di storia antica che si sostiene che il passaggio dall'economia di prelievo a quella produttiva avvenne nella cosiddetta "Mezzaluna fertile" proprio perché qui le paludose e afose circostanze ambientali, in maniera del tutto fortuita, indussero gli uomini a reagire a favore di un tipo di civiltà del tutto diversa da quella neolitica e soprattutto paleolitica. Lo schiavismo insomma nacque per motivi geografici! Ragionando in termini deterministici si arriva in sostanza a sostenere che è stata solo una questione di "temperatura" a provocare il passaggio dal Paleolitico al Neolitico e da questo alle prime civiltà urbane. E se invece si sostenesse che l'agricoltura esisteva già nel Paleolitico, pur senza rivestire quel ruolo centrale che ebbe nel Neolitico, e che per questa ragione di essa non sono rimaste tracce significative?

Si fa nascere l'agricoltura in seguito all'ultimo disgelo di 12000 anni fa, ma in Africa non vi è mai stata alcuna glaciazione: cosa avrebbe potuto impedire il formarsi di una qualche forma di coltivazione della terra?

Certo, non è da escludere - come tutti gli storici sostengono - che l'agricoltura si sia ampiamente diffusa nella "Mezzaluna fertile" perché qui i gruppi umani che si erano insediati, dopo essere usciti dall'Africa, non avevano le foreste da utilizzare, ma solo i fiumi, che con le loro periodiche esondazioni offrivano acqua sufficiente per lavorare la terra, a condizione naturalmente che prima si fossero drenate le acque con appositi scoli, impedendo al terreno circostante di diventare paludoso e acquitrinoso.

Proprio i territori più impervi, che apparentemente sembravano i meno praticabili, fecero la fortuna di quei gruppi umani che avevano scarsità di cibo, in quanto, per qualche ragione, avevano dovuto o voluto abbandonare dei luoghi più fertili, che non richiedevano un massiccio intervento dell'intelligenza umana sulla natura.

Le terre bonificate della Mesopotamia non solo diedero cibo in abbondanza, agli uomini e agli animali da allevamento, ma offrirono anche l'argilla con cui fare le prime vettovaglie domestiche, i primi importanti recipienti con cui conservare integre le eccedenze.

Tuttavia la scelta della stanzialità perenne, in un determinato *habitat*, non è detto che sia *umanamente naturale*. Lo dimostra il fatto che anche dopo la scoperta dell'agricoltura, tantissime popolazioni del pianeta, che pur conoscevano i progressi di questa attività, continuarono a vivere di caccia e di pesca o di allevamento e di frutti selvatici, e non praticarono mai l'agricoltura, proprio perché rifiutavano di assimilarla nel loro *background* culturale (come gli iconografi bizantini rifiutavano, pur conoscendola, di usare la prospettiva).

L'agricoltura sembra presumere una qualche forma di condizionamento negativo: la s'inventò proprio per poter sopravvivere in un ambiente particolarmente ostile. Col Neolitico nasce il *lavoro* vero e proprio. La ricchezza non è più data dalla *natura in sé*, ma dalla *natura lavorata in maniera produttiva*: un concetto questo che, p.es., gli indiani del Nordamerica, prima del loro contatto con gli europei, non avevano mai avuto.

Da notare peraltro, e forse questa può non essere una coincidenza casuale, che la principale forma d'interazione con l'ambiente, a partire dalla nascita delle civiltà antagonistiche, viene intesa come una forma di "dominio", in cui le risorse naturali vanno sistematicamente sfruttate. Gli storici deterministici considerano questo approccio alla natura del tutto "naturale".

Tutti sembrano essere convinti che tale atteggiamento egemonico nei confronti della natura abbia poi portato a creare una società divisa in classi (contrapposte o reciprocamente funzionali viene poi precisato in seconda battuta), ma chissà perché nessuno si chiede se questo atteggiamento non fosse, a sua volta, l'effetto di un mutamento dei *rapporti sociali* interni alla comunità.

È strano che non ci si chieda questo, visto che, alla luce delle moderne teorie ecologiste, un atteggiamento di "sfruttamento consapevole" della natura, elevato a "sistema", non può nascere in una comunità il cui stile di vita è "eco-compatibile". È quindi evidente che nel Neolitico, ad un certo punto, gli uomini hanno cominciato a dare, all'interno delle loro comunità, delle risposte sbagliate a domande urgenti, significative, e questo ha avuto un inevitabile riflesso condizionato sul loro rapporto con la natura.

In altre parole gli uomini o sono andati in luoghi dove non dovevano andare, ovvero hanno lasciato i loro luoghi originari senza valide motivazioni, oppure hanno cercato nuovi luoghi da popolare con un atteggiamento sbagliato. Sia come sia, non si può parlare di "rivoluzione" solo in senso positivo. Una forzatura del genere è evidentemente dovuta al fatto che i criteri di vita della nostra civiltà antagonistica e tecnologica si riflettono nell'analisi storiografica delle civiltà passate, delle quali ci piace valorizzare solo quegli aspetti che più ci somigliano.

Dunque se è bene che uno storico debba essere circospetto nell'esame delle fonti documentarie, anche nei confronti di quelle che gli sono più prossime (scritte o non scritte), come un detective che non si fida delle prove di colpevolezza più schiaccianti, a maggior ragione egli deve usare il beneficio del dubbio quando gli eventi sono accaduti svariate migliaia di anni fa.

*

Tutti i manuali scolastici di storia danno per scontato che il passaggio dal comunismo primitivo allo schiavismo sia avvenuto spontaneamente, per progressive determinazioni quantitative, senza che nessuno potesse rendersi conto della gravità di ciò che stava avvenendo.

Presumono di dare una spiegazione scientifica, il cui valore però non è molto diverso da quello della tesi secondo cui l'uomo di Neanderthal, pur essendo molto robusto e intelligente, è scomparso in maniera del tutto misteriosa, quasi senza aver rapporti con il Sapiens Sapiens.

Prendiamo ora in esame sette manuali scelti a caso e documentiamo quanto appena detto.

C. Scarparo, *Pagine di storia*, Edidue, Torino 2010

1. Secondo l'autore il Neolitico va dall'8000 al 3000 a.C., ma non spiega perché nasca nella "Mezzaluna fertile".

2. Bene fa a parlare di "famiglia nucleare" solo in riferimento alla moderna società industriale, in quanto in precedenza prevalse la famiglia clanica o patriarcale. Suo capo indiscusso era il genitore maschio più anziano.

   Poi però aggiunge, *en passant*, che può essere esistito anche il *matriarcato*, ancora diffuso presso alcune tribù indigene dell'Oceania.

   Infine precisa che accanto alla monogamia è esistita nel passato anche la *poligamia*, senza però dare alcuna spiegazione di questa diversità di comportamento.

3. Interessante l'osservazione secondo cui la tradizionale divisione del lavoro, ammessa da tutti gli studiosi, che vede negli uomini dei cacciatori e nelle donne delle raccoglitrici di frutti bacche radici, relativamente al Paleolitico, va messa in discussione, poiché non può avere valore quando in gioco vi erano animali di piccola taglia.

   Quella divisione probabilmente subentrò quando l'Homo erectus si diffuse dall'Africa al continente euroasiatico, dove, abitando zone più fredde, era costretto a cibarsi di animali più grossi, utilizzando anche le loro pellicce per coprirsi. Questo benché sia da escludere che l'emigrazione dall'Africa sia avvenuta durante una glaciazione. Il cambiamento di abitudini, relativo alla divisione del lavoro, nell'Homo erectus, dev'essere avvenuto quando in Europa, dopo un periodo di elevata temperatura, si formò una glaciazione.

4. L'autore espone le cose più in maniera *fenomenologica* che storica, in quanto non le collega a delle motivazioni socio-economiche o culturali. Tuttavia ha giustamente evitato di parlare di "schiavismo" in epoca neolitica, anche se poi, facendo nascere Uruk (Mesopotamia) nel 3500 a.C., la prima città schiavista della storia, ha sbagliato a porre come data ultima del Neolitico il 3000 a.C.

V. Calvani, *Impegno e memoria*, A. Mondadori Scuola, Milano 2010

1. Per la Calvani il Neolitico inizia verso il 9000 a.C., ma non spiega perché proprio nella "Mezzaluna fertile".

2. Incredibilmente ritiene che la famiglia paleolitica (cacciatori / raccoglitrici) fosse di tipo "nucleare" e che divenne "estesa" solo quando si costruirono i primi villaggi.

    Non spiega il processo che ha portato la famiglia estesa a diventare patriarcale ("totalmente sottomessa al patriarca"), e lascia quindi credere che fosse nata naturalmente così.

    Secondo la Calvani l'uguaglianza dei sessi poteva esserci solo nella famiglia nucleare del Paleolitico, poiché a quel tempo non ci volevano "molte braccia" per nutrirsi, come quando invece esistono allevamenti e campi agricoli.

    Questa analisi è completamente sbagliata, sia perché nel Paleolitico la famiglia nucleare, che è concetto "borghese", non è mai esistita, sia perché la disuguaglianza dei sessi non dipende dal fatto che dalla caccia si fosse passati all'allevamento o dalla raccolta dei frutti all'agricoltura. Occorrono ben altri fattori, che sono tipicamente culturali (a quel tempo di natura religiosa).

    Inoltre il patriarcato non nasce solo perché si era passati da un'economia di prelievo a una produttiva.

3. Ancora più incredibile è quest'altra affermazione, che introduce inaspettatamente una categoria che nel testo non era mai stata citata prima: gli *schiavi*, della quale non viene data una spiegazione propriamente storica bensì *sociologica*. Il patriarca "acquistò potere di vita e di morte sulle sue numerose mogli, i numerosissimi figli, i parenti acquisiti e gli 'schiavi domestici' (i senza-famiglia, cioè orfani, vedove, gente sgradita in altri villaggi, che venivano accolti in cambio del lavoro che fornivano)".

    È dunque evidente che la Calvani, nel capitolo dedicato al Neolitico, sta usando una terminologia che dovrebbe in realtà essere applicata alle prime civiltà urbane e schiavistiche. Introduce il termine di "schiavo domestico" come se nel Neolitico fosse del tutto naturale "sfruttare il lavoro altrui". Attribuisce la disparità tra uomo e donna al patriarcato, senza rendersi conto che lo stesso patriarcato era frutto di una disparità *tra uomo e uomo*, quella che farà poi nascere, accanto al patriarcato, anche lo schiavismo e la monarchia.

4. L'ultimo aspetto da sottolineare è l'attribuzione certa che l'autrice fa del Diluvio universale, di cui si parla nella Bibbia, a una data relativamente precisa: il 6300 a.C., che è quella in cui l'agricoltura si diffuse dalla "Mezzaluna fertile" all'Europa, passando per l'odierna pianura ungherese.

Secondo lei (o meglio, secondo le fonti di cui si avvale) l'innalzamento della temperatura terrestre fece collassare un gigantesco ghiacciaio nel Nordamerica, che alzò di 1,5 metri il livello degli oceani e dei mari interni, come p.es. il Mediterraneo. Nel sud-est dell'Europa l'acqua ricoprì 75.000 kmq di spiagge, per un periodo di oltre mezzo secolo. Le acque addirittura sfondarono lo sbarramento che allora separava l'Asia dall'Europa, creando il Bosforo e trasformando quello che allora era un lago nell'attuale Mar Nero. Chi sfuggì a questo immane disastro, portò l'agricoltura in Europa.

Qui le domande da porsi sono le seguenti:

- non si comprende - visto che le glaciazioni, da nord, non hanno mai valicato le Alpi - perché nell'Europa meridionale l'agricoltura non potesse svilupparsi spontaneamente come in Mesopotamia e nel Vicino Oriente;

- avendo fatto iniziare il Neolitico, e quindi l'agricoltura, nel 9000 a.C., non si capisce perché gli europei, dopo 3000 anni di storia (stando al Diluvio del 6300 a.C.), ancora non avessero appreso come piantare un seme. La "Mezzaluna fertile" era una zona che andava dal Tigri-Eufrate al Nilo: sarebbe stato impossibile per un europeo non accorgersi di questa nuova economia produttiva;

- il racconto biblico del Diluvio universale, che riprende analoghi racconti mesopotamici, al massimo può risalire (come scrittura e come fatti cui si riferisce) a 2000-2300 anni a.C.: nessuno poteva avere memoria di eventi successi ben 4000 anni prima;

- il racconto del Diluvio è chiaramente ambientato in epoca schiavistica e non neolitica;

- il Diluvio può essere stato originato non dalla casualità di un iceberg staccatosi dalla calotta artica, ma dalle massicce deforestazioni operate sin dagli albori delle civiltà schiavistiche (presenti anche in Cina, India, Mesoamerica...) e che procurarono ampie desertificazioni, che sicuramente sconvolsero gli equilibri climatici e in maniera irreversibile;

- non fu l'agricoltura in sé a provocare i disboscamenti, ma l'uso dell'agricoltura per affermare una sorta di potere personale, esclusivistico, da parte di un gruppo sociale sull'intera comunità.

G. Gentile, L. Ronga, A. Rossi, *Scenari del tempo*, ed. La Scuola, Brescia 2010

1. In una paginetta gli autori demoliscono il mito secondo cui nella preistoria si stava meglio che oggi. E offrono numerose motivazioni:
   - la vita media era di trent'anni circa, in quanto non sono quasi mai stati trovati scheletri di persone anziane [come se per stabilire l'età di persone di milioni di anni fa o addirittura le loro condizioni di vita, sia sufficiente riferirsi ai loro scheletri, quando persino la sepoltura è acquisizione relativamente recente, che in genere si fa risalire al solo Neanderthal];
   - la natalità era molto elevata: circa otto figli per donna [da notare che questo aspetto viene considerato particolarmente negativo, ed è strano che ciò venga detto in un manuale che, stando alla casa editrice, si presume sia ad orientamento cattolico];
   - la mortalità infantile era molto elevata a causa delle malattie e della fame [come se gli uomini primitivi non avessero conoscenza delle proprietà terapiche delle erbe! come se la fame non riguardasse proprio le comunità preoccupate di conservare le eccedenze dei loro prodotti! come se queste eccedenze non venissero usate, in queste società, come arma di ricatto nei confronti delle classi più deboli!];
   - una vita di caccia, pesca e raccolta non offriva una giusta quantità di calorie e vitamine [chissà dunque perché per milioni di anni gli uomini sono riusciti tranquillamente a sopravvivere e anzi a diffondersi in tutto il pianeta];
   - la costituzione fisica era gracile perché condizionata da difficili condizioni climatiche: grotte umide, capanne fatiscenti ecc. [eppure gli spagnoli rimasero positivamente stupefatti nel 1492 osservando la corporatura della prima tribù che incontrarono e ancora oggi è sufficiente mettere a confronto la costituzione fisica degli individui provenienti dall'Africa sub-sahariana, con quella di un qualunque bianco europeo, per accorgersi di chi sia messo meglio];
   - batteri e parassiti provocavano all'uomo primitivo numerose malattie contro cui non poteva far nulla [come se l'evoluzione del

genere umano non abbia fatto nascere nuovi batteri e parassiti e nuovi virus patogeni, nei cui confronti le medicine sono sempre meno efficaci!];

- l'alimentazione a base di cereali, pestati con pietre che lasciavano nella farina numerosi frammenti, unitamente al fatto ch'essi contengono zuccheri, fece apparire i primi denti cariati già 20000 anni fa [incredibile che in un periodo in cui l'uso dei cereali non poteva certo essere abbondante - visto che l'agricoltura quanto meno è di diecimila anni dopo -, l'alimentazione fosse così devastante per i denti degli esseri umani!];

- le donne avevano deformazioni alla colonna vertebrale e in altre ossa, perché sfregavano i cereali, per ottenere farine, stando chine sulle pietre della macina [ma se questa attività era tipica dell'agricoltura irrigua, non ci volle molto per sostituire la donna con un animale e la semplice pietra con una ruota];

- i tumori, specie quello alla mammella, esistono da milioni di anni [questo per dire che si sta meglio oggi, visto che l'intero pianeta ha a disposizione igiene e medicina, prevenzione e sicurezza];

- la scarsità di cibo costringeva continuamente a una vita nomade [dunque la fame esisteva, per questi autori, anche in presenza di un pianeta ricoperto di foreste e di animali!].

2. Ma forse più che queste amenità, dal sapore quanto meno ideologico[2], sono incredibili ben altre affermazioni:

- le prime città vengono fatte risalire addirittura all'8000 a.C., considerando Gerico non un'eccezione, ma la regola, tant'è che non si ha dubbi nel sostenere, pur non potendolo dimostrare, che i villaggi più grandi presenti nel Medio Oriente 10000 anni fa erano, per le loro caratteristiche, delle città vere e proprie. Oltre a Gerico viene citata Çatal Hüyük, fondata nella pianura di Konya (attuale Turchia centro-meridionale), scoperta nel 1958. Fondata tra l'VIII e il VII millennio a.C., era in grado di ospitare più di 5000 persone. Infine si cita la siriana Ebla, un villaggio che diventò un'importante città nel III millennio.

---

[2] L'integralismo religioso per molto tempo ha contrapposto il Medioevo alla società borghese e al comunismo. Oggi che un certo tipo di socialismo teorico ambisce a considerare la preistoria quella in cui si realizzò il vero comunismo democratico, l'integralismo comincia a sostenere che anche in questo periodo gli uomini stavano malissimo. L'incapacità di relativizzare i pro e i contro di ogni epoca storica rende certi manuali di storia una sorta di mascheratura della peggior propaganda politica.

- Ora, se città come Gerico e Çatal Hüyük fossero state la regola, ne avremmo sicuramente trovate molte di più, al punto che dovremmo arrivare a dire che la prima vera urbanizzazione non si verificò in Mesopotamia, bensì nel Mediterraneo orientale. Ma, supponendo anche che ve ne fossero state molte altre, perché sono tutte scomparse? Se fossero state distrutte da altre città, dove sono le rovine di quest'ultime? Se al tempo di Ebla certamente una città non era più un'eccezione, che dire dei tempi di Gerico e di Çatal Hüyük?

A leggere quanto dice la Bibbia su Gerico, si deduce che la sua distruzione sia stata provocata non da altre città ma da popolazioni non urbanizzate, tra le quali appunto quella ebraica uscita dall'Egitto, guidata nel deserto da Giosuè, che fece sì fuori altre città, ma certamente non 8000 anni fa. Riguardo a Gerico Giosuè si servì, per occuparla, di quegli elementi marginali che sempre si trovavano in relazione oppositiva allo sviluppo della città stessa. Non esiste città che non sia caratterizzata da marcate differenze di ceto o di classe, dalla presenza di categorie improduttive (come i militari, i burocrati, il clero, i funzionari statali, gli scribi), preposte al controllo dei ceti produttivi e subordinati.

- "Neolitico" di per sé non vuol dire "schiavismo", ma certamente "schiavismo" vuol dire "civiltà urbanizzata". Gerico e Çatal Hüyük non erano un villaggio ingrandito né un insieme di villaggi, ma città vere e proprie, e quindi, in un certo senso, erano la morte del villaggio tradizionale, che però restava allora assolutamente predominante, almeno sino a quando le città non si trasformarono in "regni". Il villaggio è spontaneo e informale, basato su regole non scritte e sulla tradizione orale; la città invece è coercitiva e molto formalizzata, vocata all'occupazione di territori altrui.

3. Se si fa risalire il Neolitico all'VIII millennio, dicendo che il passaggio dalla caccia all'allevamento o dalla raccolta all'agricoltura comportò, quasi automaticamente, anche l'edificazione di città, con tanto di mura fortificate, di lavori specializzati, di scambi commerciali ecc., non ci si capisce più nulla, semplicemente perché si finisce col parlare di "schiavismo" senza averlo detto.

Resta inspiegabile un atteggiamento così unilaterale, anche perché, ad un certo punto, gli autori di questo manuale, per motivare il passaggio dal Paleolitico al Neolitico, si sono sentiti in dovere di ammettere che le spiegazioni, a tutt'oggi, restano scarsamente documentate. "Non sappiamo con precisione perché ciò

avvenne", nel senso che le ipotesi interpretative sul tappeto restano solo due: "un deciso cambiamento di clima", "un aumento
della popolazione che provocò una maggiore richiesta di cibo",
che sono le due tesi borghesi principali con cui si cerca di giustificare qualunque prassi sociale di tipo antagonistico.

Solo che, detto così, si induce a credere che il passaggio dal comunismo primitivo allo schiavismo avvenne per cause di forza
maggiore, senza soluzione di continuità, in maniera del tutto indipendente dalla volontà umana: la natura, ad un certo punto, per
motivi insondabili, obbligò gli uomini a non essere più se stessi.

La superficialità di questi ragionamenti è sconcertante, specie in
un manuale di storia. Gli autori sono persino arrivati a dire che i
mutamenti climatici provocarono spontaneamente la nascita del
deserto del Sahara, quando in realtà è impossibile escludere l'idea che la nascita dei deserti di tutto il mondo sia avvenuta proprio perché la loro deforestazione fu causata dalle limitrofe civiltà schiavistiche.

**A. Brancati, T. Pagliarani, _Le voci della storia_, ed. La Nuova
Italia, Firenze 2010**

1. Più equilibrato è il testo di Brancati-Pagliarani. Anzitutto perché
    quando parla di "matriarcato paleolitico", evita di fare comparazioni col "patriarcato", nel senso che se in quest'ultimo l'affermazione di un potere personale appare alquanto esplicita, nel matriarcato invece si trattava soltanto di non nascondersi una diversità di funzioni, che gli uomini, peraltro, non si permettevano
    certo di sottovalutare, anche perché se era importante la caccia e
    la raccolta, non meno importante era la riproduzione della specie
    (riproduzione in tutti i sensi: biologico e sociale, mediante integrazione supplementare del cibo tratto dalla caccia, nonché l'allevamento della prole e la cura delle malattie, essendo le donne
    esperte da sempre di piante medicinali).

2. Gli autori del manuale capiscono bene la differenza tra "villaggio" e "città"; infatti non vedono contraddizione tra "villaggio" e
    "baratto" (lo scambio delle eccedenze). Il commercio di per sé
    non implica lo schiavismo, ma quando c'è schiavismo c'è sempre, nell'attività commerciale, il primato del valore di scambio su
    quello d'uso.

3. Interessante che si ammetta che i villaggi paleolitici non superavano il migliaio di abitanti, mentre quelli neolitici erano molto

più estesi. L'interesse sta nel fatto che non è raro incontrare dei testi che parlano, relativamente al Paleolitico, di gruppi di 50-100 persone al massimo.

4. Il testo fa una distinzione significativa tra "orda" paleolitica e "clan" e "tribù" neolitiche. Si sostiene la tesi che l'orda fosse un "raggruppamento temporaneo di un certo numero di persone sottoposte al comando di un uomo molto forte e abile". Ma per quale motivo il gruppo dobbiamo considerarlo "temporaneo"? E perché viene detto che era sottoposto a qualcuno "abile e forte"? In quali occasioni si rinunciava alla "democrazia" (così tipica di questo periodo)? Certamente non in caso di guerra: non se ne ha notizia sino al momento in cui non si formano le civiltà schiavistiche. Forse in caso di caccia o di migrazione? Ma in questi casi sarebbe banale sottolinearlo, in quanto la "temporaneità" sarebbe stata troppo "irrisoria" per essere davvero significativa per gli sviluppi ulteriori dell'orda.

L'orda in realtà può essere esistita proprio perché prescindeva dai legami familiari, che sono peculiari del "clan", il quale li usava proprio per contrapporsi ad altri clan, introducendo elementi di *aristocraticismo*.

La tribù tuttavia non può essere un prodotto derivato da un insieme di clan che stipulano un contratto tra loro. Questo è un modo "occidentale" di guardare le cose: ci si mette insieme perché da soli si è più deboli. Semmai anzi può essere vero il contrario, e cioè che i clan si sono formati all'interno di una tribù primitiva proprio allo scopo d'indebolirne la compattezza (come oggi le correnti dentro i partiti politici).

Noi dovremmo dare per scontato, nello studio della preistoria, che la cosa più naturale, per l'uomo primitivo, era quella di vivere in una tribù dove gli aspetti della *collettivizzazione* avevano una netta prevalenza rispetto a quelli di parentela. La formazione di un clan, per non parlare dell'esperienza dell'individuo singolo, che persino oggi è assurda, per quanto i mezzi dell'autoaffermazione siano molteplici, sarebbe stata una scelta autolesionista nei rapporti con la natura. Un clan poteva staccarsi dalla tribù solo quando era relativamente sicuro di potercela fare da solo.

Se invece si vuol parlare di "clan pacifici" all'interno di una tribù, si deve necessariamente pensare che, pur nelle distinzioni parentali, essi, se volevano salvaguardare l'unità tribale, non potevano certo perdere di vista gli interessi del "bene comune". In ogni caso se un clan inizia a staccarsi da una tribù e a gestirsi in autonomia, costruendo uno stile di vita molto diverso da quello precedente, è facile che lo stesso clan, una volta trasformatosi, eventualmente in associazione con altri clan, in una struttura di tipo urbana, arrivi a minacciare la sicurezza della stessa tribù.

Questo per dire che la formazione di una città non è detto che sia avvenuta per opera di una tribù, solo perché più numerosa di un clan. Non dobbiamo infatti dimenticare che l'idea stessa di una *città-stato* presume rapporti conflittuali già al proprio interno, in forza dei quali vengono del tutto scardinati i tradizionali equilibri tribali. E il peso di questi conflitti viene immancabilmente trasferito sulle spalle delle popolazioni limitrofe.

Se noi pensiamo che esista una linea evolutiva tra *orda*, *clan*, *tribù* e *città-stato*, siamo completamente fuori strada, anche perché saremmo costretti ad affermare cose indimostrabili e anche poco comprensibili, come p.es. che l'orda fosse un gruppo di persone che "spontaneamente" si sottoponeva a un capo "forte e abile", cosa che invece è tipica delle società antagonistiche, dove però la sottomissione non è spontanea ma obbligata da una qualche forza coercitiva.

5. Gli autori di questo manuale fanno nascere i conflitti tra le tribù del Neolitico per il controllo delle risorse, chiamando in causa una motivazione poco convincente: non usando a quel tempo i concimi, i terreni diventavano ben presto improduttivi. Col che si dà per scontato che l'agricoltura fosse la fonte primaria dell'alimentazione, quando invece sappiamo che per tutto il Neolitico, essa, a parte la zona paludosa della cosiddetta "Mezzaluna" (divenuta "fertile" per opera dell'uomo, benché Brancati e Pagliarani sostengano il contrario), costituiva soltanto un aspetto integrativo della caccia, della pesca e dell'allevamento.

Quando l'agricoltura tende a diventare prevalente, le altre risorse si marginalizzano (caccia, pesca, raccolta di frutti spontanei...) o addirittura vengono a confliggere (allevamento), in quanto bisognose di ampi spazi aperti, liberi, non recintati, privi di fossati, sicuramente non coltivati.

Quindi parlare di "conflitti intertribali" per il controllo delle risorse è, propriamente parlando, una sciocchezza, poiché quando il controllo diventa un problema, non è più tra tribù, ma tra queste e le città-stato. Infatti se non può esserci una città-stato senza un'organizzazione razionale della coltivazione rurale (con cui sostenere i ceti improduttivi), può benissimo esserci un'organizzazione del genere senza alcuna città-stato. È più normale pensare a un conflitto fra tribù e città-stato che non fra tribù, anche perché le esigenze di una tribù non sono mai così grandi da impedire a un'altra tribù di sopravvivere. Invece quelle di una città sono sempre di molto superiori a quelle relative alla mera sopravvivenza: ecco perché una qualunque città è perennemente in conflitto con le città e le tribù confinanti.

In genere i conflitti di tipo bellico sono sempre fra città-stato, anche se l'espandersi progressivo e colonialistico di una città-stato giunge ben presto a confliggere con tribù non solo stanziali ma anche nomadiche. Per poter realizzare la transizione dalla tribù alla città, occorrono condizioni molto particolari, situazioni ambientali molto critiche, rotture traumatiche con tradizioni consolidate, espulsioni degli elementi disgregatori sul piano sociale, perdita di senso del collettivo, uso mistificatorio del linguaggio, falsificazione della memoria ancestrale, sviluppo alienante di strumenti consolatori (come p.es. la religione, il teatro, i giochi...), culto della personalità, ecc.

Quando p.es. si definisce il "patriarcato" come una forma di società in cui l'uso della forza veniva interpretato per sottomettere la donna, e si fa risalire questa società al Neolitico, si dimentica di dire che anche prima del patriarcato la donna era consapevole che l'uomo possedeva una forza superiore alla sua, ma che non per questo lei se ne sentiva succube, né l'uomo la usava come strumento di dominio. I passaggi da una società all'altra spesso avvengono quando, pur in presenza di medesime azioni, si cominciano a dare spiegazioni diverse.

Quindi se si vuol parlare di patriarcato in questi termini, si eviti almeno di farlo risalire a tutto il Neolitico e si dica espressamente che l'uso strumentale della forza fisica come occasione per rivendicare una posizione egemonica sulla parte debole del collettivo, rifletteva, già di per sé, la presenza di rapporti conflittuali tra uomo e uomo, tipici delle società schiavistiche (a prescindere dal loro tasso di schiavizzazione).

Lo schiavismo non è nato dalla sottomissione della donna da parte dell'uomo, ma dalla sottomissione dell'uomo da parte dell'uomo. E in ciò, prima che la questione "fisica" giocasse un ruolo rilevante, deve per forza essere intervenuta una questione "mentale". Semplificando si potrebbe dire che lo schiavismo è nato quando un uomo forte è divenuto debole a causa di un inganno, coperto da un'illusione (prevalentemente di tipo religioso), la cui accettazione ha avuto conseguenze imprevedibili e, per molti versi, irreversibili. Il miraggio non s'è trasformato in una realtà ma in un incubo.

Ecco perché quando si fa storia, bisogna introdurre elementi di filosofia, proprio per evitare che le spiegazioni dei fatti assumano un tono deterministico che toglie ai soggetti umani la facoltà di scelta, l'esigenza di un protagonismo attivo. Dire p.es. che le città-stato, la cui popolazione era "suddivisa in classi", si sono formate in seguito all'unione spontanea dei villaggi più grandi, dediti all'agricoltura e all'allevamento, è una sciocchezza troppo grande per poter avere qualche barlume di verità.

Né l'agricoltura di per sé, né l'allevamento possono aver fatto nascere le discriminazioni sociali o i conflitti di classe. A uno studente non si può spiegare un percorso evolutivo fatto passare per "naturalistico", senza ipotizzargli delle strade alternative. Non gli si può far credere che lo schiavismo sia stato uno sbocco inevitabile del Neolitico, poiché, così facendo, avrà l'impressione che la società in cui egli vive sia una conseguenza non meno inevitabile di quella feudale.

6. È profondamente scorretto affermare, solo perché le città-stato somigliano da vicino al nostro attuale sistema di vita, ch'esse costituiscono "la maggiore eredità che i popoli antichi ci hanno lasciato". Potremmo anche dire che tra le maggiori eredità del passato, esse sono state la "peggiore", perché quella più socialmente conflittuale e quella più devastante nei confronti della natura. Non è possibile, con un'affermazione così unilaterale, far sprofondare nel dimenticatoio tutte quelle popolazioni antiche che hanno resistito a trasformarsi in organizzazioni urbane.

Per trovare affermazioni più equilibrate, in questo manuale, bisogna andarle a leggere in riquadri aggiuntivi, inseriti quasi per colmare spazi vuoti, come p.es. quello dedicato al tema della "civiltà", in cui giustamente si sostiene che "per molti secoli 'la' civiltà per eccellenza è stata quella cristiana occidentale, che si è assunta arbitrariamente il diritto di civilizzare gli 'altri' popoli, considerati incivili. Dal XIX e, soprattutto, dal XX secolo s'inizia invece a usare il plurale, 'le' civiltà... esistono tanti modi diversi per organizzare la vita sociale, ognuno con una propria dignità e coerenza".

Peccato che a queste "sante parole" non si sia riusciti a dare, nella trattazione dell'argomento, uno svolgimento conseguente.

P. Aziani, M. Mazzi, *Rete Storia*, ed. Clio, Milano 2010

1. I due autori sostengono che l'agricoltura, tra il 9000 e il 5000 a.C., si diffuse nella "Mezzaluna fertile" perché qui i grandi fiumi la favorivano in maniera naturale. E tuttavia, rendendosi conto dell'incongruenza in cui si è costretti a cadere, costatando che nei due milioni di anni precedenti a nessuno venne in mente di piantare anche un solo seme in una zona così adatta all'agricoltura, essi preferiscono, subito dopo, precisare che in realtà quella zona non era affatto fertile, anzi era molto arida, tant'è che per realizzare l'agricoltura si dovette prima scendere dalle alture e iniziare a provvedere alla bonifica con opere di drenaggio.
    Infatti, con le piene regolari dei fiumi, quelle zone erano molto acquitrinose, melmose, più adatte a essere percorse su imbarcazioni che a piedi. Una situazione - come si può facilmente notare - non molto diversa da quella del Po padano, che infatti, grazie alle sue inondazioni e all'intervento antropico, trasformò quella che un tempo era una palude piena di uccelli migratori, rane e zanzare (con tanto di malaria), in una delle pianure più fertili d'Europa. Dunque le civiltà urbanizzate, schiavistiche non sono nate dove si stava meglio (cioè nelle foreste), ma dove si stava peggio.
2. L'agricoltura si diffuse in Europa continentale nel 4000 a.C., cioè alcuni millenni dopo quella del Vicino e Medio Oriente, e fu subito guerra tra agricoltori e allevatori e cacciatori. Gli autori però non spiegano perché i terreni fossero poco adatti alla coltivazione. Se fosse stato per la presenza massiccia di foreste, non si spiegherebbe il conflitto tra agricoltori e cacciatori (peraltro la popolazione mondiale a quel tempo probabilmente non superava i sei milioni di abitanti).
    Semmai i conflitti possono esserci stati tra allevatori e agricoltori (come documenta p.es. il mito di Romolo e Remo), ma certamente, in presenza di molte foreste, è impossibile pensare a una nutrita presenza di allevatori.
3. Su una cosa invece sarebbe valsa la pena soffermarsi. Per quale motivo in Europa occidentale l'introduzione dell'agricoltura creò subito aspre situazioni conflittuali? Ciò probabilmente fu dovuto al fatto che quando s'importarono le tecniche rurali più avanzate dal Vicino e Medio Oriente, gli europei importarono anche le tensioni tipiche delle economie antagonistiche, correlate proprio a un certo modo di gestire le eccedenze agricole. Gli europei non

ebbero bisogno di ripercorrere il lungo e faticoso iter delle antiche civiltà egizie e mesopotamiche (così come nel XX secolo Cina e Giappone non hanno avuto bisogno di ripercorre i cinquecento anni di rivoluzione borghese europea).

4. Secondo gli autori l'agricoltura fu inventata per sopperire alle esigenze della fame. Infatti "le popolazioni che vivono di caccia e di raccolta sono in genere piuttosto magre", non avendo cibo in abbondanza (le eccedenze appunto).
   Grazie a questa tesi molto disinvolta, gli autori ottengono un duplice risultato:
   - dimostrano che il Paleolitico andava *necessariamente* superato dal Neolitico;
   - dimostrano che il Neolitico è stato importante perché ha saputo porre le basi della nostra civiltà, che va considerata la migliore possibile (benché ancora oggi vi siano oltre 800 milioni di persone denutrite).

5. Strano però che gli autori di questo libro di testo non arrivino a dire che l'uso del *rame* fu un progresso indiscutibile per le prime civiltà: "un'ascia o una falce di rame - così scrivono - sono troppo tenere e occorre affilarle continuamente"; dopodiché aggiungono che gli oggetti di rame erano di lusso e di scarsa utilità pratica. La stranezza però si spiega col fatto ch'essi non sono interessati a far conoscere l'uso *domestico* degli oggetti di rame, quanto piuttosto l'uso *bellico*. Ecco perché il metallo a cui sono maggiormente interessati è il *bronzo*, con cui i ricchi potevano permettersi il lusso di forgiare le loro armi, mentre gli attrezzi dei contadini continuavano a restare di pietra (ma perché di sola "pietra" quando i raccoglitori, sin dal Paleolitico, conoscevano il bastone da scavo, quello stesso bastone che verrà poi trasformato in aratro trainato da animali?).

6. In realtà la vera preoccupazione degli autori è quella di dimostrare che per arrivare alle città-stato occorrevano assolutamente il bronzo per la guerra, le eccedenze agricole gestite da funzionari statali, la ruota e la vela per gli scambi commerciali, la divisione del lavoro per rendere costosi i prodotti artigianali e la famiglia patriarcale. Non c'è altro. Tutto procede in maniera regolare e uniforme verso il meglio.

G. Delbello, *Dal passato al presente*, ed. Il Capitello, Torino 2010

1. La Delbello è l'unica a dire che la parola "Neolitico" è stata introdotta dagli storici verso la metà dell'Ottocento per indicare quella recente preistoria compresa tra l'8000 e il 3000 a.C., in riferimento alla "levigazione" della pietra, e che solo 70 anni fa si cominciò a usare il concetto di "rivoluzione neolitica", indicando la transizione da un'economia di prelievo a una produttiva.
   L'autrice però, insieme a tutti gli altri storici della preistoria, dovrebbe fare un ulteriore passo in avanti, precisando *la differenza tra economia produttiva con e senza schiavismo*, in quanto, se non si fa questa differenza, non si comprende il passaggio dal Neolitico alle civiltà urbanizzate e si deve per forza considerare un qualunque intervento antropico *sulla* natura una forma di destabilizzazione per il comunismo primitivo. Il che può non essere vero.

2. Ora, siccome il futuro dell'umanità, se vorrà uscire dall'antagonismo individualistico che la uccide, dovrà per forza votarsi al recupero di tutte le forme collettivistiche e umanistiche del passato, è sin da adesso importante sapere se possiamo recuperare qualcosa del Neolitico o se dobbiamo volgere decisamente la nostra attenzione al solo Paleolitico. Dobbiamo cioè cercare di capire se la stanzialità è in sé un rischio da evitare per poter salvaguardare l'umanità che è in noi, ovvero, o se invece dobbiamo accettare l'idea che per salvaguardare l'istanza di umanità è del tutto irrilevante vivere la dimensione stanziale o nomadica. Quando riusciremo mai a capire che che la stanzialità è soltanto *una* delle nostre dimensioni esistenziali, non in grado di contraddire quella, non meno importante, del nomadismo migratorio (che oggi invece releghiamo al nostro tempo libero, spesso riproducendo le stesse forme d'alienazione che c'illudiamo d'aver lasciato nelle nostre città?
   Se l'uomo fosse perennemente nomade, la vita sarebbe errabonda, senza radici, come certi animali randagi, e porterebbe all'indifferenza dei valori: ci farebbe assumere atteggiamenti vittimistici, da perseguitati o, al contrario, c'indurrebbe a credere d'essere, solo per questo, le uniche persone libere del pianeta; ma se la vita fosse solo stanziale, la mente si chiuderebbe al diverso, all'alterità e comincerebbe ad assumere atteggiamenti assolutistici,

separatistici, esclusivistici, si trasformerebbe in un gigantesco egoismo collettivo.

3. È grave che in un testo di storia non vengano fatte domande di questo genere alle nuove generazioni; è grave che si prospetti loro, come unico scenario del loro futuro, la prosecuzione, eventualmente in forme ancora più tecnologizzate dell'attuale sistema di vita capitalistico (come se il miglioramento della tecnologia fosse di per sé sicura garanzia per le sorti dell'ambiente). Come se dall'attuale nostra scienza possa venir fuori uno sviluppo tecnologico eco-compatibile.

   Non c'è nessun libro di testo che guardi il passato pensando di "storicizzare" il presente. Il presente anzi viene "naturalizzato" e quindi "eternizzato"; la "mutevolezza" appartiene solo al passato, mentre il futuro, contro ogni regola evoluzionistica, che pur si decanta quando si parla del passato (quel passato che deve portare a noi), è un futuro che non esiste, se pensato qualitativamente diverso dal nostro presente.

4. In questi manuali la linea della storia assume uno strano percorso, dove da A a B c'è il Paleolitico, da B a C il Neolitico, cui segue in maniera naturale la Civiltà urbanizzata (CD), poi la battuta d'arresto del Medioevo (DE), infine la ripresa della Civiltà urbana, costituita dal Capitalismo (EF), che continua in maniera indefinita (FG). Il socialismo di stato non merita neppure d'essere ricordato, in quanto semplice incidente di percorso dell'evoluzione mondiale capitalistica.

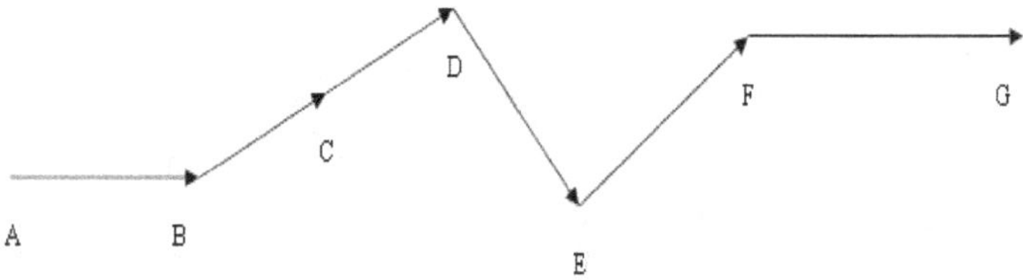

Invece come sarebbe più giusto rappresentarla?

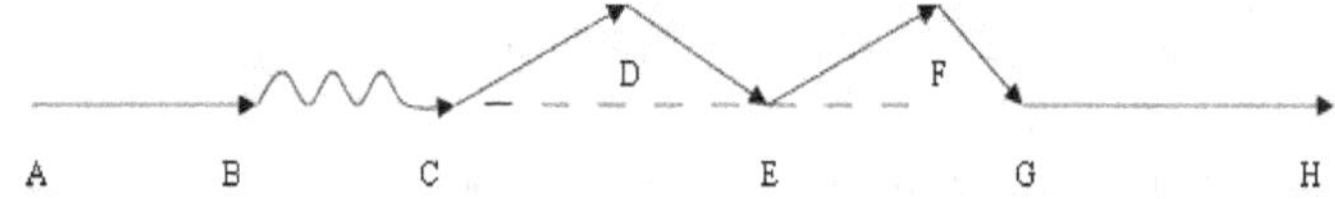

AB è il Paleolitico, cui segue un Neolitico (BC) ambiguo, che, in alcuni casi, ha portato alla linea tratteggiata (CE, EG), restando coerente coi suoi valori umanistici di fondo, mentre in altri casi (risultati poi prevalenti) ha portato alla nascita delle civiltà schiavistiche (CD), cui s'è cercato di rimediare col ritorno al ruralismo medievale (DE), ma senza successo, in quanto persistevano contraddizioni antagonistiche, di cui ha approfittato la classe borghese che ha fatto nascere il Capitalismo (EF), che però ha incontrato un nuovo ostacolo rappresentato dal Socialismo (FG), il quale, nonostante le sue nuove contraddizioni antagonistiche, è destinato, pena l'autodistruzione del genere umano, a diventare analogo al Comunismo del Paleolitico (GH). In tal senso le linee discendenti (DE e FG) non sono da interpretare come un regresso ma come un progresso dell'umanità, per quanto il socialismo sia stato stravolto dall'idea di "statalismo".

5. Il nomadismo è importante come scelta di vita, non va considerato come un effetto della povertà, anche se è evidente che gli uomini si spostano quando spinti da una necessità. È una scelta di vita in quanto gli uomini devono dare per scontato che su questo pianeta il loro destino non è quello di vivere in eterno, ma di scomparire. Noi dobbiamo concepirci come *ospiti* e *pellegrini*: non è la Terra che appartiene a noi, ma il contrario.

Bisogna abituarsi all'idea che su questo pianeta si è solo di passaggio e che nulla di quanto si fa è destinato a durare oltre un certo limite. La storia dimostra eloquentemente che tutto quanto abbiamo costruito come uomini stanziali, è stato successivamente distrutto o abbandonato, anzi quanto più è stato imponente tanto più ha provocato effetti devastanti sugli ambienti naturali limitrofi.

L'uomo deve imparare a convivere con esigenze naturali contrapposte, parimenti legittime: *stanzialità* e *nomadismo*. Deve imparare a vivere la stanzialità come una forma *provvisoria* dell'esistenza, in attesa di una nuova *migrazione*. La stanzialità perenne è la morte della creatività. Non ha alcun senso umano diventare specialisti solo in un determinato settore (che può anche non essere economicamente produttivo), ovvero professionisti privilegiati in virtù di conoscenze specifiche, che non tutti possono avere, che ci rendono diversi dagli altri, anche se sempre più siamo incapaci di vivere un'esistenza autonoma, basata sull'autoconsumo, incapaci di vedere il pianeta nel suo insieme, dove tutto è strettamente collegato. Lo stanziale vede solo il suo particolare. Tutta la scienza che possediamo serve solo a vivere lì dove si è, nell'orizzonte limitato delle proprie paure e frustrazioni, dei propri inutili privilegi di categoria.

6. Vediamo ora un altro aspetto affrontato dal manuale: la *sottomissione della donna nel patriarcato*, che viene considerata del tutto naturale o inevitabile, come già in altri manuali.

Ora, senza entrare in dettagli storici che ci porterebbero lontani, si può qui affermare, con relativa sicurezza, che tutti i miti ancestrali dell'umanità sono serviti proprio per giustificare un rapporto sessuale di dipendenza, che evidentemente in origine non esisteva. La donna non può essere stata sottomessa dall'uomo in maniera spontanea, poiché a nessuno piace essere sottomesso e a nessuno verrebbe in mente di farlo se non esistesse già il concetto di *forza* usabile come strumento per ottenere un potere particolare, esclusivo.

Se la donna si è lasciata sottomettere senza reagire, vuol dire che aveva già compiuto qualcosa che aveva minato i legami sociali o la solidità del collettivo tribale. Forse la stessa invenzione dell'agricoltura può in un certo senso aver contribuito a scardinare dei rapporti ch'erano già in difficoltà.

Gli elementi espulsi dal collettivo originario possono essersi riorganizzati in maniera autoritaria, facendo della forza fisica un'occasione per dominare i soggetti più deboli. Ecco perché, inaspettatamente (perché è questa l'impressione che si ha dai manuali di storia antica), dopo molti millenni di uguaglianza sociale, troviamo un patriarca che ha addirittura potere di vita e di morte su moglie (a volte anche più di una) e figli, e con l'aiuto di un consiglio di anziani, domina tutti i maschi del suo clan.

Tuttavia non può essere stata l'agricoltura in sé ad aver compromesso la stabilità del collettivo originario (molti storici, senza rendersi conto di quel che dicono, sono addirittura convinti che sia stata proprio l'agricoltura a dare "stabilità" ai collettivi primordiali, privi di eccedenze, quando invece bisogna far risalire al concetto di "eccedenza" l'origine delle discriminazioni sociali).

Sarebbe meglio sostenere che l'agricoltura è stata una conseguenza della rottura dei rapporti comunitari, esattamente come l'allevamento, che alcuni storici considerano successivo all'agricoltura, altri invece precedente o, quanto meno, concomitante, visto che l'una è conseguente alla raccolta e l'altro alla caccia.

Il collettivo primordiale è entrato in crisi quando si è pensato che per poterne uscire fosse sufficiente cercare delle soluzioni tecniche, che rendessero la vita più semplice, più agiata. La trasformazione della vita da nomadica a stanziale, con la conseguente esigenza di stabilire dei confini alla propria dimora, è stato il "peccato originale" della preistoria. Sono state violate delle tradizioni consolidate per lasciarsi tentare da una vita più comoda.

Questo ha reso una tribù rivale dell'altra e ha creato inevitabilmente dei conflitti all'interno della stessa tribù, p.es. tra allevatori e agricoltori, tra uomini e donne, tra forti e deboli, tra cittadini e stranieri, tra liberi e schiavi...

Uno schiavo non può nascere dal nulla, e non viene considerato un "minus habens" solo perché non appartiene alla tribù che lo ospita o l'accoglie. Se ci sono state guerre intertribali, al tempo del Paleolitico o del Neolitico, noi non abbiamo documentazione che la tribù perdente finisse schiava dell'altra. Per ridurre uno in schiavitù, deve prima svilupparsi l'idea innaturale di vivere sfruttando il lavoro altrui. L'innaturalezza di questo sistema di vita sta nel fatto che se un certo tipo di lavoro dà soddisfazione o è fondamentale per la propria sopravvivenza, non c'è ragione di farlo fare a uno schiavo, che andrebbe comunque tenuto sotto controllo, in quanto non incentivato a produrre come vorremmo. Là dove esistono schiavi, esistono sempre delle categorie di persone che non lavorano, che non fanno nessun tipo di lavoro produttivo, che campano di rendita ecc. e che schiavizzano non solo per i lavori più faticosi e pericolosi, ma per qualunque tipo di lavoro, perché è il fatto stesso di dover lavorare per vivere che viene visto con disprezzo.

Queste persone improduttive, oziose, privilegiate probabilmente non sono mai esistite nel Neolitico, o comunque non sono mai esistite finché la rivoluzione "agricola" non s'è trasformata in rivoluzione "urbana". Lo stesso concetto di "straniero" è possibile che all'inizio non venisse inteso in senso negativo (come persona di cui non fidarsi), ma, al contrario, come ospite di riguardo, cui riservargli particolare ospitalità. Una tribù stanziale ama i racconti dei nomadi, come i Feaci con Ulisse.

È probabile quindi che nel Neolitico si fossero poste le basi del superamento del Paleolitico, ma che quest'ultimo abbia continuato a sussistere per molto tempo ancora, anche perché il passaggio dal Neolitico alle prime civiltà urbanizzate non aveva nulla di scontato, richiedendo anzi una nuova "rivoluzione" nello stile di vita.

Prendiamo p.es. la *religione*. Una cosa è pensare che esista un aldilà in cui poter rivedere i propri parenti defunti; un'altra è approfittare di questa credenza per chiedere alla persona di considerare il sacerdote l'unico mediatore tra i vivi e i morti. Quando si forma una casta specializzata per il culto, la religione diventa uno strumento al servizio del potere.

Nel Neolitico i culti erano domestici e animistici; nelle civiltà urbanizzate si facevano nel tempio con cerimoniali sofisticati. Ecco perché il Neolitico costituisce uno spartiacque contenente in sé il rischio di uno svolgimento antagonistico della vita sociale.

Non si può guardare la storia come una linea che dovrebbe essere progressivamente in ascesa, il cui obiettivo finale siamo noi, con la nostra democrazia borghese. Se la storia viene interpretata in maniera così univoca, non si esce dalla leggenda, neppure in presenza di migliaia di prove documentaristiche, fossero anche delle fonti in pietra.

E. Bonifazi, S. Rizzo, *Storia attiva*, ed. Bulgarini, Firenze 2010

1. Gli storici dei manuali scolastici non presentano mai una visione d'insieme dell'intero pianeta, anche perché non viene richiesta dai programmi ministeriali.

    Peraltro, siccome nelle parti fondamentali si copiano a vicenda, tutti, senza eccezioni, parlando del Neolitico, prendono come unico esempio il Vicino e Medio Oriente, con la sua "Mezzaluna fertile". Sicché, quando si arriva a circa il 4000 a.C., si comincia a dire che dal Neolitico si passò alle prime città-stato della Mesopotamia e dell'Egitto, e qui si cita sempre l'antesignana di tutte: Uruk.

    Improvvisamente cioè si viene a scoprire che città come Gerico, Çatal Hüyük e altre ancora non erano propriamente delle città ma solo "dei villaggi ingranditi, privi addirittura di strade e con le case tutte attaccate tra loro".

    Quindi con Uruk finisce il Neolitico. La città-villaggio si è improvvisamente trasformata in città-stato.

2. Lo storico si sforza di andare avanti per determinazioni quantitative progressive (la ruota, il forno, il bronzo ecc.), ma alla fine non riesce mai a spiegare il motivo per cui nelle cose essenziali lo stile di vita era completamente cambiato.

    La pietra scheggiata o appuntita è stata ritrovata dagli archeologi praticamente in tutta Europa e nel medesimo periodo e proprio mentre le tipologie umane erano le stesse. Non può essere stata una questione d'intelligenza il fatto che in Europa occidentale l'agricoltura sia apparsa molto tempo dopo che in Medio Oriente. Evidentemente le foreste erano sufficienti per sfamare tutti. L'agricoltura non può essere nata tagliando le foreste (come avviene oggi), ma deve per forza essere nata attorno ai grandi fiumi, i cui straripamenti regolari, abituali, andavano prima irreggimentati, incanali in flussi artificiali di percorso o deviati da sbarramenti, dighe, argini.

3. Interessante di questo manuale è il rilievo che pone sulle conoscenze astronomiche della proto-storia. Forse i primi templi o cattedrali della storia non sono stati quelli delle civiltà urbanizzate, ma quelli del Neolitico, che si chiamavano "megaliti" (menhir, dolmen, cromlech), rinvenibili in varie zone europee (Carnac, Stonehenge ecc.).

   Probabilmente il primo vero culto religioso pubblico, non domestico, fu vissuto a ridosso di questi monumenti all'aperto, dove tutti potevano osservare alcuni fenomeni astronomici molto particolari, come p.es. le eclissi. A quel tempo doveva essere come andare al cinema oggi.

   Forse si cominciò a considerare il Sole una sorta di "dio", quale fonte di ogni fertilità (specie quella agricola). Ma anche la Luna era considerata "magica", tant'è che i primi calendari non sono solari ma *lunari* (e poi lunisolari). L'attenzione specifica per le fasi lunari andava di pari passo col perfezionamento dell'attività agricola (cosa che ancora oggi viene presa in considerazione).

   Chissà che non siano stati proprio quei monumenti di pietra a segnare il passaggio dal primato della Luna (strettamente connesso alla fertilità della donna) a quello del Sole, quale forma più astratta e intellettuale della fertilità.

B. Bolocan, G. De Vecchi, G. Giovannetti, *Le basi della storia antica*, ed. Scolastiche di Bruno Mondadori, Milano-Torino 2010

1. Interessante il fatto che questo sia l'unico manuale, di quelli esaminati, che dica espressamente che l'area in cui si sviluppò l'agricoltura nel Neolitico non fu solo quella della "Mezzaluna fertile", ma anche quella della Cina (intorno al 7500 a.C.), col riso e il miglio, quella dell'America centrale (4000-3500 a.C.) col mais e la zucca, e quella dell'America andina (4000-3500 a.C.) con la patata e i fagioli. In Egitto, India ed Europa l'agricoltura fu portata dall'esterno.

Questo è sicuramente il modo migliore per affrontare la storia in chiave olistica e universale, accettando l'assunto che il pianeta è un "villaggio globale".

2. La stessa domesticazione degli animali non fu una caratteristica del solo Vicino-Medio Oriente, ma anche della Cina, del Messico, delle Ande peruviane. Il lupo, divenuto cane, fu addomesticato in Medio Oriente, Cina e Nordamerica sin dal 10000 a.C.; pecore, capre e maiali, le cui fattezze erano sicuramente molto diverse da quelle odierne, furono allevate verso l'8000 a.C.

3. È importante dire queste cose per dare alla storia un respiro il più ampio possibile, relativizzando l'importanza di luoghi e contesti che fino ad oggi, nei manuali, sono apparsi più unici che rari (vedi l'Egitto e la Mezzaluna fertile).

    Molti manuali, p.es., ritengono che l'allevamento sia posteriore di almeno un millennio all'agricoltura. Ma questo è dubbio: può anche essere stato concomitante o addirittura precedente. Quando gli animali sono grandi e grossi, o feroci, non viene istintivo addomesticarli; ma se sono di piccola taglia e non particolarmente pericolosi, solo con dei divieti di tipo culturale (religioso) se ne potrebbe impedire la domesticazione.

    Quel che più importa non è tanto sapere se è nato prima l'uovo o la gallina, ma il motivo per cui, ad un certo punto, agricoltura e allevamento sono venuti a confliggere e quali soluzioni sono state prospettate per risolvere il problema.

4. Pochi manuali inoltre sottolineano il fatto che fino alla concimazione organica della terra (foss'anche solo la cenere dell'erba secca) e alla rotazione delle colture, l'agricoltura è rimasta itinerante, in quanto il terreno tendeva a impoverirsi.

    L'agricoltura implica una sicura stanzialità quando esiste concimazione e rotazione delle colture. Neppure una deforestazione per scopi agricoli o di allevamento è in grado di garantire una sicura stanzialità. Anzi, in genere una qualunque deforestazione porta alla desertificazione. Persino la sostituzione di alberi sempreverdi con alberi da frutta stagionale non permette alcuna vera stanzialità, poiché il ciclo di vita di un albero da frutta (facilmente soggetto all'attacco di parassiti) è molto più breve di un albero sempreverde. Senza poi considerare che una deforestazione di piante sempreverdi provoca inevitabilmente smottamenti, frane, alluvioni e mutamenti climatici.

5. Né l'agricoltura né l'allevamento sono stati in sé un progresso nei confronti della vita nelle foreste. Anche gli animali in cattività

sono molto più deboli di quelli selvatici: si ammalano più facilmente e il loro patrimonio genetico inevitabilmente s'impoverisce.

Il fatto di volere una vita più comoda ha sempre un prezzo da pagare, anche perché solo in apparenza risulta più sicura. Non è certo un caso che le più grandi epidemie e carestie siano avvenute proprio durante la formazione e lo sviluppo delle civiltà urbanizzate. Una qualunque pretesa di mettere la natura al totale servizio dell'uomo, comporta effetti collaterali che risultano dannosi per entrambi i soggetti. Vedere nella domesticazione, nell'economia di produzione, nell'intervento diretto sulla natura (nella sua antropizzazione unilaterale) un sicuro progresso dell'umanità, è stato un errore di incalcolabile portata, anche perché, a tutt'oggi, s'è rivelato assolutamente irreversibile.

6. Il futuro non è progettabile, soprattutto se, per farlo, si vuole coartare la natura alle nostre esigenze. La natura va rispettata per quello che è, così com'è, essendo di molto antecedente alla comparsa dell'uomo sulla Terra. Noi dovremmo semplicemente concepirci come suoi ospiti, facendo molta attenzione a come ci comportiamo. Prima di compiere una qualunque azione, dovremmo sempre chiederci se per caso la natura non sarà costretta a pagarne delle conseguenze.

7. Spesso oggi ci diciamo che la *sovrappopolazione* costituisce un problema per il nostro pianeta. Ma dimentichiamo di aggiungere ch'essa è strettamente collegata alla sedentarietà. Non esiste sovrappopolazione là dove regna il nomadismo, né là dove le tribù vivono a contatto con le foreste.

Peraltro oggi questo fenomeno è connesso a un altro ancora non meno preoccupante: l'invecchiamento crescente della popolazione. Un tempo, quando si arrivava a 40 anni, si era già nella fase del declino, in quanto la forza fisica veniva meno. L'età media era molto più bassa di quella odierna (dei paesi cosiddetti "avanzati") e questo non veniva affatto visto come un limite alla vivibilità di una tribù, anche perché ci si regolava sulla capacità riproduttiva della donna, che costituiva, in un certo senso, il *parametro regolamentativo* della stessa vita tribale (non per nulla l'attività riproduttiva per una donna iniziava molto presto).

8. Finché gli storici continueranno a interpretare il lontano passato pre-schiavista coi loro occhi "maschili", non capiranno nulla della storia. Ancora oggi noi abbiamo degli storici che pensano che i popoli nomadi praticassero sistemi di controllo delle nascite,

come p.es. l'astinenza sessuale, l'aborto e l'infanticidio, a motivo del fatto che le donne non riuscivano a spostarsi con più di un bambino per volta. In realtà l'attività sessuale aveva per loro un'importanza completamente diversa dalla nostra, essendo molto più simile a quella animale, che è finalizzata alla riproduzione: l'attività sessuale era basata sulla capacità ricettiva, organica, della donna, in quanto era lei a decidere il momento giusto per l'accoppiamento.

9. Interessante anche il fatto che questo manuale (unico degli otto esaminati) prospetti l'idea che l'allevamento possa aver fatto nascere, per la prima volta nella storia, il senso di una certa *proprietà privata*: cosa che non poteva avvenire con la terra, che continuava ad appartenere all'intero villaggio (le cosiddette "terre comuni" sono esistite sino all'alba del capitalismo).

Questa cosa è convincente fino a un certo punto. Anzitutto perché là dove esiste una proprietà *collettiva* della terra, è difficile pensare a una proprietà *privata* dell'allevamento. In secondo luogo è molto probabile che all'inizio agricoltore e allevatore fossero in realtà la stessa persona, che poteva anche essere indifferentemente uomo o donna: questo perché entrambi i sessi si trovavano a fare insieme tutte le mansioni della vita rurale (ad eccezione ovviamente di quelle che richiedessero una particolare prestanza fisica). In terzo luogo si può pensare a una appropriazione privata dell'allevamento, e quindi a una specializzazione della funzione lavorativa, soltanto quando il medesimo processo ha cominciato a svilupparsi anche nell'agricoltura.

In fondo, se ci pensiamo, l'allevamento è più importante per una tribù nomade (che pratica la transumanza) che non per una stanziale, la quale, pur non disdegnandolo, preferisce affidarsi all'agricoltura (almeno in prevalenza), poiché questa le garantisce maggiori e diversificate risorse alimentari, benché in stretta dipendenza dalle condizioni climatiche.

Il problema sta semmai nel cercare di capire come sia avvenuto il passaggio da un possesso collettivo degli animali allevati a uno privato. È difficile infatti pensare che poche persone addette a una mandria abbiano potuto avere la meglio su un consistente gruppo del villaggio dedito a lavori rurali comuni. Pare più facile ipotizzare una spartizione dei beni quando, ad un certo punto, si decise di rinunciare alla gestione collettiva della terra. In quel momento infatti qualcuno, invece della terra, potrebbe aver opta-

82

to per l'allevamento, preferendo una vita più itinerante che stanziale.

Solo che una scelta del genere determinerà ben presto una situazione conflittuale tra allevatori, continuamente alla ricerca di campi aperti, e agricoltori, tendenti invece a recintare le proprie terre.

La ricerca di un maggiore benessere di piccolo gruppo (il clan), rispetto alla tribù, ha incrementato l'instabilità della propria condizione lavorativa. Successivamente s'è cercato di realizzare una convivenza pacifica tra allevatori e agricoltori quando al di sopra di loro s'è imposta la volontà di istituzioni autoritarie, che facevano gli interessi dei ceti più elevati. È probabile, in tal senso, che la nascita delle prime città-stato sia stata il tentativo di risolvere il conflitto economico tra agricoltori e allevatori, che s'è risolto però a danno d'entrambi, in quanto con le città si sono sviluppate delle categorie di persone del tutto improduttive.

Barbaro e civile

Quando trattano la storia dell'impero romano, pagano o cristiano che sia, gli storici sono abituati a considerare le popolazioni cosiddette "barbariche" nemiche non solo di questa specifica civiltà, ma anche della civiltà *qua talis*. Non vedono mai le distruzioni e le devastazioni operate dai "barbari" come una forma di negazione delle contraddizioni antagonistiche della civiltà romana e quindi come un tentativo di ricostruzione della "civiltà" su basi nuove.

Noi sappiamo che le civiltà individualistiche (che potremmo definire anche come quelle dello "sfruttamento") hanno fatto a pezzi quelle collettivistiche: quest'ultime oggi sopravvivono a stento in posti remoti della terra e, per definizione, non fanno la "storia".

Noi ovviamente non possiamo sostenere che le popolazioni cosiddette "barbariche", che distrussero il mondo romano, fossero caratterizzate da un collettivismo analogo a quello del comunismo primitivo. Però possiamo dire che vivevano una forma di collettivismo sufficiente a far fronte all'ondata individualistica della civiltà romana. Se questa forma preschiavistica non avesse avuto sufficiente forza, l'impero romano non sarebbe crollato o per lo meno non l'avrebbe fatto in maniera così rovinosa.

Probabilmente proprio il continuo contatto con l'individualismo dei romani aveva permesso ai "barbari" di porsi nei loro confronti in maniera non ingenua, li aveva cioè indotti a trovare delle strategie utili alla propria difesa. Cosa che non è avvenuta da parte degli africani nei confronti delle potenze occidentali o da parte degli indiani d'America nei confronti degli europei.

Solo che questo continuo contatto non solo ha permesso ai "barbari" di comprendere le astuzie dei romani, ma ha anche prodotto un condizionamento negativo: infatti, una volta penetrati nell'impero, i cosiddetti "barbari" si sono sostituiti all'individualismo romano, limitandosi a mitigarne le asprezze (vedi p.es. il passaggio dallo schiavismo al servaggio, in cui però la proprietà feudale resta una forma di individualismo, essendo contrapposta a quella comune di villaggio).

Gli storici sono abituati a vedere la "civiltà" come un qualcosa che si basa su elementi prevalentemente formali: p.es. il valore delle opere artistiche e architettoniche, le espressioni linguistiche e comunicative, i livelli economici e commerciali raggiunti ecc. Tutti questi aspetti, che pur sono "strutturali" ad ogni civiltà, vengono visti in maniera formale, in quanto non ci si preoccupa di verificare il tasso di "umanità" in essi contenuto.

Nell'esame storico di una civiltà gli storici dei nostri manuali non riescono neppure a capire che non si possono giustificare i rapporti antagonistici confidando nel fatto che anche tra le fila delle classi dirigenti vi sono soggetti che provano sentimenti umani, sono capaci di gesti di umanità e via dicendo. Così facendo si fa un torto a milioni di persone che vivono in condizioni servili, da cui non possono sperare di uscire confidando nei buoni sentimenti di chi rappresenta l'oppressione.

La questione della *morale (pubblica e privata)* andrebbe separata da quella dell'analisi delle *contraddizioni sociali*, che riguarda i rapporti di forza tra le classi. Peraltro, in tutte le civiltà basate sull'antagonismo, nessuna esclusa, domina incontrastata la corruzione e con essa l'inganno, con cui si cerca di ovviare all'insicurezza e alla precarietà nella vita sociale. Civiltà di questo genere in teoria potrebbero essere facilmente abbattute se solo il popolo fosse moralmente solido e politicamente unito. Ai carcerieri che dicevano a Lenin che di fronte allo zarismo non c'era nulla da fare, lui rispondeva che in realtà sarebbe bastato dargli una spallata, ma ai compagni "puristi" del partito aggiungeva anche che in queste autocrazie, per non parlare delle democrazie europee, la corruzione è un fenomeno sociale, non riguardante solo il potere politico, e che, quando si vuole una rivoluzione, non è possibile scegliersi le persone: bisogna farla con quelle che la società mette a disposizione.

Noi dobbiamo rinunciare alla pretesa di sentirci assolutamente superiori a qualunque altro tipo di civiltà, di ieri di oggi e di sempre. Non abbiamo il diritto di porre una seria ipoteca sul futuro, solo perché non sappiamo immaginare soluzioni alternative allo *status quo*.

È pedagogicamente un'indecenza non riuscire a trovare uno storico che accetti almeno come ipotesi l'idea di considerare più "civili" proprio quelle esperienze tribali prive di tecnologia avanzata, di urbanizzazione sviluppata, di mercati e imprese produttive ecc. Nei manuali che usiamo un'esperienza "tribale" appare tanto più "civile" o più "umana" solo in quanto è più vicina al nostro modello di sviluppo. Infatti quanto più se ne allontana, tanto più diventa, *ipso facto*, "primitiva". E per noi occidentali il concetto di "primitivo" non vuol soltanto dire "rozzo e incolto" in senso *intellettuale*, ma anche in senso *morale*: il primitivo è un essere con poca intelligenza e con scarsa profondità di sentimenti, quindi non molto diverso da una scimmia.

Se mettessimo a confronto i livelli di istintività con cui si reagisce a determinate forme di condizionamento sociale e culturale, ci accorgeremmo che noi "individualisti" siamo molto più vicini al mondo animale di quanto non lo siano stati gli uomini primitivi, che ragionavano mettendo l'interesse del collettivo sempre al primo posto. Una reazione istintiva di fronte alle difficoltà è tipica di chi è abituato a vivere la vita sotto stress, in stato di continua tensione, ai limiti del panico, sentendo tutto il peso delle responsabilità sopra le proprie spalle, senza possibilità di avere significativi aiuti esterni.

Questo per dire che il crollo di una civiltà non andrebbe di per sé giudicato negativamente, poiché bisogna sempre vedere se da questo crollo è sorta o può sorgere una civiltà superiore, e se questa superiorità s'è manifestata o si manifesterà solo sul piano meramente formale della tecnologia, della scienza, dell'arte, dell'economia, dell'organizzazione politica ecc., o non anche invece sul piano dell'esperienza dei valori umani, sociali, collettivi.

P.es. nel passaggio dal mondo romano al feudalesimo sicuramente vi è stata un'evoluzione positiva nel tasso di umanità degli individui, in quanto si riuscì a sostituire lo schiavismo col servaggio. Tuttavia questa forma specifica di evoluzione non può essere analogamente riscontrata nel passaggio dal feudalesimo al capitalismo, in quanto esigenze collettive rurali sono state qui distrutte da esigenze individualistiche urbane.

Per circa settant'anni si è creduto possibile che l'individualismo urbano del capitalismo potesse essere sostituito con il collettivismo urbano del socialismo amministrato dall'alto, ma il fallimento di questo risultato è stato totale. Ciò a testimonianza dell'impossibilità di creare una civiltà autenticamente "umana" limitandosi a cambiarne alcune forme. Non si può costruire un *socialismo umanistico* limitandosi semplicemente a socializzare la proprietà e la gestione dei mezzi produttivi.

Altri aspetti, generalmente dati per scontati, vanno riconsiderati: p.es. il primato della città sulla campagna, dell'industria sull'agricoltura, del lavoro intellettuale su quello manuale, della cultura sulla natura, dell'uomo sulla donna, della scienza sulla coscienza ecc.

Civiltà e inciviltà

È singolare che ogniqualvolta i manuali di storia cominciano a trattare l'argomento delle "civiltà" partano da quelle "mediterranee", come se l'intero pianeta ruotasse attorno a questo mare. Ma è ancora più singolare che quando trattano delle società pre-schiavistiche, anteriori quindi alle suddette "civiltà", usino sempre, per definirle, il termine dispregiativo di "primitive". Il concetto di "primitivo" non viene inteso tanto nel senso di "primordiale" quanto piuttosto nel senso di "rozzo", "barbaro", "incivile"... Non indica un tempo storico ma una condizione dell'esistere.

Per come lo usiamo noi occidentali, esso non è mai neutro o tecnico, ma esprime un concetto di valore vero e proprio, che a sua volta rappresenta un inequivocabile stato di fatto: in tal senso non è molto diverso da quello di "feudale" o "medievale". "Primitivo" non è anzitutto "colui che viene prima", quanto piuttosto "colui che non è civile", e per "civile" noi occidentali, normalmente, intendiamo le civiltà che conoscevano la scrittura, il progresso tecnico-scientifico, un'organizzazione politica di tipo monarchico o repubblicano, fondata sulla separazione delle classi, un apparato amministrativo e militare molto sviluppato, una netta divisione dei lavori e delle proprietà... in una parola tutte quelle che conoscevano e praticavano lo *schiavismo*. "Civile" per noi è Ulisse, che mente, ruba e uccide e rispetta formalmente i propri dèi (non quelli altrui); "primitivo" invece è Polifemo, che pascola tranquillamente le proprie capre ed è sostanzialmente ateo.

I manuali di storia non hanno neppure il termine di "civiltà primitive", proprio perché lo considerano un controsenso. Una popolazione preschiavistica non ha dato origine ad alcuna "civiltà", non avendone gli strumenti, le possibilità. Non a caso tutte le popolazioni *nomadi* vengono definite "tribù primitive", mentre le popolazioni *sedentarie* vengono messe a capo della nascita delle "civiltà". Quando i nomadi sconfiggono i sedentari, allora gli storici dicono che si ha un regresso nello sviluppo sociale, politico, culturale ecc. (vedi p.es. l'invasione dorica in Grecia).

Da questo punto di vista sarebbe meglio usare il termine "primitivo" come sinonimo di "rozzo", "incivile" ecc., in riferimento a qualunque atteggiamento, di ogni epoca e latitudine, che risulti nocivo o agli interessi delle masse popolari o alla natura nel suo complesso. Per il nostro modo di saccheggiare le risorse naturali o di sfruttare il lavoro altrui noi occidentali siamo molto più "primitivi" degli uomini vissuti milioni di anni fa.

Al posto di "primitivo" o di "selvaggio", per indicare le popolazioni più antiche, noi dovremmo usare termini come "originario", "primordiale" o "ancestrale". Sono "prime" non "primitive" quelle popolazioni esistite prima di noi, agli albori della nascita dell'uomo in generale e non tanto delle civiltà in particolare. Per indicare una popolazione noi non dovremmo usare dei termini che di per sé esprimono già dei giudizi valutativi.

Le popolazioni potrebbero anche essere suddivise in "stanziali" (o "sedentarie") e "nomadiche" (o "itineranti"), in "agricole" e "allevatrici", senza che per questo ci si debba sentire in diritto di esprimere giudizi di valore su questa o quella forma di conduzione sociale della vita. I confronti sono sempre relativi.

Una popolazione che usa la *scrittura* non può essere considerata, solo per questo, più "civile" di quella che si basava sulla *trasmissione orale delle conoscenze* (che favoriva peraltro una forte *memoria collettiva*). Quando i legami tribali sono molto forti, la tradizione orale è più che sufficiente. Per milioni di anni gli uomini non hanno conosciuto la scrittura, ma non per questo la storia si è fermata.

La trasmissione orale delle conoscenze e delle esperienze offriva un certo senso della storia, utile alla conservazione e riproduzione del genere umano e dei suoi valori, secondo leggi di natura, anche se questa trasmissione era infarcita di elementi mitologici, favolistici, che costituivano la cornice fantasiosa di un quadro sostanzialmente realistico (sempre meglio, peraltro, che fare il contrario, come oggi, dove gli elementi mitologici trasmessi dai mass-media prevalgono nettamente su quelli realistici).

Non ha senso definire "barbare" le popolazioni che non si riconoscevano nella civiltà greco-romana: lo schiavismo è nato nella *polys* e non tra i barbari, che anche quando questi l'hanno praticato, non sono mai arrivati ad adottarlo come "sistema di vita". Diamo dunque un nome alle popolazioni sulla base della loro provenienza geografica o sulla base delle caratteristiche linguistiche o religiose, ma non usiamo una terminologia comparativa che a priori considera più avanzato solo ciò che tradizionalmente ci appartiene (oggi peraltro non sappiamo neppure quanto sia tipicamente "nostro", di noi occidentali, e quanto no).

Ogni popolazione può avere aspetti di grandezza e di miseria, quindi forme di civiltà e di primitivismo. Le forme di civiltà sono il tentativo di superare il proprio primitivismo. E in questi tentativi si compiono passi avanti ma anche passi indietro, poiché questo andirivieni fa parte della natura umana. Non esiste un vero progresso all'infinito, ma solo il fatto che si compiono scelte diverse, che impongono diverse consapevolezze, diverse forme di responsabilità. Non dimentichiamo che i peggiori crimini contro l'umanità noi li abbiamo compiuti nel XX secolo.

L'attuale mondo primitivo

Su sette miliardi di abitanti è forse possibile ipotizzare che circa 200 milioni di abitanti vivano ancora in forme primitive, in forme cioè non solo pre-borghesi e pre-feudali, ma anche pre-schiavistiche. Gli ebrei avrebbero detto di se stessi, nei loro momenti più tragici, ch'era rimasto "l'ultimo resto di Israele".

Queste popolazioni tribali praticano delle religioni che gli occidentali hanno definito di tipo animistico-totemico, mentre sul piano più propriamente socioeconomico si avvicinano a uno stile di vita che in qualche maniera ricorda quello del cosiddetto "comunismo primordiale".

Molte tradizioni di queste popolazioni si possono riscontrare anche là dove esse hanno accettato il cristianesimo conosciuto attraverso i colonizzatori europei. Nella sola Africa p.es. esistono almeno seimila confessioni che, pur richiamandosi al cristianesimo, si considerano "separatiste", in quanto contestatrici del cristianesimo ufficiale, sia esso cattolico o protestante. Tra queste chiese le più significative sono quelle raggruppate entro le denominazioni di "messianiche" (Africa centrale e orientale), di "etiopiche" e "sionistiche" (Africa australe) e di "oranti" (Africa occidentale).

Una parte di questi culti africani si ritrova, grazie alla stessa colonizzazione, anche in Sudamerica (p.es. ad Haiti il vudu, o in Brasile il candomblé e l'umbanda, dove il cristianesimo è sopportato soltanto come una facciata priva di vero significato). Ma le forme di contestazione nei confronti della cultura occidentale si ritrovano anche in altre religioni primitive non influenzate dall'africanismo, come p.es. nel peyotismo del Nordamerica, erede della "ghost-dance", con cui s'invoca il ritorno dei morti per difendere gli ultimi indiani rimasti, oppure nei culti cosiddetti "cargo-cults" dell'Oceania (Nuova Guinea, Polinesia, Malesia).

Molti studiosi han cercato dei punti di contatto con queste popolazioni e con le loro religioni, ma con scarsi risultati scientifici, anche perché le prime teorie etno-antropologiche cominciarono a essere elaborate e sviluppate quando il colonialismo prima e l'imperialismo dopo avevano ridotto ai minimi termini le stesse popolazioni che i ricercatori andavano a studiare.

L'opera che fa da capostipite a queste indagini fu quella di E. B. Tylor, uno dei più importanti antropologi della scuola evoluzionista britannica: *Primitive Culture*, del 1871. In essa si cercò di applicare una teoria presa dalla psicologia associazionista alle credenze dell'uomo primitivo. La tesi in sostanza era questa: supposto che la natura umana sia uniforme, cioè abbia un meccanismo mentale universale, che prescinda dal tempo e dallo spazio, qual è quella esperienza appartenente a ogni essere umano, che gli offre la percezione di essere diverso da quel che è? Ecco, partendo da questa domanda piuttosto ingenua, la cui ovvia risposta era il *sogno*, Tylor era convinto di poter dimostrare che i primitivi, credendo nell'esistenza di un "doppio di sé", cioè in sostanza di un'anima che si stacca dal corpo nel momento del sogno (ma anche in uno svenimento, in un delirio febbrile e persino nella morte), avrebbero in un certo senso creato la *religione*.

Successivamente questo *alter ego* si sarebbe, con la morte, ipostatizzato e, pur restando senza corpo, avrebbe svolto il ruolo di "spirito protettore". La gerarchizzazione di questi sosia invisibili sarebbe avvenuta quando la comunità decise di sceglierne uno in particolare, considerandolo un dio supremo, superiore a tutti.

Il fatto di aver bisogno di "spiriti protettori" per affrontare le difficoltà della vita, comportò inevitabilmente la fede nell'esistenza di spiriti negativi, avversari. Il fatto invece che nessuno di questi spiriti potesse essere visto coi propri occhi, portò a credere che la loro presenza fosse ovunque e che la natura servisse loro proprio per manifestarsi.

Questa religione fu chiamata "animistica", proprio perché i primitivi accettavano l'idea che tutto l'universo fosse mosso da una *forza vitale*, avente un rapporto privilegiato con gli esseri umani.

*

Ora qui non si vuole ripercorrere tutta la storia dell'etno-antropologia mostrando in quali modi queste idee vennero confermate o confutate. Ci si vuole piuttosto chiedere se quella parte di umanità che oggi non professa alcuna religione (in quanto si dichiara indifferente o agnostica o atea) possa avere dei punti di contatto con quest'altra parte di umanità, la cui religione (che noi consideriamo "primitiva") ha il vantaggio di non aver nulla in comune con quelle che si sono imposte nella storia delle civiltà antagonistiche.

Forse il mondo laico, specie quello interessato a sviluppare una società di tipo socialista, potrebbe iniziare a chiedersi se, nel cercare di dare corpo alle proprie istanze emancipative e di liberazione, ha senso avvalersi dell'insegnamento delle ultime tribù ancestrali, le cui origini e tradizioni si perdono nella notte dei tempi.

Sino alla fine degli anni Sessanta del secolo scorso queste tribù primordiali venivano etichettate con epiteti denigratori come "senza cultura", "senza scrittura", "senza dio", "senza tecnica", e quindi pagane, selvagge, primitive, agli inizi dell'evoluzione umana, ecc. Poi s'è cercato di rimediare con espressioni più sfumate, tipo "popoli primari", "popolo tradizionali, "popoli allo stato di natura". In realtà noi non abbiamo neanche le parole per definire i nostri più antichi antenati, proprio perché da loro ci separa un abisso, un vuoto incolmabile.

L'Africa resta ancora il grande continente di questi popoli ancestrali, soprattutto in quella zona che va dalla fascia subsahariana all'Africa australe, e non a caso è questo il continente che più soffre della logica economicistica del globalismo.

Un altro grande territorio caratterizzato dalla presenza di queste tribù è il Sud del Pacifico, con a capo l'Australia, la Nuova Guinea, le Isole Salomone, la Melanesia e la Polinesia. Poco invece resta tra gli indiani delle praterie d'America, dello Yucatan, del Messico e dei Caraibi. Anche altre tribù del Sud America e dell'India sono state in qualche maniera influenzate dallo stile di vita occidentale e dalle sue religioni.

Che sappiamo di queste popolazioni prive di testi scritti, di archivi, di documenti, su cui noi siamo soliti basarci per fare la "storiografia"? Com'è possibile capire la cultura orale di popoli che usano racconti in veste di favole, proverbi, miti, in cui viene detto di credere in un dio, pur senza fare alcuna professione di fede? pur senza neppure interrogarsi sulla sua natura? pur dichiarandosi insofferenti a qualunque colonizzazione di tipo religioso? La maggior parte delle lingue usate dai popoli primitivi non dispone neppure di una parola equivalente a "religione".

In Africa, se si esclude la civiltà egizia, non s'è mai trovata alcuna forma materiale che rappresenti la divinità; tra queste popolazioni ancestrali non esistono templi o caverne in cui dio possa abitare (la sua dimora è il cielo ed è inaccessibile, salvo in alcuni particolari momenti, come la trance, il sogno ecc., che però restano inesprimibili). Non possono quindi esistere sacerdoti che si rivolgono a lui espressamente: indovini, maghi, sciamani, stregoni... dedicano il loro culto più agli antenati, agli spiriti buoni o cattivi, che non all'essere supremo.

Qui non solo non ci sono simboli per esprimere la natura di dio, ma neppure delle preghiere simili al "Padre nostro", in quanto per loro non ha alcun senso rivolgersi a chi sa già ciò di cui l'uomo ha bisogno per vivere. Frasi come queste: "se dio c'è, perché permette il male?", "se dio non c'è, allora tutto è possibile", "occorre vivere come se dio non esistesse", "dio è un'ipotesi che non ho considerato", sono frasi senza alcun senso, esattamente come le prove ontologiche dell'esistenza di dio, sia perché di fronte a qualcosa di assoluto non ci può essere alcun "se dubitativo", sia perché qualunque forma di male proviene sempre dagli esseri umani, sia perché le cose, per essere accettate, non hanno bisogno di essere spiegate, facendo esse parte di una tradizione infinitamente più grande delle capacità di comprensione di qualunque essere umano.

L'unico vero intermediario tra dio e l'uomo è, al massimo, la *natura*, che non a caso, per queste popolazioni, è tutta *animata*, tutta ordinata e regolata nei suoi ritmi e nei suoi cicli. Compito dell'uomo è appunto quello di adeguarvisi liberamente in virtù della propria coscienza, che permette di distinguere il bene dal male.

I miti della creazione, sebbene spesso privi di logica, esprimono la consapevolezza dell'uomo di fronte alla presenza del mistero, lo richiamano al dovere del bene, gli ricordano il giusto posto nell'universo, il significato della sua storia.

In questi miti il creatore non s'impone mai, preferendo lasciare all'uomo la responsabilità del suo agire; anzi, rispetta persino l'avversario (che in molti miti è presente come simbolo dell'origine del male), proprio per insegnare all'uomo che non deve sentirsi padrone della libertà altrui. Il creatore è "padre" anche quando l'uomo viola le norme di comportamento. Propriamente parlando dio non "crea" l'essere umano, ma lo "plasma", lo "modella" a sua immagine.

L'uomo infatti, nelle concezioni cosmiche di questi popoli, è al centro di un universo la cui materia è *energia vitale*, che va "umanizzata". E la caratteristica fondamentale di questa materia è la *dualità*, cioè tutto nell'universo è preposto a formare una coppia di elementi che si attraggono e si respingono.

La morte della materia non è che la sua trasformazione in altra materia o in altra energia. La stretta continuità tra terra e cielo fa sì che queste popolazioni diano grande importanza al *culto degli antenati*, che non vanno mai dimenticati. Gli avi hanno assicurato la continuità della stirpe, della tribù, la fedeltà alla tradizione, il rispetto di valori comuni e fondanti per i destini delle comunità.

Ma forse l'aspetto più significativo di queste popolazioni è la capacità di vedere le cose come un *unicum inscindibile*. Non vedono alcuna differenza tra "sacro" e "profano", poiché ogni aspetto della vita è "sacro", tutto è interconnesso, interdipendente, concatenato. L'ordine del mondo non è logico o meccanico, ma *olistico*, è un'*armonia vivente* che permette a tutti di trovare il proprio giusto posto. Lo squilibrio di una sola parte di questo insieme ha ripercussioni sul tutto.

*

Ora si tratta di capire in che maniera il moderno umanesimo laico può convergere con questa concezione della realtà e dell'universo. In altra sede si dovrà esaminare come far convergere le idee del socialismo democratico con la pratica di vita di queste popolazioni studiate dagli etnologi.

La differenza fondamentale che separa l'uomo contemporaneo dall'uomo primitivo è la *concezione della natura*. L'uomo primitivo si considerava *ateo* in quanto *naturale*, oggetto di natura, dipendente dalla natura, e ha cominciato a diventare *religioso* quando, dopo aver perduto se stesso, ha preso a vedere la natura come qualcosa che avrebbe anche potuto minacciare la sua esistenza, ha cioè attribuito falsamente alla sua dipendenza naturale l'origine dei suoi problemi, dopodiché, personificando questi stessi problemi, ha inventato gli dèi, dando a ognuno di essi i nomi dei suoi problemi e anche le corrispondenti risposte illusorie.

Questa situazione è andata avanti fino a quando non è stata compiuta la rivoluzione tecnico-scientifica, che è potuta avvenire solo dopo che gli uomini hanno cominciato a credere d'essere molto più importanti delle natura, talmente più importanti che, volendo, si poteva anche smettere di credere in dio.

Gli uomini tuttavia, pur cominciando a dominare la natura, si sono accorti che persistevano i loro problemi sociali, sicché nei confronti delle religioni hanno deciso di essere più tolleranti, poiché sapevano che per coloro che subiscono il peso delle contraddizioni sociali, la fede in qualche divinità può costituire un certo conforto.

Oggi quindi gli uomini contemporanei si trovano nella seguente condizione: sono atei in quanto dominano la natura, ma, poiché in questo dominio permane la schiavitù sociale, lasciano chiunque libero di credere nella superstizione e nel clericalismo.

Se incontrassero un uomo primitivo che dice di essere credente in quanto dipendente dalla natura, direbbero che è superstizioso. Ma se incontrassero un primitivo che dicesse di essere ateo pur nel riconoscimento di questa dipendenza, cosa direbbero? Durante l'epoca del colonialismo si è sempre data un'unica risposta a tale domanda: gli uomini primitivi senza religione non sono umani. L'ateismo dell'uomo primitivo ha giustificato la sua sottomissione, la sua civilizzazione, la sua cristianizzazione.

Cos'è dunque che impedisce all'uomo contemporaneo d'incontrarsi davvero con l'uomo primitivo? Non è la fede e neppure la sua mancanza. Ciò che li separa in maniera abissale è proprio il rapporto che si ha con la natura, che per l'uomo contemporaneo deve essere di *dominio*, così come sono basati sull'antagonismo i suoi rapporti sociali.

È nel modo di vivere i *rapporti sociali* la fonte della loro abissale distanza. Quando gli uomini contemporanei impareranno a superare gli antagonismi sociali, capiranno da soli se, nel loro rapporto con la natura, è necessario essere credenti o è naturale essere atei.

94

II

SOCIETÀ CONFLITTUALI

La rivoluzione urbana

I

Quando nei manuali di storia s'incontra il capitolo intitolato "La rivoluzione urbana", vien subito da pensare che se non fosse stata scoperta l'agricoltura, le città non sarebbero mai nate, e quindi non avremmo avuto alcuna "civiltà storica" ma solo "preistorica" e ci saremmo risparmiati tanti disastri umani e ambientali.

Il periodo più calmo e sereno dell'umanità è stato soltanto quello in cui si viveva di caccia e di pesca e di raccolta di frutti e radici. Sembra che l'essere umano non riesca ad essere se stesso se non vivendo in una forma che oggi, abituati a tante comodità, giudicheremmo sicuramente molto precaria. Ogniqualvolta cerchiamo di renderci la vita più facile e più comoda, subentrano conflitti a non finire.

Oggi i medici dicono che la sedentarietà è causa di varie malattie, eppure, se ci pensiamo, sono millenni che cerchiamo di essere sedentari al massimo, e lo strumento principale che ci ha aiutato a realizzare questo nostro malsano desiderio, è stata proprio l'agricoltura.

Forse avremmo dovuto fermarci all'allevamento, poiché gli animali sono sufficienti per avere latte, formaggio, carne, indumenti e strumenti di lavoro. Tuttavia, non avrebbe avuto alcun senso spostare un'intera tribù nel momento in cui una mandria avesse finito l'erba da brucare. Gli indiani del Nordamerica si spostavano seguendo dei bisonti liberi, non allevati.

L'idea di allevare animali utili alla riproduzione umana poteva venire in mente solo in concomitanza allo sviluppo dell'agricoltura, poiché, se è vero che l'allevamento ha meno bisogno della stanzialità, è pur vero che non può essere praticato da un intero villaggio che fa la transumanza. Un allevatore deve sempre avere una base d'appoggio cui fare sicuro riferimento. Sarebbe stato molto più logico vivere come quelle popolazioni che, non praticando l'agricoltura, potevano sfamarsi, oltre che ovviamente con la caccia e l'economia di prelievo, seguendo gli itinerari periodici delle mandrie selvatiche.

Gli unici animali che si potevano allevare senza particolari problemi, nei millenni passati, erano quelli di piccola taglia, la cui alimentazione non richiedeva ingenti risorse naturali. Paradossalmente il primo animale addomesticato non è stato neppure un animale utile all'alimentazione: il lupo, nel 10000 a.C. Solo 2000 anni dopo si parla di pecore, capre e maiali. Quindi il lupo non fu addomesticato per difendere le greggi, ma per difendere il villaggio, probabilmente da altri animali feroci, inclusi gli stessi lupi. Poi nel 6000 a.C. si è arrivati ad addomesticare un bue e soltanto duemila anni dopo il cavallo, che evidentemente non serviva per l'alimentazione, ma per la guerra, la caccia e i trasporti sulle lunghe distanze.

Certo, non ha senso pensare che la pratica in sé dell'agricoltura o dell'allevamento abbia generato la formazione di classi sociali contrapposte. Quando gli storici e gli archeologi parlano di "rivoluzione urbana" intendono una cosa che, fino a prova contraria, non esisteva al tempo della "rivoluzione agricola": il fatto che la città pretendesse d'essere sfamata dalla campagna. Fino al tempo dell'esistenza dei villaggi, *tutti facevano tutto*, poi subentrò la divisione del lavoro, la specializzazione dei saperi e, naturalmente, la giustificazione ideologica dei poteri. Tutte cose che sanciscono la nascita della "civiltà" vera e propria, quella da cui anche la nostra dipende.

*

Per quali motivi si sono formate le città? Se dicessimo per trasformare l'agricoltura da "secca" a "irrigua" (cosa che avvenne effettivamente in Mesopotamia), non riusciremmo a spiegarci l'esistenza di Gerico e di Çatal-Hüyük, che sono precedenti di alcuni millenni rispetto a Uruk.

Dal Neolitico alle prime civiltà urbane è avvenuta una transizione che ha richiesto un salto di qualità. Oggi diciamo che non c'è capitalismo senza mercato, ma diciamo anche che ci può essere mercato senza capitalismo.

Quella volta fu, in un certo senso, la stessa cosa: poteva esserci un'agricoltura organizzata razionalmente senza città, ma non poteva esserci la città senza un'agricoltura alle sue dipendenze. È la presenza stessa della città che implica un rapporto di subordinazione, di servaggio e persino di schiavismo che la comunità originaria di villaggio deve subire.

Con la nascita della città s'impone uno stile di vita autoritario, mistificato dall'ideologia religiosa, che ha avuto il compito di legittimarlo sotto tutti gli aspetti. Se non è chiara questa premessa ermeneutica, qualunque interpretazione a favore dell'urbanizzazione rischia d'essere non meno mistificante della stessa religione che fece da supporto a quella transizione.

Pur di giustificare l'evoluzione dal villaggio alla città, gli storici, se sono onesti, ammettono che l'agricoltura dipendesse in toto dalle attività urbane (politica, commerciale, artigianale, amministrativa, militare e religiosa). Tuttavia non hanno dubbi nel sostenere che anche la campagna fruisse di particolari condizioni di favore da parte della città, come p.es. la difesa del territorio, l'amministrazione del culto e della giustizia, le opere pubbliche per la regolazione delle acque. Tutte cose però che o dovevano fare gli stessi contadini, o tornavano comodo, in ultima istanza, alla stessa città, che doveva tenere la campagna al suo servizio esclusivo.

La cosiddetta "democraticità" nella crescente *divisione del lavoro* è un altro di quei *miti* utilizzati per far credere necessaria la transizione allo schiavismo. È assurdo difendere la divisione del lavoro quando è notorio che da essa scaturì la negazione di ogni forma di democrazia, partendo dalla *gerarchia sociale* tra gli stessi membri della comunità.

Noi occidentali, che siamo urbanizzati al 100%, non riusciremo mai a dare un'interpretazione obiettiva delle civiltà pre-schiavistiche. È forse un caso che gli storici, parlando dell'antica "rivoluzione urbana", siano costretti ad ammettere la presenza di *schiavi*, senza però riuscire a spiegarsi come si fosse formata una categoria del genere in assenza di guerre con altre città?

Quando nei testi legislativi s'incontra la norma secondo cui un cittadino poteva diventare schiavo se debitore insolvente, è evidente che la categoria dello "schiavo" doveva già essere stata formulata in precedenza, anche se praticamente poco usata.

Forse si potrebbe addirittura sostenere che i primi schiavi non siano nati né per debiti né perché catturati in una guerra. Se guerra ci fu, probabilmente fu intestina, fratricida, p.es. tra clan che svolgevano lavori diversi, tra agricoltori e allevatori, tra agricoltori e artigiani, tra nomadi e stanziali, o forse più semplicemente tra uomo e donna, un conflitto dove la "forza fisica" (supportata da strumenti ideologici) ha avuto la meglio. L'uso della forza come strumento di dominio nei confronti della parte più debole del collettivo, è probabilmente all'origine di tutte le civiltà urbanizzate.

Tra i manuali scolastici sempre più spesso si evita di dire che nella civiltà egizia vi fossero degli schiavi, contraddicendo quindi il resoconto biblico. Tuttavia, chiunque si rende conto che costruzioni imponenti come quelle egizie (e lo stesso si potrebbe dire di quelle sumere, assire, babilonesi, ecc.), che non riguardavano direttamente le esigenze vitali della popolazione, ma solo la rappresentazione simbolica del potere, sarebbe stato impossibile costruirle senza un rapporto di sudditanza servile nei confronti delle istituzioni. Anche il servaggio medievale non vie-

98

ne definito come "schiavismo", ma questo non significa che si sia in presenza di un rapporto produttivo libero.

Il fatto che un regno voglia ridurre al minimo i conflitti interni non sta di per sé a significare che sia democratico. L'Egitto fu governato per tremila anni da dinastie autocratiche ed ereditarie, i cui faraoni venivano considerati delle divinità, per i quali si edificavano enormi santuari propagandistici, offrendo l'illusione della loro immortalità, con tanto di imbalsamazione e tutto l'occorrente per vivere nell'aldilà, inclusi i propri servi ammazzati prima di chiudere e nascondere la porta dell'ingresso, che però veniva immancabilmente scoperta da ladri e saccheggiatori.

Probabilmente la maggiore attenzione a non esasperare i conflitti interni, potenziando al massimo le illusioni religiose, dipese anche dal fatto che il territorio in cui si volle costruire quella civiltà, non era facile da gestire. Di qui anche i tentativi di non scindere le attività agricole da quelle dell'allevamento e di non relegare ai margini della società la figura femminile. In ogni caso l'Egitto, che pur venne attaccato da Hyksos, Assiri, Persiani, Greci e Romani, fu fonte di oppressione di tutte le civiltà limitrofe.

*

A proposito di Bibbia, non è raro incontrare storici convinti che Gerico si sia formata, nell'8000 a.C., per difendersi dalle razzie delle popolazioni nomadi o dagli attacchi delle bestie feroci. In questa città sono presenti attività centralizzate e quindi autoritarie, come il culto e la gestione dei magazzini, del tutto incompatibili con la libertà delle comunità di villaggio.

Se vogliamo parlare di una forma ancora "comunistica" di questa antichissima città, bisogna intenderla solo in senso "statalistico", in quanto si voleva far credere che la proprietà fosse di "tutti" solo perché lo era nella forma "statalizzata". Cosa che assomiglia molto da vicino a quel che fece Stalin col cosiddetto "socialismo reale".

In realtà la nascita e lo sviluppo di una città non ha nulla di "naturale", essendo immancabilmente l'esito di acute contraddizioni sociali. Una città non sorge per difendersi da "nemici esterni", ma per trasformare un collettivo libero in una forma di servitù, salvaguardando dello spirito e della pratica comunitaria solo le parvenze, attraverso appunto la religione e l'organizzazione socioeconomica centralizzata.

Il fatto che Gerico, coi suoi duemila abitanti, sia rimasta in vita, nel suo territorio, così tanto tempo è un caso abbastanza anomalo. Nel Vicino Oriente sono ovviamente esistite altre "Gerico", ma tutte furono spazzate via da altre città più potenti, sorte altrove, o da agguerrite popolazioni nomadiche, stanche di essere vessate da quelle città e in grado di porre sotto assedio mura ben fortificate. Tra queste popolazioni va sicuramente annoverata quella fuoriuscita dall'Egitto al tempo di Mosè e guidata nel deserto da Giosuè.

Quando la tribù di Giosuè attraversò il Giordano per impadronirsi di quasi tutta la Palestina, la prima cosa che fece fu quella di radere al suolo tutte le città esistenti, inclusa Gerico, uccidendone senza pietà tutti gli abitanti. Evidentemente gli israeliti consideravano quelle strutture urbane immeritevoli di sussistere, eticamente pericolose per un giovane popolo come il loro, formatosi nel deserto.

È molto probabile ch'essi non abbiano visto alcuna sostanziale differenza tra la corruzione delle città egizie e quella delle città palestinesi: il servaggio o lo schiavismo imperava ovunque. La persona più moralmente "sana" che Giosuè trovò a Gerico fa la prostituta Raab, che li aiutò nella loro conquista vittoriosa.

Se si preferisce sostenere che il servaggio è più tipico dei territori afro-asiatici, mentre lo schiavismo caratterizza meglio il bacino del Mediterraneo, bisogna anche ammettere che la sostanza è sempre quella di un *rapporto di sudditanza*, in cui la comunità originaria ha perso la propria tradizionale autonomia e libertà.

Questo per dire che è privo di senso affermare che esistevano elementi di "comunismo" nelle società proto-urbane e che, nel caso di Gerico, essi andarono perduti proprio in seguito alla distruzione operata da Giosuè. È esattamente il contrario, e cioè che gli elementi dell'antico comunismo Gerico li acquisì solo *dopo* essere stata distrutta, tornando cioè a rivivere uno stile di vita pre-urbano, agricolo-pastorale.

Probabilmente all'origine di questa falsata interpretazione delle comunità neolitiche e soprattutto paleolitiche, sta il fatto che oggi viene visto come fumo negli occhi qualunque attività umana basata sull'*autoconsumo*. La nostra ideologia borghese su questo aspetto è molto chiara e non ama essere smentita: *senza eccedenze non c'è sviluppo*, e "sviluppo" vuole anzitutto dire *smerciare il surplus*, poiché questo fa ricchezza e permette di costruire grandi città, allargando progressivamente i loro territori, fino a farle diventare dei veri e propri "regni" e perfino degli "imperi". Viceversa, con l'*autoconsumo* non può esprimersi adeguatamente la *forza*, che è anzitutto maschile, politica, militare, commerciale, ideologica...

*

Alla necessità di produrre "eccedenze" gli agricoltori e gli allevatori furono "convinti" o "costretti"? Ecco, su questo tema, si potrebbero scrivere fiumi di parole. Si potrebbe addirittura stabilire un criterio storico-interpretativo con cui verificare la *durata* di una civiltà, la sua *efficacia* sul piano organizzativo, la sua capacità di *assimilare* altre civiltà, di *diffondere* le sue conoscenze ecc.

È evidente infatti che è sempre meglio "convincere" che "costringere": il consenso diventa più ampio e duraturo. Ma per ottenere questo risultato occorrono gli intellettuali, cioè un certo livello di acculturazione della classe dirigente. Un popolo sottomesso con l'inganno è più docile di uno sottomesso con la forza. Qui il ruolo della religione, della filosofia, del diritto, della politica, della scienza, dell'arte... è fondamentale. Per ingannare ci vuole la sovrastruttura ideologica: il serpente tentatore deve far apparire giusta una cosa sbagliata.

Tutte le forme di democrazia che le civiltà urbane si sono date, non hanno mai raggiunto i livelli di serietà, autenticità e coerenza che avevano avuto nelle civiltà paleolitiche e neolitiche, tant'è che nessuna democrazia urbana ha mai rinunciato all'idea di darsi un "sovrano". La gestione dell'amministrazione di una città, da parte di un Consiglio di Anziani, sarebbe stata impensabile. Là dove esiste "sfruttamento" del lavoro altrui, deve per forza esistere un sovrano che gestisca l'ordine pubblico.

È vero che sono esistiti dei Senati che hanno cercato di attenuare il potere accentratore dei sovrani, ed è anche vero che la figura del sacerdote poteva apparire come portavoce di esigenze popolari, ma le classi dirigenti delle città e anche quelle delle campagne hanno sempre ritenuto che la presenza di un sovrano sarebbe stata di fondamentale importanza in caso di necessità, cioè in caso di repressione del malcontento dei lavoratori.

La città infatti nasce dall'individualismo delle categorie più forti, nonché dal timore che quelle deboli possano scoprire l'inganno e ribellarvisi. Una figura centralizzata, per quanto formale possa apparire nella quotidianità di chi pratica i propri affari, costituisce sempre una forma di garanzia di ordine pubblico quando gli affari non possono più essere condotti con la tradizionale tranquillità.

Ecco perché la democrazia urbana è autoritaria soltanto quando se ne ha la necessità. Non c'è bisogno di esercitare costantemente l'autoritarismo politico quando già lo si pratica sul piano sociale ed economico. È questa la principale differenza tra una democrazia formale evoluta e una democrazia formale primitiva.

È indicativo p.es. il fatto che in origine il potere politico urbano non fosse in mano a un sovrano militare, ma a un sacerdote che svolgeva insieme le funzioni civili, politiche e religiose. Tempio e Palazzo coincidevano. Questo era il modo migliore per ingannare le masse, le quali, offrendo, come tributo, le eccedenze al tempio, era convinte di offrirle agli dèi, per ottenere protezione su se stesse.

Il primo rapporto "mafioso" si realizzò con la nascita delle città: i re-sacerdoti, coi loro guerrieri e funzionari, offrivano "protezione" in cambio di "eccedenze". Garantivano al contadino che non gli sarebbe successo niente se avesse accettato di pagare il "tributo". Certo, la "protezione" era contro i *nemici esterni*, in quanto, per le classi dirigenti il lavoro del contadino era un bene da proteggere (militarmente) contro eventuali stranieri intenzionati a sfruttarlo. Che poi il contadino credesse in coscienza nel volere degli dèi delle classi dirigenti, o facesse solo finta di crederci, non faceva molta differenza dal punto di vista della riscossione del tributo.

La successiva separazione del re-sacerdote in due diverse figure avvenne probabilmente quando il regime dello sfruttamento era ben consolidato e si aveva meno bisogno di usare l'ideologia religiosa per ingannare le masse. Ma può essere sorto anche per una motivazione opposta: a fronte di una crescente insoddisfazione per l'estensione dei tributi, la separazione dei poteri può aver offerto maggiori garanzie ai ceti dominanti e maggiori illusioni ai ceti subalterni: da un lato si aveva un sovrano che poteva agire indisturbato sul piano militare; dall'altro si aveva un sacerdote che aveva la pretesa (irrisoria) di porsi come portavoce degli oppressi.

La terza motivazione è quella che s'incontra nei libri di storia: al progressivo aumentare del potere del re-sacerdote, crescevano le esigenze delle classi dirigenti di suddividere quel potere in parti più eque, ridistribuendo i privilegi.

II

Quando il marxismo sostiene che per realizzare la transizione dal comunismo primitivo alle civiltà schiavistiche sono state sufficienti delle *progressive determinazioni quantitative* (relative a mezzi e ambienti di lavoro), fa semplicemente un discorso "borghese", anche se poi usa la stessa interpretazione storica per far credere necessaria la transizione dal capitalismo al socialismo. Questo modo *deterministico* di vedere le cose (che alla borghesia ovviamente piace solo quando è rivolto al *passato*), schiaccia la sovrastruttura sotto il peso della struttura economica e riduce la libertà umana a un nulla.

Ora, se si può accettare l'idea che dallo schiavismo al colonato romano vi siano stati dei condizionamenti oggettivi che hanno reso inevitabile quella transizione, cioè se è possibile accettare l'idea che da una condizione molto gravosa dell'attività lavorativa si possa passare a una più sopportabile, in forza di mutamenti sociali, politici o economici indipendenti dalla volontà di chi vive sfruttando il lavoro altrui, e che lo costringono, per continuare a fruire delle sue tradizionali posizioni di rendita, a modificare il suo rapporto con l'oggetto della propria ricchezza (nella fattispecie rendendo l'ex-schiavo più libero di autogestirsi); non si può però accettare l'idea che, per le stesse motivazioni di natura oggettiva, una parte della comunità, che fino a un determinato momento della propria esistenza ha vissuto in maniera libera, decida di porsi in maniera servile nei confronti dell'altra.

Il passaggio dalla libertà alla schiavitù non può essere avvenuto in maniera spontanea o pacifica, senza che nessuno se ne accorgesse. Se lo si pensa, o si è cinici o si è in malafede, e comunque sia ogni predisposizione ad accentuare gli automatismi è sempre il riflesso di un'incapacità ad affrontare le contraddizioni sociali, le situazioni di crisi: ci si affida di più alle analisi economiche che non all'azione politica.

P.es. se si volesse sostenere che la "rivoluzione urbana" è sorta semplicemente perché si volle passare dall'agricoltura "secca" a quella "irrigua", sfruttando non più la sola acqua piovana, ma anche e soprattutto quella fluviale, imbrigliando con canali e bacini le periodiche esondazioni, si direbbe una sciocchezza, poiché le comunità di villaggio esistevano anche prima in quei territori, e se avessero potuto prevedere, anche solo vagamente, che il passaggio dall'agricoltura secca a quella irrigua avrebbe comportato, in maniera contestuale, la perdita della loro libertà e quindi la loro riduzione in schiavitù nei confronti delle città, probabilmente si sarebbero chieste se davvero fosse così importante avere delle eccedenze, se davvero la stanzialità meritasse d'essere considerata, sempre e in ogni caso, migliore del nomadismo, se un'economia di prelievo, unita alla caccia e alla pesca, andasse davvero superata.

Possibile che nessuno si sia mai chiesto nulla sul nesso "eccedenze - classe dirigente", quando fino a quel momento le poche eccedenze di cui la comunità poteva disporre non avevano affatto generato una stratificazione sociale così antidemocratica? Possibile che di fronte a una pericolosa scarsità di eccedenze, la prima soluzione proposta sia stata quella di ridurre la libertà personale e collettiva, al fine di garantire una maggiore sicurezza economica?

Non ci saranno certo voluti dei secoli prima di capire che il lavoro aveva subìto una trasformazione nettamente penalizzante per il mondo rurale. Non può essere stato un caso che tutte le civiltà cosiddette "fluviali", fortemente urbanizzate, sorte nei pressi del Nilo, del Tigri e dell'Eufrate, dell'Indo, del Gange, dei fiumi Giallo e Azzurro, del Mekong, del Giordano ecc., siano state *schiavistiche*.

Evidentemente qualcuno doveva aver capito che se si volevano ottenere, con sicurezza, non solo le stesse eccedenze di un tempo, ma addirittura fino a cinque-dieci volte di più, occorreva creare una situazione molto diversa da quella dell'agricoltura secca, una situazione in cui il lavoro dei contadini avrebbe dovuto essere sfruttato infinitamente di più, attraverso dei tributi obbligatori (non solo economici ma anche militari), con cui mantenere tutta una serie di persone che non lavoravano direttamente la terra, ma organizzavano il lavoro altrui.

Per permettere una cosa di questo genere, che fece nascere la classe privilegiata dei funzionari e dei sacerdoti, la popolazione dovette per forza essere ingannata attraverso la *religione*: non poteva bastare una necessità di ordine economico. È per questo che i miti van studiati non meno delle strutture produttive e distributive.

*

Se si guarda l'autosussistenza delle famiglie dei villaggi neolitici dal punto di vista di quella che sarà la successiva organizzazione delle strutture urbane vere e proprie, non si può che considerarla negativamente, come un limite che andava assolutamente superato. Ed è indubbio che in questa transizione l'agricoltura acquistò un peso che prima non aveva.

È noto che una delle prime città, che diede vita a un regno, fu Uruk, sorta verso il 3500 a.C. nella pianura di Sumer, in un'area resa fertile dalle periodiche piene del fiume Eufrate, controllate da una fitta rete di canali e bacini creati dai contadini. L'organizzazione dei lavori pubblici era nelle mani dei sacerdoti del tempio di Eanna (o Inanna), dèa dell'amore e, guarda caso, anche della guerra. Quindi appare evidente che dal villaggio-neolitico alla città-stato è esistita una transizione tutt'altro che indolore.

Uruk non solo si costituì come "Stato" ai danni delle comunità agricole precedenti e circostanti, ma determinò anche il sorgere di una cosa fino ad allora senza precedenti: la formazione di *colonie* per controllare i commerci a lunga distanza.

La trasformazione avvenne sulla base di esigenze oggettive[3], alle quali però si diede una risposta che se sul piano tecnico-produttivo appariva razionale, su quello etico-sociale fu a dir poco devastante, in quanto favorì internamente i privilegi di casta, di ceto e di classe, nonché, e soprattutto, la guerra contro i "nemici" esterni.

Non si può esser teneri con gli intellettuali che teorizzarono culturalmente e realizzarono politicamente un mutamento così perverso, di cui ancora oggi paghiamo le conseguenze. Non si può considerare la loro religiosità un aspetto incidentale, irrilevante, che non avrebbe potuto impedire in alcun modo lo svolgersi di questa transizione. Molti storici non si rendono conto che vi è una differenza sostanziale tra una religione vissuta secondo i crismi della *superstizione* e un'altra vissuta sotto l'insegna del *clericalismo*.

Nel Neolitico la religione era inoffensiva, patrimonio di tutti; nel regno sumerico fu invece uno strumento di oppressione nelle mani delle classi dirigenti, i cui templi venivano gestiti come centri del potere religioso e insieme politico, in quanto strumento di raccolta delle eccedenze. Prima ognuno era sacerdote di se stesso, nella propria ignoranza e nell'uguaglianza di una povertà comune; ora invece qualcuno, nella propria pretesa scientificità, diventa sacerdote per altri, il cui lavoro viene sfruttato per accumulare eccedenze, formare un potere centralizzato e favorire determinati ceti dirigenti.

Ancora oggi, in maniera abbastanza incredibile, non pochi storici sono convinti, sulla questione delle eccedenze, che fu proprio il sistema di irrigazione che permise ai contadini di lavorare, ottenendo un surplus che poteva tranquillamente essere utilizzato anche per mantenere le classi non direttamente impegnate nella produzione alimentare. Si ritiene infatti che la vera ricchezza di una città-stato non provenga direttamente dal mondo rurale, bensì dagli artigiani e dai mercanti, cioè da chi svolge attività imprenditoriali o commerciali. Ecco perché - si afferma - questo alto tenore di vita suscitò le invidie e gli appetiti di quegli agricoltori che vivevano sugli altipiani o di quei popoli nomadi delle steppe e dei deserti. Ecco perché le città furono costrette a circondarsi di mura imponenti.

La cosa incredibile sta appunto in questo, che ancora oggi non si riesce a vedere come strettamente connessi lo sviluppo mercantile di una città con lo sfruttamento della campagna circostante e l'oppressione dei popoli limitrofi, rimasti a uno stadio meno avanzato di produttività economica. Gli storici tendono a vedere nella "rivoluzione urbana", conseguente a quella agricola, un progresso senza precedenti, dal quale, in de-

---

[3] Nel caso dell'agricoltura secca è noto che per farla piombare nella carestia era sufficiente una scarsa esondazione o, al contrario, eccessiva.

finitiva, dipende la nostra stessa civiltà, che di quelle civiltà antiche ha ereditato, per così dire, il "meglio".

Inevitabilmente questo modo semplicistico di guardare i fatti storici, li porta a considerare in maniera molto negativa le battute d'arresto di queste civiltà urbane primordiali. Per "battuta d'arresto" non si deve intendere il fatto che tra loro si combattevano di continuo, per cui i rivolgimenti di fronte erano sempre possibili: se fosse solo per questo, gli storici non avrebbero nulla da eccepire, in quanto danno sempre per scontato che nelle guerre chi vince eredita inevitabilmente il meglio di chi perde. Viene escluso a priori che in queste guerre colossali possa essere andato perduto qualcosa di decisivo per colpa del vincitore. Dunque le vere "battute d'arresto" non sono questi scontri epocali tra civiltà relativamente simili, sostanzialmente equivalenti, la cui effettiva diversità, quella che ha poi deciso la vittoria o la sconfitta dell'una o dell'altra civiltà, riguardava soltanto l'organizzazione politico-militare o il livello della tecnologia a disposizione.

La vera "battuta d'arresto" si ha quando una civiltà urbanizzata viene sconfitta da un'altra - che gli storici stentano pure a definire "civile" - di tipo rurale, non-urbanizzato, incapace di praticare in grande stile i traffici commerciali o di realizzare imponenti opere pubbliche, una civiltà che in sostanza non conosceva tutti quegli aspetti fondamentali che caratterizzano lo sviluppo di una civiltà simile alla nostra.

Ecco perché si giudicano in maniera del tutto negativa le distruzioni delle civiltà urbanizzate da parte delle popolazioni nomadi, non evolute, prive di scrittura ecc. Rarissimamente si mettono in stretta relazione gli effetti provocati da una civilizzazione urbana, commerciale e schiavistica o servile, con le cause scatenanti l'aggressione da parte di popolazioni che per secoli han dovuto subire quegli effetti. Aggressioni del genere vengono ritenute imprevedibili, imponderabili, completamente indipendenti dal livello di benessere delle civiltà urbanizzate. I nomadi - dicono sempre gli storici - attaccano gli stanziali non perché oppressi dallo stile di vita di quest'ultimi, ma perché gelosi delle loro ricchezze, quelle ricchezze che loro non sono mai stati in grado di produrre autonomamente.

Lo storico infatti dà per scontato che il miglior stile di vita è quello più simile al proprio, cioè a quello che sta vivendo mentre scrive il suo manuale: uno stile che ovviamente, come un aspetto naturale della vita, è basato sullo sfruttamento indiscriminato delle risorse naturali e del lavoro altrui, sulla prevalenza degli aspetti imprenditoriali e commerciali rispetto a quelli dell'autosussistenza e dell'autoconsumo. L'autosufficienza di un villaggio vien sempre vista negativamente. Lo storico infatti vuol fare "storiografia" coi "regni" e con gli "imperi", non con le "comunità di villaggio": di queste si può parlare solo come premessa di ben altro.

Ma la cosa ancora più incredibile è che gli storici si rifiutano di dare spiegazioni convincenti sul fatto che civiltà molto avanzate siano state sonoramente sconfitte da altre molto meno evolute. Le spiegazioni che offrono sono sempre delle mezze verità, proprio perché, in ultima istanza, non riescono ad accettare l'idea che quando una civiltà basa la propria ricchezza su rapporti oggettivi di sfruttamento, la sua compagine sociale, invece di rafforzarsi, inevitabilmente s'indebolisce. Non riescono ad accettare l'idea che in una civiltà molto avanzata, chi patisce lo sfruttamento possa fare combutta col nemico esterno o non faccia nulla di rassicurante per difendere la propria civiltà. Gli storici non riescono a capacitarsi che una civiltà avanzata non riesca a trovare i modi e i mezzi per persuadere gli sfruttati a non vedere i nemici esterni come propri liberatori.

Le civiltà basate sullo sfruttamento e l'oppressione tendono inevitabilmente a indebolirsi di fronte ai nemici esterni, proprio perché creano continuamente nemici interni. Si autodistruggono proprio mentre si riproducono: sono costrette a far fronte a contraddizioni sempre più macroscopiche e quindi sempre più irrisolvibili; sono costrette a impegnare ingenti risorse per mantenere apparati economicamente improduttivi (eserciti, polizie, burocrazie...) che servono solo per controllare le masse e per far fronte alle minacce che vengono dall'esterno.

Non si sottolinea mai con sufficiente energia il fatto che quando le popolazioni esterne, straniere, meno evolute, decidono di attaccare quelle più avanzate, con l'intenzione di distruggerle politicamente o di saccheggiarle delle loro risorse, ciò avviene solo dopo che con infiniti sacrifici, e quindi dopo moltissimo tempo, si sono acquisiti quegli strumenti bellici utili a realizzare lo scopo. Questo perché non è semplice distruggere delle civiltà in cui una parte della popolazione vive l'esperienza militare come una professione. Bisogna essere capaci di arrivare agli stessi livelli, o quasi, confidando nell'aiuto di alleati interni, quelli che vedono le loro proprie classi dirigenti come i veri "nemici" da combattere.

Sono proprio questi alleati interni che rendono meno urgente il bisogno di affidarsi alla potenza tecnica dei mezzi militari. Generalmente infatti è chi sa di essere nel torto che si affida a questi mezzi, onde supplire alla mancanza di consenso sociale.

III

La formazione delle città

Col termine di "città" non necessariamente dobbiamo intendere un qualcosa di analogo alle nostre. Per definire una "civiltà antagonistica" è sufficiente avere un centro di potere, una sorta di "palazzo cretese", in cui vengano gestite centralmente sia l'amministrazione del territorio che la leadership ideologica. Nell'Asia occidentale, nell'Hindustan e nella Cina antica vi erano città densamente popolate con edifici elevati e concentrati in poche zone. Solo nel Nuovo Mondo si trovano edifici in ordine sparso.

Caratteristica fondamentale delle città è la costruzione di edifici monumentali. La moltiplicazione di questi edifici, a sfondo soprattutto religioso, è una caratteristica di tutte le civiltà antiche e, se vogliamo, di tutte le civiltà *tout-court*, con l'ovvia precisazione che oggi il concetto di "religione" ha assunto connotazioni più "laiche", in conseguenza della rivoluzione industriale e tecno - scientifica.

Tali edifici sono una materializzazione del surplus economico ottenuto con lo sfruttamento dei lavoratori e hanno principalmente la funzione di conservare e se possibile aumentare dei poteri costituiti (a volte svolgevano anche la funzione di depositi per le riserve alimentari in caso di emergenza).

A Uruk, il Tempio Bianco sumero necessitò del lavoro ininterrotto di 1.500 uomini per cinque anni. L'insieme dei templi olmechi a La Venta (agli inizi della civiltà mesoamericana) necessitava di 18.000 lavoratori giornalieri. Il sito di Zhengzhou, creato agli esordi della dinastia Yin (o Shang), necessitò del lavoro di più di 10.000 uomini per 18 anni.

Ancora oggi vi è chi sostiene che i lavoratori che hanno edificato le piramidi egizie non fossero veri e propri schiavi. In realtà poco importa che fossero schiavi o semplicemente servi o cittadini liberi costretti a prestazioni gratuite o sottopagate. Quel che è certo è che si trattava di un lavoro forzato, che non rispondeva affatto alle esigenze di sopravvivenza o di riproduzione degli stessi lavoratori ingaggiati, se non nel senso ch'essi erano comunque costretti a lavorare presso terzi per poter campare.

Noi ci meravigliamo che civiltà pre-industriali abbiano potuto realizzare monumenti architettonici di tutto rispetto e ci rendiamo conto che queste opere sono state rese possibili da una tecnologia o comunque da un'organizzazione del lavoro relativamente avanzata, ma non ci soffermiamo abbastanza a considerare ch'esse sono state rese possibili anche e soprattutto da una quantità enorme di manodopera più o meno gratuita.

La stratificazione sociale portava alla comparsa di una cultura elitaria, che a sua volta generava, come un effetto domino, dimore e riti funerari molto particolari. Tra le funzioni utilitarie e quelle sontuose, quest'ultime tendevano a prevalere. Il prestigio ch'esse conferivano non veniva percepito tanto come "personale", quanto piuttosto come segno d'appartenenza a una determinata classe o strato sociale. Col tempo poteva anche accadere che queste forme elitarie divenissero patrimonio di altri strati sociali, che erano stati capaci di emanciparsi, di salire di rango.

Un artigianato avanzato

La formazione delle città sarebbe stata impensabile senza la separazione dall'agricoltura di un artigianato avanzato, frutto di un certo sviluppo tecnologico.

Ovviamente lo sviluppo tecnologico appartiene anche alle civiltà comunistiche, non basate sull'antagonismo sociale, ma è indubbio che solo nelle civiltà classiste la tecnologia, essendo messa al servizio di particolari strati sociali, è stata in grado di produrre un'inedita e sontuosa monumentalità, per noi occidentali indice sicuro di "grande progresso".

In realtà questi strati sociali privilegiati potenziarono la tecnologia solo per aumentare il loro prestigio, la loro autorità, i confini dei loro imperi, e, per gli stessi motivi, impedirono, per quanto possibile, che tali acquisizioni tecnico-scientifiche si generalizzassero oltre un certo livello.

Attraverso l'artigianato (che svolgeva una funzione simile all'odierna industria) si svilupparono nuove tecnologie, nuovi modelli di consumo e di comportamento, che sconvolsero progressivamente il tradizionalismo primitivo.

Quanto più si specializzavano i mestieri, tanto meno il singolo uomo era capace di affrontare le cose in maniera globale, sistemica. Le sue conoscenze aumentavano in profondità, prendendo direzioni unilaterali, esclusiviste, e diminuivano in estensione, perdendo quell'equilibrio naturale che avevano.

L'acquisizione di queste tecnologie, la diffusione delle invenzioni procedeva di pari passo con la scrittura sillabica, che subordinava nettamente la trasmissione orale e grafica del sapere e che trasformava il sapere "popolare" in una conoscenza "intellettuale", che solo pochi potevano avere.

Oggi noi siamo soliti dare un peso rilevante ai prodotti di un artigianato specializzato, ma raramente prendiamo in considerazione il fatto che l'artigiano era separato dalla proprietà dei suoi mezzi produttivi o dal possesso dei beni che produceva, sicché quanto fabbricava, specie se di valore pregiato, veniva utilizzato da persone che nella gerarchia sociale stavano molto più in alto di lui.

Un'agricoltura intensiva

Nelle comunità primitive il lavoro era finalizzato al soddisfacimento di bisogni primari, risolti i quali s'impiegava il resto del tempo in attività artistiche, ricreative, socializzanti... Non c'era la preoccupazione di conservare delle eccedenze che andassero troppo oltre il naturale bisogno riproduttivo. E nessuno era, per così dire, "schiavo del lavoro". Questo anche in considerazione del fatto che le comunità erano più nomadi che stanziali.

Volendo esagerare (ma fino a un certo punto), si potrebbe addirittura dire che senza agricoltura e quindi senza stanzialità, molto probabilmente la caccia, l'allevamento, il nomadismo in generale non avrebbero mai portato ad alcuna civiltà cosiddetta "classica", che sarebbe meglio definire di tipo "antagonistico", in quanto la formazione delle classi contrapposte è, rispetto ai milioni di anni del genere umano, relativamente recente.

I grandi lavori collettivi, come le irrigazioni e canalizzazioni in Mesopotamia e in Perù, le bonifiche in Egitto, il sistema dei terrazzamenti in Mesoamerica, le opere di ingegneria idraulica in Cina per evitare le inondazioni che minacciavano i raccolti nelle regioni fertili lungo il fiume giallo Haung-Ho, non sono mai stati lavori decisi autonomamente dalle comunità primitive, ma sempre lavori imposti da determinate classi sociali, che sfruttavano i territori conquistati per consolidare il loro potere.

È ben nota l'alta efficacia delle colture irrigue nell'antica Mesopotamia meridionale, che permetteva due raccolti l'anno, ma sappiamo anche che per ottenere risultati così significativi, occorreva un lavoro super-organizzato di molte migliaia di contadini che sicuramente liberi non erano.

Anche l'agricoltura maya era molto specializzata, ma non era certo il frutto di una società democratica, tant'è che all'arrivo degli spagnoli quella civiltà scomparve molto in fretta, non trovando nei lavoratori la disponibilità a difendere le sue istituzioni. Diversamente da come accadde tra gli indiani del nord America, che, pur essendo molto meno avanzati dei Maya (non praticavano neppure l'agricoltura), nei confronti dei colonizzatori inglesi e francesi resistettero alcuni secoli, fino ad essere relegati nelle riserve.

Aumento e concentrazione della popolazione

L'aumento dell'eccedenza agricola, lo sviluppo di un artigianato specializzato e la crescita demografica sono fenomeni interconnessi in qualunque civiltà antagonistica. Questi fattori di per sé non stanno ad indicare un diffuso benessere, né che tale benessere sia unicamente legato a tali fattori e non anche ad altri, non meno importanti, come ad es. l'assoggettamento di popolazioni limitrofe, cui s'impongono tributi di vario genere.

Generalmente la popolazione tende a concentrarsi proprio là dove esistono le premesse per lo sviluppo della civiltà schiavile. Infatti, dove s'impongono civiltà del genere, esiste anche il conflitto inter-tribale o inter-etnico, e la sconfitta di una popolazione implica sempre un forte aumento demografico dell'altra, nonché il suo crescente sviluppo economico, in quanto vengono acquisiti schiavi, terre lavorate, mezzi produttivi, bestiame, risorse naturali ecc.

A Creta, culla della civiltà europea, che è un'isola del Mediterraneo di 8.336 kmq, avente oggi circa mezzo milione di abitanti, il numero di questi passò da 12.000 circa nel 4.000 a.C. a 65.000 mille anni dopo, per arrivare a 200.000 nel 2.000 a.C. Il solo palazzo di Cnosso (risultato di un'elaborazione durata circa mezzo millennio) era in grado di contenere fino a 12.000 persone. Cinquecento anni dopo vi fu il collasso.

Di regola un aumento spropositato e veloce della popolazione in un determinato ambiente porta a un crollo rovinoso delle istituzioni, non tanto, ovviamente, per il numero in sé degli abitanti, quanto perché questi agglomerati urbani sovraffollati non rispecchiano un rapporto equilibrato tra gli uomini e tra questi e la natura.

Infatti le maggiori risorse naturali sono concentrate nelle mani di poche persone e queste costringono molte altre a vivere alle loro dipendenze. Nella terra dei sumeri, nella valle d'Uruk, vi erano 17 piccole località e 3 grandi centri urbani verso la metà del IV millennio a.C. Alla fine di questo millennio, cioè nel momento della comparsa nei templi delle tavolette pittografiche, il numero delle località era passato a 112 e i centri urbani a 10, senza contare che Uruk era diventata una megalopoli. Lo schiavismo era una realtà dominante.

Inizialmente quindi la concentrazione di popolazione in un determinato luogo (p.es. un centro urbano), implica che altrove (campagna, foreste, monti...), a causa di un conflitto sociale, vi è stato un forte decremento; successivamente, in maniera inevitabile, il conflitto si allarga tra città, regioni, stati o imperi.

Si può addirittura sostenere che una forte concentrazione di popolazione stanziale, a prescindere da qualunque altra cosa, può essere considerato come un sicuro indizio di antagonismo sociale e quindi di squilibrio ambientale. E si può anche sostenere, verosimilmente, che quanto più aumentava il numero delle popolazioni che accettavano l'involuzione socioculturale verso lo schiavismo, tanto più quelle limitrofe potevano sentirsi tentate dal seguire l'esempio, specie in considerazione del fatto che, nei casi di vicinanza territoriale, poteva accadere che le popolazioni più armate o più bellicose tendessero a sconfinare, obbligando quelle pacifiche a prendere delle decisioni d'importanza capitale, che avrebbero anche potuto modificare radicalmente il loro consueto trend di vita.

I poteri assoluti

L'esigenza di poteri assoluti nasce quando un clan vuole dominare l'intera tribù o quando si stacca da questa tribù per vivere secondo princìpi non democratici. Il clan dominato da princìpi antagonistici viene coadiuvato da altri clan meno forti, sul piano militare o economico, o con stirpi meno nobili. Tra questi clan facilmente s'impone un regime giuridico di diritti e doveri.

Una comunità che si disgrega nei suoi princìpi democratici diventa immediatamente aggressiva nei confronti delle comunità limitrofe. È impensabile immaginare una divisione tra clan rivali o tra clan e tribù, senza la contestuale presenza di schiavi o servi e di tributi da pagare da parte dei lavoratori. Gli schiavi domestici o i lavoratori dei campi sono ex-prigionieri di guerra e fanno i lavori più spiacevoli o più faticosi. Un'altra categoria di schiavi sono i cittadini liberi incapaci di pagare i loro debiti.

Lo Stato è l'organizzatore politico-amministrativo del clan dominante (che poi diventerà casta, classe sociale). Suo compito è quello di organizzare i lavori pubblici, riscuotere le tasse e amministrare l'ordine pubblico nell'interesse delle classi possidenti. Il suo potere è sin dall'inizio coercitivo e il controllo della popolazione s'intende riferito sia a quella interna ai suoi confini sia a quella esterna, limitrofa, in forme e modi diversi. La guerra infatti è un mezzo di conquista, un regolare mestiere, quindi uno strumento economico. Affreschi e pitture parietali delle civiltà classiche lo documentano in abbondanza.

Il potere ha quasi sempre un carattere teocratico, perché la religione tende a svolgere una funzione di supporto ai poteri costituiti, anche se in apparenza sembra esercitare un ruolo autonomo. Il sovrano della dinastia Yin aveva poteri militari, politici, economici, amministrativi e religiosi. Non sono rari i sacrifici umani.

I successi militari tendono a portare il potere laico a una certa prevalenza su quello religioso. Nei documenti sumeri il re è anche sacerdote e ha più potere dei grandi sacerdoti. Si può in sostanza dire che la forza militare fa assumere al sovrano una funzione sempre più sacralizzata, anche se non esclusiva delle altre funzioni religiose esercitate dal clero.

Un culto specifico accompagna il sovrano sia durante la sua vita che dopo la sua morte. Si elaborano genealogie *ad hoc* e si costruiscono imponenti edifici funerari. L'arte figurativa e il pensiero mitologico sono praticamente al suo servizio. Tendono a prevalere, ma non maniera esclusiva, concezioni monolatriche, in cui una divinità domina su altre.

Dinastie e socialismi di stato

I

Un "socialismo di stato" *ante litteram* è esistito non solo nell'antico Egitto, ma anche in Cina, in India, in Mongolia, nelle civiltà pre-colombiane, ovunque si sia affermata l'idea che la *terra*, bene più prezioso, può appartenere soltanto a un'*istanza superiore* (re, imperatore, stato...), cui tutti i cittadini obbediscono a seconda del grado, della funzione, dell'importanza che ricoprono.

Per molto tempo la storiografia occidentale ha ritenuto che tale socialismo di stato fosse una prerogativa delle società asiatiche e anche il motivo della loro arretratezza. Oggi invece s'è appurato ch'esso esiste, molto semplicemente, là dove l'*individualismo*, nell'ambito della società civile, è poco sviluppato, per cui, anche se l'attuale sistema capitalistico mondiale è frutto dell'individualismo borghese, non è detto che quelle forme passate di socialismo fossero meno avanzate dei regimi basati sulla proprietà privata della terra e degli schiavi.

Già i classici del marxismo erano arrivati a dire, in maniera però molto succinta, che la proprietà *statale* della terra era esistita anche in Europa occidentale, dopo quella *collettiva* del comunismo primordiale e prima di quella *privata* del periodo schiavistico; sicché la nascita dello *Stato* andava, in un certo senso, considerata antecedente a quella delle *classi* contrapposte, dove ogni classe cerca d'impadronirsi delle leve dello Stato per opprimere le altre. Purtroppo, abituati com'erano a ragionare solo in termini *strutturali*, Marx ed Engels si davano delle spiegazioni solo *fenomeniche*, senza far valere le *ragioni ontologiche della cultura*.

Giustamente però avevano capito che la distruzione dello schiavismo romano non comportò, da parte dei barbari, un ritorno a quel socialismo statale *ante litteram* (detto anche "modo di produzione asiatico"), ma si riconfermò la proprietà privata della terra. Infatti, quando i barbari entrarono in Europa occidentale erano già culturalmente occidentalizzati, non solo perché di religione cristiano-ariana, ma anche perché da secoli erano stati abituati a commerciare con l'Occidente. Si può anzi dire che in Europa il socialismo statale finì quando i greci respinsero l'invasione persiana: la democrazia delle classi contrapposte aveva vinto la dittatura di una casta di funzionari statali che si serviva, per imporsi, di truppe mercenarie, anche se poi Atene e Sparta s'indebolirono enormemente durante la guerra del Peloponneso, permettendo così ai persiani di tornare alla carica con rinnovato vigore, salvo poi essere definitivamente sconfitti dall'impero macedone di Alessandro Magno.

Ora, chiunque si rende conto che quando manca l'individualismo - che è il principale ostacolo al consolidarsi di un potere politico centralizzato -, deve per forza svilupparsi, in seno allo stesso potere istituzionale, il timore che la *successione dinastica* non sia di per sé sufficiente a garantire la solidità del sistema.

In effetti i problemi cui vanno incontro i regimi impostati sulla dinastia sono almeno tre: l'esaurimento della *linea maschile* e quindi la necessità di prendere in considerazione anche quella femminile; la debolezza strutturale, in senso *genetico*, di tutte le dinastie, i cui componenti sono costretti a sposarsi tra loro.

A questo secondo problema - che risultò molto grave p.es. in Egitto - le dinastie han sempre cercato di trovare una soluzione nelle *politiche matrimoniali* volte ad allargare possedimenti e parentadi. I matrimoni d'interesse strategico sono sempre stati ricercati dalle dinastie non solo per superare l'inevitabile indebolimento genetico dovuto a matrimoni tra consanguinei, ma anche e soprattutto per allargare i propri confini territoriali.

Tuttavia matrimoni del genere non sono così facili e frequenti. Si arriva sempre a un punto in cui la dinastia si estingue, ed è proprio in quel momento che ci si chiede se sia il caso di sostituirla con un'altra (come in genere avveniva) o invece se porre fine al concetto stesso di "dinastia", ipotizzando un *nuovo sistema sociale*, fondato più sulla *democrazia* e meno sulla aristocrazia di sangue, o comunque più su una partecipazione allargata ai poteri istituzionali e meno sulla loro concentrazione in poche mani privilegiate.

Ma vi è un terzo problema che tutte le dinastie devono affrontare e che, in genere, non riescono a risolvere. È il fatto ch'esse sono organismi eminentemente, anzi esclusivamente *politici*, privi di agganci significativi alla realtà sociale. Il loro principale difetto è la staticità, l'incapacità di far progredire lo Stato in rapporto alle mutevoli esigenze della società. Le dinastie pretendono sempre, anche giustamente, di subordinare l'economia alla politica, ma la politica che amministrano non ha come scopo quello di fare il benessere dei cittadini. La dinastia vede anzitutto i propri *interessi di potere*, che tende costantemente a mascherare con valori di vita religiosi o idealistici, mostrando che un'esistenza di tipo *aristocratico* è più dignitosa di una di tipo borghese; e quando, in subordine a tali interessi di potere, essa osserva le esigenze sociali, teme sempre che queste, sviluppandosi, possano minacciare una collaudata stabilità.

Pertanto, inevitabilmente, tutte le dinastie sono repressive, soprattutto quando la società civile avanza delle pretese. Quando si è al comando di uno Stato e non si ha il polso della situazione reale dei propri cittadini, ogni mutamento nell'ambito del sociale viene guardato con occhi molto sospettosi. Sotto questo aspetto non fa molta differenza che la dinastia si appoggi a uno Stato favorevole a una casta di funzionari pubblici o a uno Stato favorevole a latifondisti e imprenditori privati. La differenza sta appunto nella diversità delle *culture*. Che uno Stato consideri "schiavi" i propri cittadini, pur non prevedendo formalmente l'istituto della schiavitù; o che invece siano a farlo i latifondisti e gli imprenditori privati, è solo questione di tradizioni secolari.

II

L'Europa, in tal senso, è un'area geopolitica così complessa che, per capirla anche solo un minimo, andrebbe analizzata caso per caso. Quando nella parte occidentale si comincia a ventilare l'ipotesi di costruire degli Stati nazionali, le due principali entità imperiali erano state già fatte a pezzi, anche se formalmente sopravvivranno per ancora molti secoli.

Con la morte di Federico II di Svevia (1250) e l'eliminazione della sua discendenza per mano angioina, secondo il volere del papato, che non gradiva i germanici nel Mezzogiorno, in quanto era nelle proprie ambizioni potersi impadronire di quel territorio, finisce l'idea di voler realizzare in Europa occidentale un sacro romano-germanico impero, sostanzialmente di tipo aristocratico. Gli Svevi avevano incontrato tre irriducibili nemici: la chiesa romana, i Comuni italiani e gli Angioini. Quest'ultimi erano una dinastia aristocratica con ambizioni di espansione territoriale che non aveva potuto soddisfare in Francia, essendo stata battuta dai Valois (1328-1589), e che nel Mezzogiorno verrà eliminata definitivamente dagli Aragonesi nel 1442.

I veri vincitori di quella incredibile lotta politico-istituzionale (impensabile, p. es., a Bisanzio) furono in realtà i Comuni italiani, decisi a trasformarsi in Signorie e poi in Principati, anche se, quando verrà il momento di diventare una nazione, preferiranno restare divisi, esponendosi alla facile occupazione della Spagna e dell'Austria e lasciandosi pesantemente condizionare dal potere clericale del papato. L'Italia, che era diventata borghese, e quindi laica, prima di tutti i paesi europei, non seppe fare né una "riconquista cattolica" in stile ispanico, cacciando gli stranieri, né una riforma protestante, con cui eliminare lo Stato della chiesa. Semplicemente uscì dalla storia sino alla fine dell'Ottocento, quando ritrovò fiducia negli ideali laico-democratici, accorgendosi però, subito dopo, che se voleva recuperare il tempo perduto, in senso borghese, doveva affidarsi a una dittatura, prima sabauda (dinastica) e poi fascista.

La stessa chiesa infatti - l'altro grande impero feudale del Medioevo europeo -, stava per essere travolta da una nascente forza seminazionale: la Francia, che, con Filippo il Bello impose al papato la prigionia dorata della sede avignonese (1309-77). Formalmente il titolo d'imperatore verrà eliminato da Napoleone nel 1806, mentre il potere temporale del papato subirà un drastico ridimensionamento con la breccia di Porta Pia del 1870.

Quando cominciarono a formarsi, nel Medioevo, le nazioni europee, alla classe sociale dei nobili, detentrice della proprietà della terra, si stava progressivamente affiancando, protagonista sul piano commerciale e imprenditoriale, quella borghese, unita alle forze rurali per liberarsi di un nemico interno e/o esterno. In Francia si sbarazzarono degli inglesi e di molta aristocrazia, massacrata nella guerra dei Cent'anni (1337-1453); in Inghilterra le dinastie dei Lancaster e York si fecero a pezzi nella guerra delle Due Rose (1455-85), determinando, con la nuova dinastia dei Tudor, la nascita della moderna Inghilterra anglicana. In Spagna e Portogallo il cattolicesimo feudale costruì la nazione eliminando i rivali islamici ed ebrei, che però, sfortunatamente per i destini della penisola iberica, erano anche i più produttivi economicamente, sicché queste due nazioni s'illusero di poter restare feudali, dopo aver realizzato il loro impero coloniale, a fronte di altre tre nazioni rivali: Francia, Inghilterra e Olanda, il cui carattere borghese, con la guerra dei Trent'anni (1618-48), era definitivamente trionfato.

Se si guarda invece l'Europa orientale, bisogna dire che il concetto di "dinastia" ebbe una durata molto più lunga, a testimonianza che l'individualismo dell'area occidentale, prima feudale (nettissimo coi due provvedimenti che sancirono la proprietà privata della terra: *Capitolare di Quierzy*, dell'877, e *Constitutio de feudis*, del 1037, e soprattutto col tentativo della chiesa romana di fare del papato una monarchia assoluta e universale, sia in campo politico che religioso), poi borghese (ancora più evidente con l'opposizione all'imperatore da parte delle città), era un'eccezione alla regola, anzi una vera e propria anomalia storica.

La borghesia, per vincere, aveva bisogno d'una monarchia che la proteggesse, la quale, pur essendo d'origine aristocratica, doveva permetterle di svilupparsi economicamente come meglio credeva, sia dentro i confini nazionali che all'estero, compiendo guerre con altre nazioni, qualunque fosse il motivo in gioco.

Viceversa le aristocrazie dell'Europa centro-orientale furono abbastanza pacifiche, salvo quando cominciarono a rendersi conto che la loro tradizionale stabilità stava subendo degli scossoni molto pericolosi. Per un momento tutte si illusero che con la sconfitta di Napoleone i loro destini sarebbero durati in eterno. Ci riferiamo alle dinastie presenti negli imperi russo, prussiano, austro-ungarico e ottomano. Forse l'unica dinastia europea che si distinse senza fare troppo rumore fu quella bizantina, ma solo perché la sua agonia era stata lenta e progressiva. Con la morte di tutti gli imperi feudali, durante la prima guerra mondiale, finisce l'idea che la classe aristocratica dovesse considerarsi migliore di quella borghese.

L'analisi marxista sullo Stato asiatico

Vi è un modo abbastanza curioso d'impostare l'analisi dello "Stato asiatico" (quello relativo, secondo l'interpretazione marxista, al cosiddetto "modo di produzione asiatico"). Da un lato infatti si sostiene che la proprietà della terra era comune alle comunità di villaggio, anche se l'appropriazione delle eccedenze era privata (da parte delle caste); dall'altro si sostiene che il pluslavoro (per ottenere eccedenze) era estorto a contadini liberi, mentre quello schiavile restava del tutto marginale; dall'altro ancora si precisa che senza una gestione delle terre collettive da parte della casta di amministratori-sacerdoti, e senza la difesa militare di tali proprietà, da parte della relativa casta, non sarebbe stato possibile alcuno Stato di tipo "asiatico".

Cosa c'è che non quadra in questa analisi? È l'idea che davvero possano esistere dei contadini giuridicamente "liberi" a fronte di due caste che li sfruttano economicamente. Con ciò non si vuole semplicemente sostenere che, in presenza di caste sociali, la libertà dei lavoratori è sempre molto relativa, ma anche che il concetto giuridico di "libertà formale" è moderno, cioè tipico della società *borghese*, la quale, a sua volta, presuppone una tradizione culturale di tipo *cristiano*.

La libertà dell'individuo singolo, inteso come *persona*, è sempre stata sconosciuta alle civiltà non-cristiane, proprio in quanto queste civiltà non riuscivano a vedere il singolo in maniera estrapolata dal contesto sociale di riferimento. Le civiltà non-cristiane non hanno mai sviluppato i diritti dei singoli cittadini, proprio perché non potevano concepire i cittadini come "singoli".

In Europa occidentale, durante il Medioevo, si sarebbe potuto sviluppare lo Stato asiatico, visto che le cosiddette popolazioni barbariche provenivano tutte dall'Europa orientale se non addirittura dall'Asia, rendendo tutta la terra di proprietà del sovrano. I fatti però andarono nella direzione opposta. I componenti della società medievale, dai grandi feudatari ai piccoli coltivatori, han sempre cercato di ottenere la terra in proprietà *privata*, ed erano tutti *cristiani* (ortodossi, ariani o cattolici che fossero). Sicuramente questo lo si può verificare molto bene proprio nell'area occidentale dell'Europa, dove già nell'877, col *Capitolare di Quierzy*, tutti i feudi maggiori erano stati privatizzati, e nel 1037 lo saranno anche quelli minori. Entrando nell'impero romano i barbari si erano, per così dire, "occidentalizzati".

Quindi delle due l'una: o i contadini degli Stati asiatici non-cristiani non erano così "liberi" (in senso giuridico) come ci si vuol far credere, oppure non fruivano di un'effettiva proprietà della terra. La terra veniva semplicemente data in concessione, persino nel caso in cui appartenesse a un determinato collettivo (comunità di villaggio). Cioè, in sostanza, le autorità dovevano aver convinto i proprietari terrieri che per un migliore sfruttamento delle risorse prodotte dai grandi fiumi (Nilo, Tigri, Eufrate...) era preferibile una gestione centralizzata delle terre, sicché i contadini continuavano a possedere le stesse terre di prima, ma su di esse avevano perso la proprietà, la quale, evidentemente, proprio per i nuovi legami di tipo tribale-statuale, non veniva considerata indispensabile per sopravvivere, anche perché la conduzione dei lavori agricoli non era più la stessa, dovendo essere coordinata tra le varie comunità.

Si arrivò insomma (in Egitto e in Mesopotamia) a un processo inverso rispetto a quello che avvenne nel Medioevo europeo, in cui tutti rivendicavano la proprietà *privata* della terra, in funzione anti-imperiale. Da noi si pensò che sulla base della privatizzazione sarebbe aumentato il benessere individuale o quello di piccoli gruppi (famiglia, parentado, clan, gens, stirpe, casato...); negli Stati asiatici invece si pensò che solo unendo le forze si sarebbero potute affrontare meglio le difficoltà di ambienti naturali ostili. In un caso la cultura cristiana esaltava l'individuo; nell'altro la cultura pagana esaltava il centralismo statuale della polis.

Quello che la scienza marxista non comprende, nell'analisi del modo di produzione asiatico, è che non è possibile la nascita dell'idea di "casta" semplicemente in forza della necessità di affrontare la produzione economica in ambienti particolarmente ostili. Non possono essere state soltanto delle difficili circostanze ambientali a far nascere una centralizzazione così innaturale rispetto al senso del collettivo egualitario che avevano le tribù del comunismo primitivo.

Quindi o le caste erano già patrimonio di queste tribù quando si sono trasferite in quegli ambienti, ma allora non possono essere state le specifiche esigenze di questi ambienti a produrre quelle caste; oppure, se la tribù trasferitasi in quelle zone impervie e difficili da gestire, era ferma ancora allo stadio del comunismo primitivo, devono per forza essere intervenuti fattori di tipo *ideologico*, che hanno sì fatto leva sulle esigenze dettate dall'ambiente ostile, ma sfruttandole come un pretesto per acquisire un potere autoritario. E tali fattori non potevano essere soltanto quelli inerenti alle previsioni delle piene (cioè le conoscenze astronomiche) o alla costruzione dei canali (cioè le conoscenze ingegneristiche): conoscenze di questo genere non possono essersi formate *prima* che le tribù si recassero in quegli ambienti. Dovevano esserci piuttosto delle *suggestio-*

ni di tipo mistico-religioso, da divulgarsi in maniera relativamente facile, in modo che avessero effetti abbastanza immediati e di vasto raggio. Suggestioni di questo genere sono rinvenibili nei *miti*, che non possono essere stati prodotti *dopo* che si erano acquisite le nozioni tecnico-scientifiche per affrontare in maniera razionale le difficoltà di quegli ambienti. Come noto, il prototipo di qualunque narrazione mitica è il *Gilgamesh* mesopotamico, dove appare chiaramente l'enorme importanza del *fattore religioso* e la contrapposizione tra nomadismo e stanzialità, tra comunismo primitivo e urbanizzazione di casta.

Il fatto stesso che all'inizio le due funzioni di amministrazione economica e religiosa fossero unite nella stessa persona, lascia pensare che l'aspetto ideologico venisse tenuto in grande considerazione, o comunque non avesse un'importanza inferiore a quello dell'organizzazione della vita economica. Noi tendiamo a sottovalutare l'importanza della religione semplicemente perché oggi viviamo in condizioni molto laicizzate, senza peraltro renderci conto che una grande parte del nostro stile di vita non è altro che una religiosità laicizzata, cioè una forma illusoria di esistenza che lo sviluppo tecnico-scientifico ha reso appunto più disincantata.

Qui tuttavia non è da escludere che la decisione, da parte della tribù, di andare a vivere in zone così impervie, possa essere nata all'interno di *rapporti già conflittuali* con altre tribù maggiormente legate al comunismo primitivo; e che tali rapporti abbiano costituito la premessa per la futura nascita delle caste, una volta giunti in quegli ambienti.

La stessa trasformazione delle città-stato in imperi non si spiega dicendo che la crescita territoriale era l'unico strumento di sviluppo di forze produttive di basso livello. Se il problema fondamentale di queste comunità di villaggio fosse stato solamente quello di sopravvivere in un ambiente ostile, una volta organizzata la produzione, sfruttando al massimo le esondazioni periodiche dei fiumi, non ci sarebbe stata alcuna ragione di trasformare le città-stato in imperi unificati, centralizzati e militarmente molto aggressivi. Peraltro si parla di "basso livello delle forze produttive" quando questo livello era molto più alto di quello delle tribù rimaste al comunismo primitivo, non ancora urbanizzate.

In realtà la trasformazione della polis in impero era dettata da contraddizioni riguardanti il regime basato sulle caste improduttive e fiscalmente esose, sempre più abituate ai lussi e sempre più in stato di competizione tra loro: di qui peraltro la separazione delle funzioni civili, politiche, amministrative da quelle religiose. Saranno proprio queste caste a indurre i contadini e gli artigiani a trasformarsi in manovalanza a basso costo per gli eserciti, come già, in periodo di pace, avevano fatto per costruire i grandi edifici del potere politico e religioso.

Parlare quindi di fusione del "comunismo rurale" con una struttura politica centralizzata di carattere statale, è quanto meno improprio. Là dove esiste uno "Stato" non ci può essere alcun "comunismo", ma sempre "lavoro coatto". Che poi a questo lavoro ci si senta indotti più per motivazioni di ordine economico che non per motivazioni di ordine ideologico, non cambia la sostanza delle cose. Nel modo di produzione asiatico non solo non esiste il concetto di "persona", ma neppure quello di "collettivo libero".

E se da un lato si deve ritenere lo Stato asiatico qualitativamente inferiore a quello del "collettivo libero", in quanto privo di caratteristiche davvero umanitarie; dall'altro non lo si deve ritenere inferiore a quello basato sulla proprietà privata delle classi sociali, che è il modo di produzione di noi occidentali. Noi misuriamo l'efficacia del nostro sistema sulla base dello sviluppo tecnico-scientifico, ma se andiamo a guardare la *durata* complessiva dei nostri sistemi sociali basati sulla proprietà privata (schiavismo e feudalesimo), si noterà facilmente ch'essa è di molto inferiore a quella dei sistemi basati sul modo di produzione asiatico, che è poi, in fondo, una sorta di "socialismo di stato e di mercato".

Questo perché le contraddizioni sociali inerenti alla proprietà privata dei mezzi produttivi sono inevitabilmente molto più forti, e siccome la concorrenza tra le classi è sempre molto acuta, è facile che si sviluppino mezzi e strumenti sempre più perfezionati, con cui una classe vuole dominare su tutte le altre. È evidente quindi che le civiltà basate sulle *classi* tendono a prevalere su quelle dominate dalle *caste*, a meno che quest'ultime non riescano ad appropriarsi delle conoscenze, abilità e competenze per poter avviare una rivoluzione tecnico-scientifiche, senza dover sottostare ai difetti prodotti dalle classi sociali contrapposte.

Tuttavia per poter ottenere un vantaggio del genere, la casta dominante deve concedere alla società non soltanto l'utilizzo delle medesime tecnologie, ma anche l'acquisizione di un certo *stile di vita*, che necessariamente sarà più *individualistico*. Non avrebbe senso infatti permettere una maggiore ricchezza generale senza offrire la possibilità di una maggiore personalizzazione del benessere. Questo è appunto ciò che sta avvenendo oggi in Cina, che si appresta a ereditare i processi dello sviluppo capitalistico, che nei paesi occidentali, dominati dall'individualismo delle classi sociali, hanno già incontrato due gravi battute d'arresto nelle ultime guerre mondiali e che continuano a produrre crisi laceranti per la gran parte della popolazione, nei confronti delle quali non si vede all'orizzonte una sicura via d'uscita.

122

III

RIFLESSIONI FILOSOFICHE

Uomini e dinosauri

Se l'uomo primitivo fosse esistito al tempo dei dinosauri, e questi avessero minacciato seriamente la sua esistenza, li avrebbe sicuramente fatti fuori tutti, proprio perché la sua intelligenza, pur nella precarietà dei mezzi rispetto ad oggi, era infinitamente superiore a quella di qualunque animale. Quindi non è il caso di parlare di "evoluzione qualitativa" della specie umana, se non in senso puramente quantitativo, nel senso cioè che, col passare del tempo, ci siamo dati forme diverse di vivibilità (e qui rinunciamo a dare giudizi sulla loro effettiva efficacia, poiché sappiamo bene che i criteri per misurarla sono diversissimi).

Questo per dire che non ha alcun senso sostenere che l'uomo non sarebbe potuto convivere coi dinosauri. L'uomo è anzi la dimostrazione che si può vivere anche senza possedere una forza mostruosa, una possanza di muscoli e di ferocia. Non siamo venuti al mondo perché la scomparsa dei dinosauri ce lo permetteva, ma è stata la necessità di venire al mondo che ha reso inutile la presenza di quegli animali.

L'uomo, fisicamente, è un nulla a confronto dei dinosauri, eppure, se guardiamo l'intelligenza, è un gigante, nei cui confronti i dinosauri son come moscerini. È dunque assurdo pensare a un ritorno di quei lucertoloni: quella è stata un'epoca che non si ripeterà più. L'uomo, col tempo, ha compreso che più grande della forza fisica è quella *intellettuale*. Ora, semmai, deve comprendere che più grande ancora di questa, è la *forza morale*.

Se nell'universo esiste da sempre un'*essenza umana*, ebbene, la presenza dell'epoca dei dinosauri sul nostro pianeta, può coincidere con l'*infanzia dell'umanità*. Sono i bambini piccoli che amano i dinosauri, i mostri dalla forza spaventosa, proprio perché essi sanno di non averla e, nel contempo, non sono ancora consapevoli che, più importante della forza fisica, è quella intellettuale e morale.

I bambini sono come i credenti: proiettano al di fuori di loro la forza con cui poter rispondere a un'esigenza nei confronti della quale si sentono inadeguati. E invece di chiedersi se sia giusta la lettura delle loro esigenze vitali, danno per scontato che quella forza esterna esista davvero. Da notare che questo atteggiamento mistico è rinvenibile persino in chi non crede in alcuna religione: si esprime, per esempio, nel culto della personalità, nel credere all'equidistanza dello Stato, nella convinzione che le proprie forze armate siano invincibili, nell'illusione che i mercati sappiano risolvere da soli le contraddizioni del sistema, nel ritenere che tutti gli uomini siano davvero uguali di fronte alla legge, ecc.

L'essenza umana, nell'universo, è eterna, ma, a quanto pare, ha subìto un'evoluzione nella *consapevolezza di sé*, in quanto nell'universo non vi è nulla di statico, di predefinito, di acquisito una volta per tutte.

Ora questa consapevolezza sta per passare da quella tecnico-scientifica e materiale a quella *morale* e *spirituale*. Ma perché questo avvenga occorre risolvere i problemi che le impediscono di svilupparsi.

Quando l'uomo avrà risolto i problemi che dipendono soltanto da lui (in particolare quelli connessi all'uso della proprietà e del potere), sarà in grado di affrontare *moralmente* i problemi che non dipenderanno da lui, ma soltanto dalla natura, benché oggi sia spesso impossibile sostenere che i problemi causati dalla natura non abbiano come *concausa* l'azione dell'uomo.

Abbiamo bisogno di sviluppare al massimo la nostra *interiorità*, le nostre potenzialità spirituali, nella consapevolezza che nell'universo non esiste alcun dio e che la possibilità di poter creare altri pianeti adeguatamente vivibili come la Terra, dipende solo da noi. È questo il motivo per cui dobbiamo permettere alla natura di agire liberamente, rispettando le sue esigenze riproduttive.

Finché esisteranno gli antagonismi sociali, che inevitabilmente hanno un riflesso sui rapporti uomo/natura, il genere umano non si sentirà mai unito nell'affrontare i problemi che la natura, di volta in volta, gli pone.

I dinosauri dunque sono scomparsi quando ormai quel che prima eccitava, era venuto a noia. Ci voleva qualcosa di più interessante, e *l'essenza umana creò l'essere umano*, un essere che, volendo, può dimostrare una capacità distruttiva infinitamente superiore non solo a quella di qualunque animale, ma anche a quella della stessa natura, per quanto fino adesso non siamo riusciti a dimostrare di poter fare a meno della natura nella nostra esistenza.

Specie umana e animale

È ridicolo pensare che la coscienza sia un prodotto evolutivo della materia o della natura, poiché, se ciò fosse vero, non si capirebbe il motivo per cui essa non sia presente in alcun animale.

Noi possiamo soltanto fingere di poter parlare con gli animali o ci illudiamo di poterlo fare, ma non c'è assolutamente modo ch'essi apprendano qualcosa che vada al di là dell'istinto o dell'abitudine. Gli animali si adattano all'ambiente per abitudine e, se lo modificano, lo fanno sulla base di certi istinti, ma sono lontani dall'essere davvero creativi. A noi paiono versatili semplicemente perché le specie sono illimitate, ma ogni specie, in realtà, non ha fatto altro che specializzarsi in qualcosa di particolare.

Solo noi abbiamo la possibilità di riprodurre, in qualche modo, tutte queste particolarità. L'essere umano sembra essere la sommatoria di tutte le specie viventi, incluse quelle estinte. Quindi questa nostra prerogativa ci porta inevitabilmente a pensare che all'origine di ogni specie animale vi sia stata una sorta di *essenza umana*, da cui, per sottrazione, tutte le specie si sono formate.

Le specie animali non hanno fatto che specializzarsi in una delle infinite caratteristiche dell'essenza umana universale. Non siamo stati noi a ereditare il meglio degli animali, ma sono stati gli animali a trovarsi, per così dire, specializzati in una o più qualità già presenti in tale essenza. Tant'è che noi, volendo, possiamo riprodurre qualunque peculiarità del mondo animale, mentre gli animali non sono in grado d'imitare, se non in maniera molto limitata, le caratteristiche umane e, di queste, solo alcune.

Le specie animali sono così specializzate nelle loro particolarità che provano non poche difficoltà a imitarsi persino tra loro. Se lo facessero, sarebbe, per loro, come andare contro natura. Un carnivoro che non mangiasse un erbivoro, quanto tempo durerebbe? Formiche e api vivono solo in grandi collettivi, ma con regole del tutto diverse e non arriveranno mai a modificarle osservandosi a vicenda.

Noi in realtà non abbiamo nulla da imparare dagli animali. Ci diciamo il contrario soltanto perché noi stessi non ci comportiamo in maniera umana. È evidente, infatti, che la disumanità ci rende peggiori degli animali e quando ci accusiamo di comportarci come animali, in realtà stiamo dicendo una cosa senza senso, in quanto nessun animale fa per istinto ciò che noi facciamo in coscienza o comunque in libertà. Dovremmo limitarci a dire che siamo peggio delle bestie, ma anche questa espressione è ingenerosa nei confronti degli animali. La realtà è che una libertà usata negativamente è infinitamente peggiore, proprio per le sue enormi possibilità, di qualunque istinto e, sotto questo aspetto, gli animalisti avranno tutte le ragioni di questo mondo a preferire gli animali agli esseri umani.

Anzi, questo forse spiega il motivo per cui tutte le specie animali, appena hanno modo di conoscerlo nei suoi aspetti negativi, si sentono terrorizzate nei confronti dell'essere umano. È da almeno 6000 anni che gli animali sono abituati a vederci come il loro nemico n. 1. E non sarebbe strano se essi si fossero trasmessi questa paura anche per via genetica.

Non è affatto vero, parlando per assurdo, che i dinosauri sono scomparsi per far posto all'uomo: se ci avessero dato fastidio, avremmo sicuramente trovato il modo di farli fuori. I dinosauri rappresentano soltanto l'infanzia dell'umanità, quando, da piccoli, ci piaceva giocare coi mostri, coi giganti dalla forza spaventosa. I dinosauri sono scomparsi perché noi siamo diventati adulti e abbiamo capito che più importante della forza è l'astuzia e più importante dell'astuzia è la capacità di voler bene, cosa che solo con una coscienza matura sappiamo esercitare.

*

Ciò che differenzia l'uomo dall'animale è il fatto che l'uomo è in grado di produrre i mezzi di sussistenza necessari alla propria riproduzione in qualunque ambiente naturale. Cioè la capacità di adattamento alle condizioni dell'ambiente sono molto più ampie o più veloci di quelle di un qualunque animale.

Tuttavia, poiché può apparire eticamente rischioso attribuire all'essere umano il merito di potersi adattare facilmente a qualunque ambiente naturale, e poiché non possiamo far dipendere questa capacità "naturale" dal fatto che l'uomo è in grado di produrre artificialmente qualsivoglia tecnologia, sarebbe opportuno sostenere preliminarmente almeno due cose: la prima è che la vera differenza tra uomo e animale deve essere misurata più sul piano *spirituale* che materiale; la seconda è che sul piano materiale è meglio non porre troppe differenze tra uomo e animale, in quanto proprio la vicinanza al mondo animale rende l'uomo un essere più prossimo alla natura.

L'uomo era più umano quanto più sul piano materiale la sua esistenza era simile a quella degli animali. Non a caso in quel periodo egli aveva un grande rispetto per la natura e quindi per gli stessi animali (basta vedere tutta la fase animistico-totemica).

Quando oggi noi sosteniamo, osservando le aberrazioni compiute dagli uomini, ch'esse sono assai peggiori di quelle compiute dalle bestie, spesso non ci rendiamo conto che nel mondo animale non si compiono aberrazioni di alcun genere, e che se a volte possono esistere degli eccessi (p.es. i padri che divorano la prole), il più delle volte siamo noi stessi che abbiamo in qualche modo concorso a provocarli (riducendo p.es. gli spazi di manovra, di caccia o di pascolo di cui gli animali necessitano per natura).

Dunque sarebbe meglio sostenere che ciò che differenzia l'uomo dall'animale è unicamente qualcosa di *immateriale*, come p.es. la libertà di scelta o l'autocoscienza, il fatto cioè di dover prendere delle decisioni che possono anche andare al di là di certi comportamenti istintivi.

Se tutto ciò è vero, allora non è possibile sostenere che dal comunismo primitivo alla nascita delle prime civiltà fondate sullo schiavismo il passaggio era necessario o inevitabile, o, peggio ancora, che in tale mutamento si sono prodotte le condizioni che hanno permesso all'umanità di svilupparsi.

Non esiste affatto una linea evolutiva dall'uomo primitivo a quello civilizzato; semmai la linea è stata involutiva, e possiamo parlare di evoluzione solo nel senso che dai tempi in cui è sorto lo schiavismo ad oggi gli uomini hanno lottato contro gli antagonismi sociali, nella speranza, andata delusa, di poterli risolvere una volta per tutte.

La storia delle civiltà non è stata altro che una serie di tentativi di sostituire forme esplicite e dirette di schiavitù con altre forme più implicite e indirette. A tutt'oggi infatti è impossibile sostenere che il lavoro salariato costituisca il superamento certo dell'antica schiavitù. Sono cambiate le forme, le apparenze, le condizioni materiali o fenomeniche, ma la sostanza è rimasta la stessa: il lavoro salariato è una forma di sfruttamento non meno indegna di quella schiavile e servile.

Il mito dell'evoluzione del genere umano

L'idea che l'uomo provenga dalle foreste africane e si sia progressivamente evoluto, uscendo da uno stato scimmiesco, per poi espandersi in tutte le direzioni della Terra, non è così pacifica come sembra. Non dimentichiamo infatti ch'essa venne formulata quando si era convinti che la nostra civiltà (europea, capitalistica) fosse la migliore del mondo, anzi della storia.

Nessuno oggi nega che l'evoluzione abbia le sue motivazioni, ma non ha senso usarla in maniera assolutistica, al fine di dimostrare un progresso inarrestabile, quello appunto che ci ha portato agli attuali livelli. Questo modo di guardare le cose, più che scientifico, è mitologico.

Il fatto d'aver trovato antichissimi reperti umani, che ci presentano tutta una serie di ominidi, non è sufficiente a dimostrare che la teoria evolutiva sia quella giusta. Spesso gli scienziati trovano le prove che vogliono trovare, quelle che confermano idee precostituite, così come i turisti, quando vanno all'estero, vedono soltanto quello che si aspettano di vedere.

Sulla base della teoria evoluzionista ci è diventata familiare l'idea secondo cui la specie umana sia partita da un preciso punto geografico (l'Africa), per poi diramare da esso secondo una linea progressiva (o appunto evolutiva) che si è successivamente diversificata. Infatti gli scienziati parlano di australopiteco, homo habilis, erectus, sapiens ecc., come se il percorso fosse stato abbastanza regolare (a parte la strana scomparsa dell'uomo di Neanderthal). Gli ominidi si sarebbero formati uscendo dalle foreste, entrando negli spazi aperti delle savane, dove avrebbero acquisito la posizione eretta del bipede.

L'evoluzionismo è stato usato per mettere a tacere i miti del creazionismo, ma in questa battaglia ideologica è stata proprio la scienza a rimetterci. È evidente infatti che non si può contestare il concetto di "evoluzione" (anche i creazionisti erano convinti d'essere migliori di quanti non erano cristiani o non avevano la pelle bianca, tant'è che non mostravano scrupoli di sorta nel cercare di schiavizzarli).

Tuttavia è non meno indubbio che esiste anche il concetto di "involuzione", che è il suo rovescio. La vita umana non assomiglia affatto a una uniforme linea retta, ma semmai alle parabole degli andamenti borsistici, cioè a continue oscillazioni di alti e bassi che spesso portano a disastrosi crack. Basta vedere la storia di tutte le civiltà, le quali, dopo aver raggiunto il picco del loro sviluppo, iniziano un declino inesorabile, fin quasi a scomparire dalla faccia della Terra.

Noi abbiamo voluto sostituire dio con la scimmia nel momento in cui noi stessi ci sentivamo delle divinità, ma così facendo abbiamo fatto delle scimmie un pretesto per avvalorare i nostri nuovi miti. Non a caso quando parliamo di "evoluzione umana", la facciamo terminare con l'uomo bianco civilizzato.

Che la nostra origine scimmiesca sia semplicemente un mito antireligioso e non una realtà scientifica, è dimostrato dal fatto che non consideriamo i neri africani superiori a noi. Eppure basta guardarli fisicamente per accorgersene. Chi può superare un nero nella corsa e non erano forse più forti gli schiavi neri di quelli delle due Americhe?

L'evoluzione per noi occidentali è un dogma così indiscutibile, che non ci permette di vedere una realtà molto evidente, e cioè che da un punto di vista fisico il bianco è *recessivo* rispetto al nero. Se fossimo davvero obiettivi, intellettualmente onesti, dovremmo dire che il nero africano, che per milioni di anni ha vissuto il comunismo primordiale, è stato di gran lunga superiore a qualunque altra tipologia umana formatasi successivamente. Ancora oggi i neri lo dimostrano col loro fisico statuario e, se vogliamo, con altre caratteristiche che noi da tempo abbiamo perduto e che purtroppo ora stanno perdendo anche loro (p.es. il senso del collettivo, il rispetto della natura e degli animali, il desiderio di riprodursi, la fiducia ingenua nelle cose...).

Moravia diceva che l'Africa rappresenta, rispetto all'Europa, la primitiva innocenza, l'innocenza che gli stessi africani, stando a contatto con noi, rischiano di perdere irrimediabilmente.

Noi occidentali non saremmo mai disposti ad ammettere che dal nero africano al bianco europeo vi è stata in realtà una grave *involuzione*, che ha messo in pericolo la sopravvivenza dello stesso genere umano. L'idea di "umano" che oggi va per la maggiore è quella dell'affarista, intellettualmente dotato, tecnologicamente avanzato, particolarmente individualista, con un basso livello di moralità, al punto che è disposto a compiere qualunque cosa pur di acquisire potere o di non perderlo. Noi questo tipo di soggetto ogni giorno lo definiamo "evoluto".

Ma c'è un'altra ragione per cui la teoria evoluzionista non può dimostrare la propria scientificità. Noi facciamo partire l'uomo dal nero e lo facciamo arrivare al bianco, ma chi ci dice che i primi uomini non siano stati in realtà *olivastri*? Verrebbe infatti naturale pensare che per passare dal nero al bianco ci voglia un tempo infinitamente superiore a quello che ci vorrebbe per passare dall'olivastro al bianco. E noi non abbiamo, sulla Terra, decine di milioni di anni di vita.

Perché dunque non dare per scontato che i primi uomini abbiano avuto un colore della pelle né troppo scuro né troppo chiaro, che è appunto quello tipico delle popolazioni mediorientali, le quali, ad un certo punto, si sono diramate in varie direzioni, mutando il loro aspetto a seconda dell'ambiente incontrato (troppo caldo, troppo freddo, troppo ventoso ecc.). Non ci sarebbe stata un'unica linea evolutiva.

Peraltro il Medio Oriente, cioè quella zona del Mediterraneo orientale che va dalla Siria al Sinai, si presenta come crocevia di tre continenti, che a partire da quell'area facilmente avrebbero potuto essere popolati quasi in simultanea. Non ci sarebbero stati ostacoli di sorta.

L'uomo primitivo doveva avere una percezione del pianeta molto più "globale" della nostra. Poteva muoversi liberamente in qualunque direzione. Cosa che oggi solo pochissime persone possono fare. La Terra è diventata una prigione, in cui gli esseri umani si sono rinchiusi da soli e non hanno più la chiave per poterne uscire.

Creazionismo ed evoluzionismo

Come non esiste alcun "creazionismo divino" così non esiste alcun vero "evoluzionismo umano". Non ci può essere alcun "passaggio naturale" dal mondo animale a quello umano, poiché se le somiglianze sono relative, le differenze sono invece abissali.

Nessun animale possiede la *libertà di coscienza*, e non l'avrà mai. Invece l'essere umano la possiede sin dalla nascita, anche quando non la usa perché è un neonato e la sua libertà di scelta è minima, e nessuno gliel'ha data, in quanto non ha senso ricevere una cosa che già si possiede. Non solo, ma quanto più usa quella libertà tanto più è se stesso, cioè non diventa qualcosa di diverso da quel che è già. La libertà di coscienza ci fa essere noi stessi, non possiamo diventare "migliori" di quel che siamo, perché da ciò che si è si può soltanto peggiorare: se siamo noi stessi, siamo quel che siamo, diventiamo quel che dobbiamo essere. Un'evoluzione esiste soltanto per essere quel che si è. Di nessun animale si potrebbe mai dire una cosa del genere.

Sotto questo aspetto "ontologico", l'origine dell'uomo non ha equivalenti di alcun tipo. Vien quasi da pensare che l'essere umano non abbia mai avuto alcuna origine, cioè che sia sempre esistito e destinato a esistere sempre, poiché la sua libertà di coscienza è indistruttibile, è una componente strutturale all'esserci, all'essere umano, anzi alla sua essenza, che prescinde, in un certo senso, dalla fisicità dei nostri corpi, in cui essa comunque agisce, in quanto non c'è coscienza al di fuori della materia.

Noi dovremmo soltanto accettare l'idea che la materia, che in questo momento viviamo (il nostro corpo specifico), è solo un aspetto della materia infinita dell'universo. Coscienza e Materia sono entrambe infinite, eterne, insondabili.

Quando si parla di "evoluzione", bisognerebbe chiarire ch'essa non ha alcun rapporto con la libertà di coscienza, che è eterna e immutabile. Quel che mutano son solo le forme in cui tale libertà si manifesta, che sono incredibilmente varie.

Il fatto che siano esistiti degli animali prima ancora della comparsa dell'uomo sulla Terra, non sta affatto a significare che nell'universo non fosse già presente un'essenza umana. Se la libertà di coscienza è un elemento costitutivo dell'uomo, che non può ricevere da alcun animale, allora bisogna escludere l'evoluzione. Non siamo diventati "umani" attraverso un'evoluzione progressiva: lo siamo sempre stati. Ciò che mutano - e lo fanno a prescindere dal concetto di "evoluzione", poiché non è detto che il presente sia migliore del passato - sono le modalità formali che la coscienza si dà per vivere.

Noi non siamo "figli della Terra" più di quanto la Terra non sia nostra figlia. L'universo è sempre esistito e il cosiddetto "big bang" non è affatto il suo inizio, ma solo l'inizio di una sua piccola parte, che ha permesso una nostra particolare forma di vita, relativa alle condizioni di spazio e tempo che ci sono date sul nostro pianeta.

Noi siamo nati su questo pianeta ma la nostra essenza, che è assolutamente unica nell'universo, esisteva già, ed è stata proprio questa essenza a generarci. Noi siamo figli e padri nello stesso momento. Non siamo destinati a un'esistenza eterna sulla Terra, ma neppure a non avere alcuna esistenza. La Terra è solo la condizione per una forma di vita, certamente non l'unica condizione, e si potrebbe anche dire che l'universo può prevedere diverse forme di vita. L'unica cosa che noi chiediamo all'universo è che ogni forma di vita sia compatibile con la nostra libertà di coscienza.

La dimensione più prossima alla nostra essenza è l'universo, che è eterno e infinito. Nessuno ci ha creati, nessuno ci può distruggere. Nessuna evoluzione può renderci diversi da quel che siamo. La libertà di coscienza è una sola e in virtù di essa il tempo che ci separa dagli uomini di milioni di anni fa è uguale a zero, mentre il tempo che ci separa dal nostro cane o gatto è infinito.

Gli esseri umani sono illimitati nella profondità della loro coscienza, infiniti nel loro numero e unici nell'universo. Non esiste alcun essere vivente equivalente o superiore all'essere umano. Tutto ci è inferiore. Tutti gli animali sono un nostro sottoprodotto, esattamente come tutti i minerali e i vegetali. L'unico vero "prodotto" dell'essere umano è l'essere umano stesso.

Darwin ha elaborato la teoria evoluzionistica studiando gli animali e poi, con una forzatura di tipo pseudo-ateistico, ha applicato la medesima teoria all'essere umano, senza rendersi conto che a-teismo non può voler dire ridurre l'uomo a un animale, ma alzarlo al rango divino. Non c'è mai stato alcun creazionismo, semplicemente perché non c'è nessun dio che non sia l'uomo, che è distinto in maschio e femmina, due entità che si attraggono per completarsi e riprodursi, e si respingono per conservare la loro specificità. Per la stessa ragione ontologica non esiste alcun evoluzionismo che ci renda umani da una condizione di partenza animale.

La libertà di coscienza è la sintesi suprema della legge degli opposti che si attraggono e si respingono senza sosta. Dunque la morte non esiste, se non come forma di transizione da uno stato di vita a un altro. E se in questa vita io sono stato affezionato a un animale, ho diritto a esserlo per sempre, quindi anche gli animali sono eterni. Quel che l'uomo vuole, se l'aiuta a essere se stesso, l'avrà.

*

L'evoluzionismo non è una scienza, ma dire che, per questa ragione, va recuperato il creazionismo, è assurdo. Non si può passare da un'ipotesi a una fede.

Usare il creazionismo contro l'evoluzionismo è insensato come fare il contrario, poiché i tempi cui ci si riferisce sono talmente ampi da risultare inutilizzabili per dimostrare concretamente qualcosa. Le teorie creazionistiche sono destinate a estinguersi da sole, a motivo del crescente interesse per le questioni terrene.

Tuttavia usare l'evoluzionismo per propagandare idee ateistiche non porta da nessuna parte, poiché l'ateismo deve restare una questione di coscienza, non di scienza. L'ateismo è "scientifico" solo per chi in coscienza già vi crede.

Evoluzione e involuzione

Noi non possiamo attribuire il livello di progresso di una popolazione al grado di sviluppo tecnologico, di divisione del lavoro o ad altri fattori meramente materiali o economici, senza prendere in considerazione l'insieme delle condizioni sociali, culturali e politiche dell'intera popolazione. Non sono un indice sicuro di progresso i fattori cosiddetti "dominanti", come p.es. il livello delle forze produttive, che si misura sulla capacità di riprodursi economicamente. È l'insieme della *vita sociale* che va preso in considerazione e non un suo singolo aspetto.

Non dobbiamo dimenticare che i guasti principali arrecati al nostro pianeta provengono esclusivamente dalle cosiddette "civiltà", cioè da organizzazioni "avanzate" dell'economia, delle istituzioni, dell'apparato bellico... Bisogna quindi ripensare totalmente il significato della linea evolutiva che va dalle società tribali alle civiltà. Questo perché, a ben guardare, non c'è stata una vera e propria "evoluzione", ma piuttosto *un'involuzione da uno stadio di vita collettivistico a una serie di formazioni sociali individualistiche*. Una qualunque transizione al socialismo ha senso solo se porterà il genere umano a vivere in maniera analoga alle società tribali (preschiavistiche), ovviamente con una diversa consapevolezza rispetto a quella che gli uomini avevano oltre seimila anni fa (il periodo all'incirca in cui le civiltà sono iniziate).

Se fossimo un minimo onesti con noi stessi, troveremmo alquanto difficile sostenere che gli uomini di oggi hanno una coscienza della loro umanità di molto superiore a quella che potevano avere gli uomini di mille, diecimila o un milione di anni fa. Non sono le circostanze esteriori, materiali o fenomeniche, che rendono più o meno grande tale consapevolezza, altrimenti si sarebbe costretti ad affermare che popolazioni prive di scienza e di tecnica evolute dovrebbero essere considerate dal punto di vista della consapevolezza umana, assolutamente primitive. Ma se anche solo guardassimo al modo in cui hanno vissuto il loro rapporto con la natura, dovremmo dire esattamente il contrario.

Come d'altra parte è assurdo sostenere che, solo per il fatto di non aver lasciato nulla di scritto, determinate popolazioni possono essere considerate umanamente sottosviluppate. Noi oggi siamo talmente condizionati dalla scienza e dalla tecnica che non siamo più capaci di stabilire dei parametri qualitativi con cui indicizzare e monitorare l'umanità dell'uomo, a prescindere dai mezzi tecnoscientifici che impiega.

Per noi l'essere umano è anzitutto l'*homo technologicus*, oltre il quale esiste solo l'*homo animalis*, assolutamente primitivo, ferino, come - a partire dal mondo greco-romano - si presumeva fossero le popolazioni cosiddette "barbariche", disprezzate anche nel modo di parlare. Facciamo molta fatica ad accettare l'idea, per molti versi incredibilmente banale, di un *sano relativismo storico*.

In realtà sarebbe sufficiente rinunciare a tutto ciò che contraddice le *esigenze riproduttive della natura*, per capire che la nostra attuale civiltà è lontanissima dal potersi definire "umana". Infatti è soltanto la *natura* che può farci capire *l'essenzialità della vita*. E se c'è una cosa che non possiamo permetterci, anche se all'apparenza sembra non essere così, è proprio quella di essere contro-natura, cioè di usare scienza e tecnica *etsi daretur non esse naturam*.

Qui non è più questione di destra o sinistra, di capitalismo o socialismo; la stessa tutela ambientale rischia di diventare un mero surrogato, se non si pone il problema di come uscire da un concetto di "civiltà" in base al quale noi oggi intendiamo cose del tutto innaturali e quindi inumane.

Quando gli storici prendono in esame i seguenti venti punti, non hanno dubbi da quale parte stare, o comunque un docente sa già a quale risposta porteranno gli interrogativi che dovrà porre allo studente, nel mentre insieme useranno il libro di testo. Ma dare per scontata una risposta a questi temi significa fare un torto alla ricerca storica.

- La scrittura di pochi singoli ha sostituito la trasmissione orale di un popolo (interessi particolari hanno prevalso su interessi generali);

- la vita urbana ha subordinato a sé quella rurale;

- il valore di scambio ha prevalso su quello d'uso;

- il mercato ha rimpiazzato l'autoconsumo (oggi poi il mercato finanziario e borsistico tende a prevalere su quello economico e produttivo);

- la specializzazione del lavoro ha sostituito la capacità di saper fare ogni cosa utile a sopravvivere;

- il lavoro intellettuale è decisamente prevalso su quello manuale;

- con la scienza e la tecnica si vuole "dominare" la natura e la parte più debole, meno acculturata dell'umanità;

- all'uguaglianza dei sessi è seguita la dominanza del genere maschile;

- la proprietà privata domina su quella sociale;

- la stanzialità ha sostituito il nomadismo;

- l'esigenza del superfluo ha prevalso sui bisogni fondamentali;

- l'idea di progresso indefinito o prevalente è stata usata demagogicamente in relazione alla materialità della vita, illudendo le masse che il benessere economico sarebbe stato generalizzato;

- s'è fatto coincidere, in maniera automatica, il livello di *produttività* di un paese col benessere *sociale* della popolazione; indici quantitativi hanno prevalso su quelli qualitativi; l'*economico* ha prevalso non solo sull'*ecologico* ma anche sul *sociale*;

- l'io prevale sul collettivo;

- la democrazia delegata ha sostituito quella diretta;

- le amministrazioni statali hanno paralizzato l'autogestione o l'autogoverno delle popolazioni, e in generale lo Stato domina la società civile; si è voluto far credere che una maggiore statalizzazione significasse automaticamente una maggiore socializzazione;

- le nazioni hanno sostituito le comunità di villaggio; si sono posti dei confini per restare separati, dopodiché si sono aboliti i confini, cioè si è invasa la proprietà altrui, per meglio dominare gli Stati più deboli;

- ci si arroga il diritto di imporre alle nazioni più deboli i propri criteri di vita: non c'è confronto alla pari, rispetto della diversità, ma imposizione di un modello;

- tutti i valori affermati (siano essi laici o religiosi) servono solo per assicurare questo stato di cose, cioè anche se i valori sembrano umani e conformi a natura, nella pratica producono il contrario;

- le armi che servivano per cacciare ora possono distruggere l'intero pianeta.

Sintesi o archetipo?

L'essere umano non è una sintesi di tutte le specie animali ma un archetipo: non come "essere" ma come "essenza". Questo perché non c'è nessun animale che faccia cose che l'uomo non possa fare. Virtualmente siamo in grado di fare qualunque cosa, anche infinitamente più grande di qualunque altro essere vivente a nostra conoscenza.

È singolare come questa cosa le comunità monastiche cristiane, che pur vivevano in maniera alienata, avendo rinunciato a qualunque impegno politico, l'avessero già capita duemila anni fa. Eppure avevano scelto di vivere un'esistenza molto semplice, a contatto con la natura.

Vi è un punto del quarto vangelo in cui i redattori fanno dire al Cristo, nei cui confronti si pensava fosse una divinità, cioè del tutto superiore all'essere umano, che i suoi discepoli avrebbero fatto opere "anche più grandi" delle sue (14,12). E si scriveva questo dopo averlo presentato a più riprese come guaritore di malattie incurabili, resuscitatore di morti e di se stesso, padrone assoluto degli elementi naturali.

È quindi evidente, pur in mezzo a queste assurde esagerazioni, che la predicazione del Cristo aveva indotto i suoi discepoli a pensare che all'uomo nulla è impossibile e che la differenza tra una cosa e l'altra sta soltanto nel fine che le si attribuisce.

È anzi molto probabile che tale concezione fosse dipesa dal fatto che nella sua predicazione non vi fosse nulla di religioso, poiché se vi è una cosa che indica "debolezza" o "dipendenza" da circostanze superiori alla propria volontà, questa è proprio la religione. Vi erano quindi nella sua predicazione, che pur non poteva avvalersi di alcuna rivoluzione tecnico-scientifica, i presupposti perché tale rivoluzione potesse avvenire.

Deve pertanto esistere nell'universo un'essenza umana primordiale, che precede qualunque cosa esistente sul nostro pianeta. Tale essenza deve aver subìto un'evoluzione, poiché l'essere umano è apparso per ultimo sulla Terra. Ed è apparso come prodotto maturo, definitivo, in quanto rappresenta l'autoconsapevolezza della natura, che nessun animale possiede.

L'uomo non è nato con la scienza infusa, ma con la capacità potenziale di acquisire qualunque tipo di conoscenza, a qualunque livello. La stessa etica umana è soggetta ad approfondirsi, pur tra corsi e ricorsi storici.

Non siamo quindi un prodotto derivato delle scimmie (come sostengono gli evoluzionisti, i quali anzi dovrebbero chiedersi se questa loro concezione dell'uomo non dipenda da un giudizio negativo che si dà al suo modo di gestire la libertà). Semmai è vero il contrario: le scimmie, come tutte le altre specie animali, sono il prodotto di un'essenza umana ancestrale, universale, la cui natura è sostanzialmente identica alla nostra. Questa essenza si è per così dire "divertita" a creare tutte le specie animali, vegetali e minerali che desiderava, fino al punto in cui ha ritenuto opportuno *riprodursi come tale*, esattamente come fanno gli esseri umani.

Non ci potrà mai essere una riproduzione superiore all'essere umano. Chi pensa possano esistere specie animali o entità extraterrestri in grado di distruggerci, s'inganna, poiché noi siamo immortali. Siamo destinati a esistere, ci piaccia o no. Come "essenza", infatti, non siamo mai nati.

L'unico essere che può distruggere l'uomo è esso stesso, ma sarebbe una distruzione che in qualunque momento potrebbe essere reversibile. L'autodistruzione riguarda solo la coscienza, ed è quindi una forma di disperazione, quella di chi vuole assolutamente essere se stesso nella propria negatività.

Al massimo dovremmo preoccuparci di non creare una società che di umano ha poco o nulla. Possiamo fare qualunque cosa, nei limiti dell'etica umana e delle esigenze riproduttive della natura. Ma questi sono limiti che indicano la nostra libertà, cioè il confine entro cui essa rimane se stessa.

Preistoria e natura

Gli uomini primitivi hanno vissuto per secoli in un rapporto equilibrato con la natura, senza conflitti antagonistici all'interno delle loro comunità. Noi non dobbiamo considerare il progresso storico-sociale e tecno-scientifico come strettamente legato al rifiuto del loro tipo di vita. Noi dobbiamo credere nella compatibilità di *progresso* e *socialismo*. Se il socialismo è un ritorno all'equilibrio dei rapporti umani e dei rapporti con la natura, lo è senza dubbio in relazione al progresso scientifico e tecnologico, anche se dovendo scegliere fra un socialismo più democratico con un minor progresso tecnologico e un socialismo meno democratico con un maggior progresso, è da preferirsi il primo.

Chi fa risalire al progresso in quanto tale la causa dell'autodistruzione della civiltà capitalistica, non dà agli uomini alcuna speranza: semplicemente perché il ritorno *sic et simpliciter* alla preistoria è impossibile. Se esso avverrà, dovrà avvenire con la consapevolezza di un percorso storico compiuto, altrimenti la storia non sarà che una parentesi da dimenticare.

Occorre dunque, più che rimpiangere il passato, cercare di capire in quale maniera "civile" e "democratica" si può utilizzare il progresso. Certo è che se si parte dall'idea che tale maniera è irrealizzabile, in quanto le forze antagonistiche sono troppo superiori, si sarà facilmente portati a considerare la preistoria migliore della storia.

Ma la preistoria non è stato un processo uniforme, in cui gli uomini sono sempre rimasti uguali a se stessi. Anzi, proprio la nascita della storia sta ad indicare il bisogno umano di uscire dalla preistoria, cioè dalla limitatezza degli strumenti di produzione, di lavoro, dalla precarietà materiale dell'esistenza. La storia è anche un indice del progressivo distanziamento degli uomini dal mondo degli animali, la cui unica preoccupazione è quella di sopravvivere.

Chi pensa tuttavia che le leggi del progresso siano così forti, così indiscutibili, da rendere irrilevante, rispetto ai benefici ottenuti, il peso delle ferite inflitte a certi popoli della storia, dimentica che sono proprio quelle ferite che possono aiutare la ragione a rendere più umana, in futuro, l'idea di progresso.

E in ogni caso quando si può costatare che determinati modi di produzione sono rimasti sostanzialmente inalterati nell'arco non di secoli ma di millenni, bisognerebbe convenire che ciò potrebbe anche rappresentare un progresso formidabile del genere umano e non un segno della sua arretratezza. Infatti non si cambiano le cose che funzionano.

Se con pochi mezzi a disposizione l'uomo primitivo è riuscito a garantirsi la sopravvivenza, senza dover sfruttare il lavoro altrui, ciò significa ch'egli aveva raggiunto una grande autonomia, una grande maturità personale. Il continuo bisogno di modificare i mezzi e i metodi produttivi è segno di grande instabilità e precarietà. Il capitalismo, in tal senso, rappresenta il massimo dell'irresponsabilità collettiva.

Elogio della precarietà

La precarietà è il segreto della vita che voglia restare umana. Dire una cosa del genere quando la gran parte dei lavoratori vive nella precarietà e fa di tutto per uscirne, può apparire offensivo.

In realtà oggi esiste, nell'ambito del lavoro, la precarietà delle mansioni o delle funzioni proprio perché alcuni han cercato di superarla a spese altrui, sfruttando risorse umane e naturali che storicamente non gli appartenevano.

Molti sono precari perché pochi, coi loro atteggiamenti autoritari, son voluti diventare dei privilegiati e han voluto conservare a tutti i costi questa loro prerogativa. La precarietà è di molti perché qualcuno l'ha arbitrariamente rifiutata e si è servito della precarietà altrui per vivere una vita da privilegiato. Così gli uni han smesso d'essere umani perché miseri, gli altri perché benestanti.

Un tempo non era così. La precarietà era di tutti, era quella che la natura imponeva a tutti, senza esclusione.

La natura non può rendere facile la vita, proprio perché sa che gli esseri viventi sono in evoluzione continua, devono crescere, svilupparsi. E sa anche che nella sicurezza, negli agi, nelle comodità uno smette di crescere, si atrofizza.

Oggi nella precarietà ci si odia, si avverte l'altro come un rivale, un nemico, un concorrente da eliminare. Un tempo, essendo la precarietà una comune condizione, ci si aiutava per meglio sopportarla. Non la si fuggiva, la si dava per scontata. Al massimo si cercava di attenuarne il peso nei limiti che la stessa natura imponeva.

La natura infatti da un lato offre le condizioni per vivere, dall'altro chiede uno sforzo collettivo per attingere alle sue risorse. È lei che indica il livello delle comodità oltre il quale si rischia di perdere la nostra caratteristica umana.

La natura non è cosa che possa essere affrontata in maniera individuale. Chi ha voluto farlo, usando la forza, ha sconvolto dei meccanismi che per millenni avevano garantito a tutti la sopravvivenza.

Tuttavia, siccome l'esistenza della natura, con le sue leggi, è autonoma rispetto a quella dell'uomo, essa non può lasciarsi sconvolgere senza reagire. Di tanto in tanto ci fa ricordare, spesso dolorosamente, le sue prerogative e soprattutto il fatto che la sua esistenza non dipende da quella dell'uomo.

Quando la natura non ha sufficienti forze per resistere alle umane devastazioni, si trasforma in deserto, rendendo a tutti impossibile la vita. Per poter vivere nel deserto, che è la precarietà assoluta, bisogna essere uomini assolutamente speciali, quali non si potrebbero mai incontrare nelle grandi città, dove la ricerca delle comodità è l'obiettivo n. 1 per tutti.

È stata infatti proprio l'idea di comodità che ha distrutto il comunismo primordiale. È stata l'idea di surplus o di eccedenza che ha minato il principio della precarietà collettiva.

Alcuni han voluto far credere ai molti (usando miti e religioni) che si sarebbe potuto raggiungere il benessere accumulando riserve per i momenti più difficili. È stato così che è nato il problema di come controllare queste riserve e di come ripartirle.

Si è voluto por fine alla precarietà aumentando i tempi del lavoro, obbligando la natura a uno stress produttivo, diversificando in modo arbitrario le funzioni, i ruoli all'interno del collettivo.

La precarietà ha cominciato a essere vista non come una condizione naturale dell'esistenza, ma come un limite da superare con tutti i mezzi e i modi, senza neppur distinguere tra lecito e illecito, se non con la retorica delle parole. Chi superava prima e meglio degli altri la precarietà, difendeva con maggior forza le comodità acquisite; anzi, quando vedeva che queste diminuivano o non rispondevano più alle aumentate esigenze di benessere, diventava sempre più bellicoso, non essendo più abituato a sopportare la precarietà.

Dopo aver creato discriminazioni sociali all'interno del loro collettivo, gli strati privilegiati, preoccupati di conservare le acquisite posizioni di rendita, sono andati a cercare al di fuori delle loro comunità le risorse da integrare alle proprie. Chi si sentiva minacciato nel proprio lusso, nel proprio sfarzo, ha esportato all'esterno il malessere che viveva all'interno.

Si sono cominciate a condizionare, a minacciare, a conquistare le comunità altrui. L'antagonismo è diventato progressivamente un male di vivere che si è diffuso sull'intero pianeta. A volte il nomadismo, cioè la precarietà come stile di vita, è riuscito a porre un argine alla stanzialità, che è la comodità per eccellenza, ma nel complesso bisogna dire che la stanzialità ha vinto, al punto che oggi, chiunque scelga di emigrare dal luogo in cui la vita gli sembra impossibile, lo fa per diventare stanziale.

Tutti vogliono vivere in maniera urbanizzata, senza rendersi conto che le città, nate solo dopo aver sottomesso a sé tutto il mondo rurale, sono la cosa più innaturale che possa esistere.

Le migrazioni dei popoli

Non può non esserci stato schiavismo quando è finita l'epoca del comunismo primitivo. Venne contrapposto l'individualismo (e quindi il concetto di "forza") al collettivismo, che voleva dire tradizione, senso comune, pariteticità tra i componenti del collettivo. Che poi questo schiavismo si sia imposto in una forma *privata* o *statale*, è dipeso soltanto dalla cultura dominante, che ovviamente s'è avvalsa di circostanze contingenti, di specifiche situazioni ambientali.

L'individualismo ha caratterizzato enormemente l'Europa occidentale, forse perché in quest'area geografica, posta ai margini dell'Asia e dell'Africa, come una loro estrema propaggine, avente un clima poco ospitale, poco adatto a vivere di caccia e di raccolta, poteva essere considerata come "ultima spiaggia" per popolazioni in fuga, come lo sarà il continente americano per quelle popolazioni perseguitate in Europa: anche noi incontrammo popolazioni ferme allo stadio del comunismo primitivo, per sbarazzarci delle quali ci bastarono pochi secoli. E comunque non dobbiamo dimenticare che il disgelo della coltre di ghiaccio che attanagliava l'Europa iniziò circa 14-12 mila anni fa.

Chi veniva a vivere in Europa occidentale doveva essere uno sradicato o uno che, nel proprio territorio d'origine, si trovava in una situazione di grave conflittualità coi residenti, come quando sono avvenute le massicce migrazioni indoeuropee e quelle cosiddette "barbariche" che hanno distrutto l'impero romano. L'individualismo infatti s'impone sempre nelle aree geografiche più difficili, più impervie..., non tanto perché è con l'individualismo che si possono meglio affrontare, quanto perché inizialmente esse vengono abitate da chi, per un motivo o per un altro, non ha potuto continuare a vivere nel proprio paese d'origine.

Le migrazioni con cui s'è popolata l'Europa hanno sempre comportato la perdita di qualcosa di vitale del proprio passato e quindi l'acquisizione di un nuovo stile di vita, che, inevitabilmente, rispetto a quello tradizionale, era segnato da elementi di tipo individualistico. In tal senso si può tranquillamente dire che le prime civiltà antagonistiche, presso il Nilo o il Tigri e l'Eufrate, sono nate qui perché attorno a quei fiumi si poteva costruire un'alternativa integrale alla foresta. Lo sfruttamento delle risorse idriche di quei fiumi cominciò ad avvenire in maniera sistematica e non, come si faceva prima, in maniera saltuaria, potendo le civiltà comunistiche avvalersi di ben altre risorse, quelle appunto delle foreste.

Ecco perché in Europa occidentale l'individualismo appare quando le civiltà antagonistiche fluviali cominciano a esercitare un condizionamento insopportabile sulle popolazioni rimaste ancorate al collettivismo, costringendole a emigrare.

La migrazione più antica dall'Asia e dall'Africa verso l'Europa, probabilmente era di popolazioni comunistiche che non riuscivano più a sopportare la presenza di società basate sullo schiavismo. Erano popolazioni in fuga, che, ancora più probabilmente, incontrarono in Europa popolazioni altrettanto comunistiche, ma che dovevano essere a un livello culturale e materiale più basso, in quanto sono state fagocitate dalle altre (basta vedere la superiorità di tipo linguistico). Le migrazioni delle popolazioni asiatiche verso l'Europa devono essere state fatte mentre già praticavano l'allevamento, altrimenti uno spostamento di massa sarebbe stato troppo rischioso.

Popolazioni comunistiche sono esistite in tutte le parti del pianeta. Quello che si fa fatica a comprendere è il motivo delle grandi migrazioni di massa. In origine, infatti, ciò che dava da vivere era la *foresta*. È impensabile che un'intera tribù si sposti da un luogo che le permette di vivere con relativa sicurezza verso un luogo del tutto sconosciuto. Normalmente le migrazioni tribali, quando vi erano, seguivano gli spostamenti delle mandrie selvatiche, oppure servivano per assicurare il foraggio a quelle in cattività. Se e quando gli uomini si spostano, lo fanno in piccole unità e con l'intenzione di ritornare, presto o tardi, nel luogo d'origine. Spontaneamente non si lascia mai il luogo in cui si è nati e cresciuti: deve esserci una motivazione molto seria.

Questo per dire che quando l'Europa è stata occupata dalle grandi migrazioni provenienti dall'India, queste popolazioni erano state sicuramente costrette a spostarsi, e il motivo può essere stato solo uno: erano venute a contatto con civiltà di tipo schiavistico (quelle appunto della regione mesopotamica). All'interno di queste migrazioni di massa vi potevano essere, ovviamente, popolazioni ancora al livello del comunismo primitivo, ma anche quelle venute a contatto con le stesse civiltà schiavistiche e dalle quali inevitabilmente avevano acquisito alcune abitudini.

La vera tragedia però inizia solo verso il IV millennio a.C., quando si verifica il passaggio dall'età della pietra a quello del metallo, che tutti gli storici vedono però come un grande progresso. È proprio in quel periodo che inizia a separarsi nettamente l'agricoltura dall'allevamento e si formano le grandi città.

Indubbiamente le migrazioni dei popoli indoeuropei (specie quella dei Dori) posero un freno allo sviluppo indiscriminato dello schiavismo o riorganizzarono questo sistema su basi più primitive, ma non per questo più antidemocratiche. Spesso gli storici sono soliti definire questi periodi come "oscuri o bui" semplicemente perché giudicano l'organizzazione socioculturale e politica sulla base dei parametri della civiltà precedente.

In realtà si tratta di porre ogni civiltà in rapporto all'organizzazione comunitaria primitiva, cercando di capire fino a che punto se n'era allontanata. Sotto questo aspetto, p.es., le popolazioni cosiddette "barbariche" che posero fine all'impero romano erano di molto superiori alla civiltà latina nel rispetto della *dignità umana* (lo dimostra, successivamente, il fatto che la condizione dello schiavo si trasformò in quella del servo della gleba).

Superare il concetto di "forza"

Il concetto di "lavoro", inteso come mansione ripetitiva, rispetto degli orari, di determinati obblighi, ovvero l'impegno quotidiano imposto da circostanze esterne, è un concetto innaturale, che può essere nato soltanto in un sistema di vita già segnato dai conflitti di ceto o di classe. Un lavoro del genere è determinato in realtà dal concetto di "forza", in quanto è appunto un "lavoro forzato".

Per l'uomo preistorico lavorare significava andare alla ricerca di cibo per sfamarsi o di oggetti utili per costruirsi armi per la caccia o per la raccolta di frutti, bacche, radici... Anche quando non c'era di mezzo l'esigenza di *alimentarsi*, vi erano comunque altre esigenze naturali da soddisfare, come p. es. quella di *ripararsi* dalle intemperie o da altri animali affamati o pericolosi o fastidiosi.

Sia come sia, egli non aveva mai l'impressione che qualcuno volesse "obbligarlo" a fare qualcosa: si trattava soltanto di trovare una soluzione a esigenze del tutto naturali, che sorgevano spontaneamente dalla sua persona o dalla vita di gruppo. Era impossibile parlare di "alienazione". La natura non era mai vista come una "nemica", ma anzi come la fondamentale risorsa per soddisfare le proprie esigenze.

Là dove s'è imposto il concetto di "forza", lì s'è affermata la "proprietà privata", e quindi l'obbligo, da parte dei più deboli, di lavorare per i più forti. Oggi questo obbligo s'è esteso in tutto il pianeta, tanto che s'è ridotta a un nulla la possibilità di esistere ricavando *liberamente* dalla natura ciò che occorre alla propria sopravvivenza. Tutta la natura è dominata dalla forza dell'uomo, la quale domina anche quelle popolazioni che considerano la natura più importante dell'uomo.

L'alienazione si è dunque sviluppata in due direzioni parallele: quella del rapporto tra *debole* e *forte* e quella del rapporto tra *uomo* e *natura*. quanto più il forte vuole imporsi sul debole, tanto più l'uomo (debole e forte insieme) vuole imporsi sulla natura.

Il forte costringe il debole ad avere un rapporto alienato non solo nei confronti dell'oggetto del proprio lavoro, in quanto deve produrre cose che non gli appartengono e la cui quantità è di molto superiore al suo fabbisogno quotidiano, ma anche nei confronti della stessa natura, poiché è proprio dallo sfruttamento indiscriminato delle sue risorse ch'egli viene messo in condizione di condurre un "lavoro forzato".

La storia non è stata altro che un tentativo di trasferire a livelli sempre più elevati, in estensione e profondità, lo sfruttamento della natura, con cui poter rispondere all'istanza, avanzata dai più deboli, di porre fine al loro sfruttamento da parte dei più forti. Cioè la mancata soluzione al problema dello sfruttamento umano ha comportato un'accentuazione sempre più esasperata del saccheggio delle risorse naturali. E poiché questo saccheggio oggi avviene a livello planetario, è evidente che anche lo sfruttamento degli uomini deve sottostare a una regolamentazione di tipo planetario.

Oggi esistono organismi preposti allo sfruttamento planetario degli esseri umani e della natura, gestiti dalle nazioni economicamente, militarmente e politicamente più potenti. Questi organismi sono la Banca Mondiale, il Fondo Monetario Internazionale, l'Organizzazione Mondiale del Commercio e, per molti aspetti, le stesse Nazioni Unite. Oltre a queste organizzazioni, che sono le principali, ne esistono molte altre di carattere regionale o con scopi più specifici, come p. es. l'Organizzazione Internazionale del Lavoro, l'Organizzazione per la Cooperazione e lo Sviluppo Economico, la Nato ecc.

Una lotta mondiale contro questi organismi, che vanno assolutamente ripensati nelle loro fondamenta, in quanto tendono a schiavizzare il mondo intero, non potrà prescindere dall'idea secondo cui l'unico modo di salvaguardare la natura e superare ogni forma di alienazione è quello di far tornare l'uomo alla *preistoria*, cioè a quel periodo in cui non esisteva la proprietà privata dei mezzi produttivi e il rapporto con la natura era vincolato all'esigenza di rispettarne tutti i cicli riproduttivi.

Coscienza e materia come pilastri della storia

Di regola i manuali di storia valutano il livello di civiltà di una determinata formazione sociale dal tasso di tecnologia applicato alle sue opere di edificazione. È molto difficile trovare uno storico che accetti l'idea che una civiltà avanzatissima sul piano *tecnologico* possa essere particolarmente arretrata sul piano dello sviluppo *etico*.

Eppure da tempo sappiamo che *coscienza* e *materia* sono due concetti che, pur dovendo coesistere, dispongono di una relativa e reciproca autonomia. Ci siamo serviti di questa verità lapalissiana anche per dimostrare che il marxismo, privilegiando nettamente la struttura economica, era finito in un *cul-de-sac*. Anzi, oggi dovremmo sostenere, guardando i fatti del nostro tempo, che un forte sviluppo della tecnologia raramente comporta un elevato sviluppo della coscienza o che non necessariamente tale sviluppo comporta un adeguato affronto dei problemi materiali.

L'essere umano, per restare "umano", ha un bisogno *relativo* di tecnologia e un bisogno *assoluto* di coscienza. Sicché là dove le civiltà hanno puntato maggiormente l'attenzione sulla tecnologia, lì bisogna porre il dubbio riguardo al loro livello di autoconsapevolezza.

Le civiltà dotate di un certo livello di sviluppo tecnologico sembra - agli occhi degli storici - che abbiano lasciato all'umanità grandi conquiste storiche semplicemente perché la civiltà odierna (quella occidentale) punta allo stesso modo di quelle tutti i propri sforzi allo sviluppo della tecnologia. Leggiamo il passato così come noi leggiamo noi stessi e come vorremmo che il futuro leggesse noi.

In realtà queste civiltà (di ieri e di oggi) il più delle volte hanno assai poco da trasmettere alla *coscienza* degli uomini; sono civiltà malate di individualismo e socialmente pericolose, proprio perché a motivo della loro forza tecnologica, che è impiegata soprattutto per scopi egemonici, esse minacciano l'esistenza di altre civiltà e anche quella della natura.

Sarebbe interessante far capire ai ragazzi un possibile nesso tra "bullismo" e "civiltà". Come comportarsi quando qualcuno vuole emergere sugli altri utilizzando modi illeciti? La storia sarebbe forse potuta andare diversamente se si fosse impedito a queste forme di "bullismo storico" di nuocere al di fuori dei propri confini geografici, ovvero di cercare oltre questi confini una soluzione alle proprie interne contraddizioni.

È infatti sintomatico che nonostante la loro vantata tecnologia, queste civiltà, basate sull'antagonismo sociale, riescono a sopravvivere solo a condizione di poter depredare le civiltà meno evolute sul piano tecnologico, saccheggiando altresì ogni risorsa naturale disponibile, propria e altrui.

L'uomo è un ente di natura e sono anzitutto le leggi di natura che vanno rispettate. Queste leggi non prevedono un impiego massiccio della tecnologia, ma anzitutto il rispetto della coscienza e della libertà degli esseri umani.

Si dovrebbe considerare il fatto, nell'analisi storica delle civiltà, che quando la maggioranza della popolazione di una civiltà arriva ad accettare, o per convinzione o per rassegnazione, la modalità immorale o antidemocratica di gestione del potere politico, il destino della civiltà è praticamente segnato. Cioè non vi sono più possibilità di vero sviluppo.

La popolazione che vive in periferia tenderà a chiedere aiuto alle popolazioni limitrofe (come facevano i romani più indigenti nei confronti dei barbari), e saranno loro che porranno le basi (morali e di un diverso uso della tecnologia) del futuro sviluppo, e i criteri di questo sviluppo saranno sicuramente diversi da quelli precedenti.

Civiltà immorali e antidemocratiche tendono a distruggere i popoli confinanti, per spogliarli dei loro beni, ma tendono anche a creare delle contraddizioni sempre più acute al loro interno. La gestione del potere diventa molto difficoltosa, poiché tende a dominare l'egoismo delle classi e degli individui. Si perde la consapevolezza del bene comune.

Queste civiltà, anche se apparentemente sembrano molto forti, in realtà finiscono coll'autodistruggersi, poiché scatenano conflitti irriducibili non solo al loro esterno ma anche al loro interno. Sono civiltà che, se incontrano una qualche forma di resistenza, inevitabilmente si indeboliscono, proprio perché tutta la loro forza materiale, tecnologica non è supportata da alcuna risorsa morale; senza peraltro considerare che il loro stesso sviluppo tecnologico può innescare dei meccanismi automatici che ad un certo punto sfuggono al controllo razionale degli uomini (si pensi solo, per restare al presente, alle situazioni caratterizzate dagli impianti nucleari o dai grandi debiti pubblici, ma gli storici farebbero bene a mettere in relazione anche la desertificazione con la deforestazione praticata su vasta scala già al tempo dello schiavismo).

Gli effetti a catena che provocano certe contraddizioni sono così vasti che quando si mettono in atto delle rigide forme di controllo si finisce soltanto per aumentarne l'intensità. Con questa chiave di lettura si potrebbero interpretare tutte le dittature.

È davvero così grave permettere a uno storico di fare politica quando sostiene che, poiché l'uomo è un ente di natura, la sua tecnologia non può distruggere l'ambiente, pena la sua stessa sopravvivenza come specie? La tecnologia non dovrebbe forse essere composta di materiali facilmente riciclabili dalla natura stessa? Non bisogna forse trovare un criterio *umano* di usabilità della tecnologia?

La tecnologia deve permettere uno sviluppo sostenibile, cioè equilibrato, delle società democratiche e una riproduzione garantita dei processi naturali. Non può essere usata la tecnologia per sfruttare il lavoro altrui, per saccheggiare risorse naturali, specie se queste non sono rinnovabili. Il criterio di usabilità della tecnologia deve essere di *utilità sociale* e insieme di *tutela ambientale*. Questi due aspetti devono coesistere affiancati.

A titolo esemplificativo si possono qui fare alcune osservazioni sui manuali di storia del primo anno delle Superiori.

A nostro parere una delle più grandi disgrazie dell'umanità è stata la scoperta dell'uso dei metalli, la *metallurgia*, che gli storici invece definiscono come la più importante innovazione tecnologica del mondo antico, insieme alla *ruota* e all'*aratro*.

Con la metallurgia - essi sostengono - l'uomo smette definitivamente d'essere "naturale", soprattutto quando arriva al "bronzo", che in natura non esiste. Comincia in sostanza a sovrapporsi a ciò che l'ambiente naturale gli metteva a disposizione. Fino a quel momento infatti - cioè per milioni di anni - aveva usato la pietra, l'osso, il legno, l'avorio... tutto quello che la natura gli offriva e che si poteva facilmente trovare, sostituire, riciclare e riconvertire in altro.

Era l'abbondanza stessa della natura che rendeva inutile l'esigenza di utilizzare i metalli. Quindi si può presumere che tale esigenza sia maturata anzitutto in un territorio molto ostile, impervio, difficile da vivere (p.es. le paludi o le aree acquitrinose e melmose dei fiumi che esondano periodicamente); territori prodottisi a causa di imprevisti o improvvisi mutamenti climatici o di errati comportamenti umani. Non è infatti da escludere che le cosiddette "civiltà" siano nate presso popolazioni disadattate o emarginate o addirittura escluse dal consesso di altre popolazioni, a causa di certi loro atteggiamenti.

Non dimentichiamo che sono state proprio queste popolazioni *sui generis* che, per giustificare taluni atteggiamenti arbitrari, hanno inventato la *religione*, la quale non ha solo la funzione di reprimere chi non si adegua al regime dominante, ma anche di legittimare la disuguaglianza sociale (tra uomo e uomo e tra uomo e donna), che poi si traduce in oppressione dell'uomo nei confronti della natura. Dio sostituisce la natura quando un particolare ceto sociale vuol far valere i propri interessi su una collettività e si serve appunto della religione per far credere che i propri interessi appartengano all'intera collettività.

In origine fu insensato il passaggio dall'agricoltura allo sviluppo urbano, ma, prima ancora, lo stesso passaggio dal *nomadismo* alla definitiva *stanzialità* (quella stanzialità che gli indiani nordamericani hanno ignorato sino alla metà dell'Ottocento), sarebbe stato meglio considerarlo come foriero di rischi imprevedibili. Quando poi, successivamente, si passò all'urbanizzazione, l'uso sistematico dei metalli divenne inevitabile: rame, stagno, bronzo, ferro, oro, argento... E coi metalli non si facevano solo oggetti d'uso domestico, ma anche armi, e non tanto per cacciare, quanto piuttosto per fare guerre di conquista e di sterminio.

E siccome le cave, le miniere, le fonti di rifornimento erano poche e facilmente esauribili (non essendo rinnovabili), il bisogno di ampliare i mercati o d'impadronirsi di territori altrui divenne sempre più forte. S'era imboccata una via irreversibile, che rendeva tutto innaturale.

La storia è diventata col tempo una gigantesca carneficina tra popolazioni dedite alla cosiddetta "civilizzazione", sia che questa fosse espressamente voluta, sia che fosse passivamente ereditata: in entrambi i casi infatti s'è dovuta imporla con tutta la forza e l'astuzia possibile a quelle popolazioni ancora caratterizzate dall'ingenuo collettivismo dell'innocenza primordiale.

A volte queste aggressive popolazioni sono state sconfitte militarmente da altre che, dal punto di vista della "civilizzazione", erano più indietro (perché p.es. ancora nomadiche, prive di città ecc.), ma col tempo queste popolazioni tecnologicamente più arretrate sono state assorbite, hanno "modernizzato" il loro stile di vita, si sono lasciate corrompere, diventando come le popolazioni che avevano sconfitto (vedi p.es. i "barbari" nell'alto Medioevo europeo).

Il virus dell'antagonismo sociale si è lentamente ma progressivamente diffuso in tutto il pianeta. Le catastrofi epocali che questo stile di vita ha prodotto non sono mai state sufficienti per ripensare i criteri che determinano il concetto di "civiltà". Tutto quanto è anteriore a un certo periodo noi continuiamo a chiamarlo col termine di "preistoria".

Ecco perché dobbiamo ripensare i criteri di periodizzazione con cui siamo soliti distinguere i periodi storici. La civiltà è una sola, quella *umana*. Semmai sono le forme a essere diverse. Da una storia fondata sul *collettivismo democratico* siamo passati a una storia basata sull'*antagonismo sociale*, gestito, a seconda dei casi, da gruppi privati (monopolistici) o da istituzioni statali (burocratiche). I gruppi privati sono tipici dell'Europa occidentale e degli Stati Uniti (dove lo Stato è alle loro dipendenze); le istituzioni statali sono invece tipiche di molti paesi asiatici (anzitutto la Cina, ma il collettivismo forzato ha caratterizzato anche tutto il cosiddetto "socialismo reale").

Ieri e oggi: una riflessione a parte

Dal punto di vista della materialità della vita, la differenza principale tra le prime civiltà antagonistiche e quelle attuali dominanti (capitalistiche e socialistiche di stato, quest'ultime in via di progressivo smantellamento, con la significativa esclusione dell'esperienza cinese, che però associa elementi di libero mercato a elementi di dittatura politica), è una differenza più di forma che di sostanza, in quanto riguarda più che altro i mezzi impiegati nello sfruttamento delle risorse umane e materiali.

Con la rivoluzione industriale le capacità produttive sono aumentate enormemente, implicando conseguenze catastrofiche non su aree geografiche limitate, ma sull'intero pianeta.

Viceversa, dal punto di vista della legittimazione culturale di questi processi di sfruttamento, le differenze sono considerevoli, in quanto la comparsa del cristianesimo ha permesso una forma di mascheramento che nelle civiltà antiche non veniva neppure concepita. Oggi il rapporto sociale di sfruttamento è mascherato da una sorta di rapporto giuridico in cui lo sfruttato risulta formalmente "libero". L'accettazione dello sfruttamento è come se avvenisse col consenso dello sfruttato.

Il rapporto di schiavitù è diventato più ipocrita, in quanto, tra le civiltà antiche e quelle moderne si è interposta un'ideologia, quella cristiana, che in teoria difende il valore della persona e in pratica contribuisce a negarlo. Là dove esiste questa ideologia, l'antagonismo (oggi tipico del capitale) si presenta sempre in forme ambigue, ipocrite; là dove non esiste, l'antagonismo non ha scrupoli nel riaffermare i principi classici dello schiavismo o del servaggio. Tant'è che il capitalismo gestito dall'ideologia cristiana ha cercato di schiavizzare tutte le popolazioni non-cristiane del Terzo mondo. Il cristianesimo è stato usato come forma di razzismo culturale per giustificare lo schiavismo economico.

Lo schiavismo è una pratica connessa soprattutto alle guerre di conquista e un suo inevitabile ridimensionamento avviene quando a tali forme di conquista si oppone una certa resistenza. A questo punto l'oppressore tende a trasformare il rapporto di sfruttamento da schiavile a servile.

Vi è un altro aspetto da considerare. Mentre nelle civiltà antiche i lavoratori liberi e schiavi vivevano in un medesimo territorio, oggi, in virtù dello sfruttamento planetario, essi possono anche vivere in zone geografiche separate, tant'è che i media occidentali non riportano mai notizie sulle condizioni di lavoro degli "schiavi terzomondiali", ovvero sui rapporti di dipendenza neocoloniale che legano tra loro i paesi del mondo. Le notizie, quando esistono, riguardano generalmente questioni belliche o di ordine pubblico, oppure si trasmettono notizie significative in orari del tutto marginali dei palinsesti redazionali.

Infine bisognerebbe verificare la fondatezza di queste due tesi:

- le aree geografiche di desertificazione corrispondono a quelle delle civiltà antagonistiche. La desertificazione non è un fenomeno naturale ma il frutto di una deforestazione irrazionale. Le cause naturali sono in realtà "concause" che contribuiscono a peggiorare una situazione la cui principale responsabile è appunto la civiltà antagonistica;

- le civiltà antagonistiche hanno sempre subìto dei crolli molto tragici e cruenti, in quanto le popolazioni limitrofe o quelle soggette al loro dominio, raggiunto un pari livello di efficienza militare, hanno operato su di loro immani distruzioni, salvaguardando solo in minima parte le conquiste tecno-scientifiche realizzate.[4]

Bisognerebbe dimostrare che quanto più è stato forte il grado dello sfruttamento, tanto più è stata forte la ritorsione da parte delle popolazioni sfruttate, a condizione ovviamente che queste avessero raggiunto un equivalente livello di efficacia bellica. Nelle aree di maggiore sfruttamento la popolazione non è disposta a difendere i confini territoriali.

Ed è forse possibile sostenere che nell'area occidentale dell'impero romano l'intensità dello sfruttamento era di molto superiore a quella dell'area orientale e che la versione "cristiana" o "bizantina" di questo impero poté sopravvivere per altri mille anni, dopo il crollo del 476, proprio perché la ritorsione in quest'area da parte delle popolazioni cosiddette "barbariche" fu meno devastante.

---

[4] Le civiltà mesoamericane non sono state distrutte da civiltà limitrofe o soggette alla loro influenza, ma da popolazioni del tutto nuove, geograficamente molto lontane, con un livello di civiltà completamente diverso. L'arrivo degli spagnoli fu del tutto inaspettato e colse le civiltà mesoamericane in maniera impreparata, al punto che il crollo fu repentino. Ma questo crollo fu repentino anche perché il tasso di sfruttamento raggiunto non contribuì in alcun modo a organizzare una forte resistenza popolare, diversamente da come accadde nell'area nord-americana, dove gli indiani, la cui civiltà viene considerata di molto inferiore a quella inca, maya e azteca, ma che in realtà era sul piano della democrazia di molto superiore, seppero tener testa agli europei sino alla seconda metà del XIX secolo.

Homo primitivus come alternativa alle civiltà

L'essere umano è nato nel momento stesso in cui lo sviluppo delle tipologie animalesche si era talmente ramificato da rendere impossibile o inutile un'ulteriore diversificazione ai fini della tutela della specie animale in quanto tale: nel senso cioè che un'ulteriore diversificazione sarebbe stata possibile solo se la natura avesse puntato su degli aspetti qualitativi fino a quel momento poco o nulla sviluppati (si pensi p.es. alla sensibilità, ai sentimenti, alla coscienza, al pensiero...). In particolare, con la nascita dell'uomo la natura, in un certo senso, ha superato se stessa, poiché ha introdotto il concetto di *libertà*.

L'essere umano è in grado di compiere delle scelte che non necessariamente sono motivate dall'istinto o da circostanze esteriori. Questo significa che se da un lato è giusto parlare di *evoluzione*, in quanto l'essere umano è conseguente allo sviluppo del mondo animale, dall'altro occorre introdurre l'idea di *rottura*, in quanto la discontinuità ha avuto il sopravvento sulla diversificazione quantitativa.

L'uomo è un essere ontologico la cui essenza non proviene da alcun processo fenomenico particolare. Sotto questo aspetto le scimmie, pur essendo sul piano quantitativo le più vicine all'uomo, sul piano qualitativo gli sono non meno lontane di qualunque altro animale.

Un uomo non può essere definito come tale sulla base di caratterizzazioni somatiche (p.es. la stazione eretta), e neppure sulla base di un'attività lavorativa specifica (p.es. produrre e conservare il fuoco). Un uomo è tale se è *cosciente* di quello che fa, cioè se sa che potrebbe non farlo. Un uomo di questo genere non può essere individuato grazie ai reperti fossili.

La comparsa dell'uomo sulla terra avviene in un momento in cui il pianeta era in grado di dare all'uomo tutto ciò di cui aveva bisogno. Gli utensili da lavoro erano in pietra, osso, legno... Non c'erano minerali diversi da quelli che si potevano vedere a occhio nudo. Questo perché l'uomo si sentiva parte della natura e non avrebbe potuto permettersi che l'uso di determinati strumenti fosse incompatibile con le esigenze riproduttive della natura, in quanto era consapevole che questa facoltà di riprodursi permetteva a lui stesso di farlo.

L'uso di strumenti ricavati dalla lavorazione dei metalli segna il distacco dalla comunità primitiva di una formazione sociale di tipo antagonistico. Quanto più l'uomo si stacca dal collettivo tanto più ha bisogno di darsi degli strumenti complessi per riuscire a sopravvivere. La produzione di questi strumenti non è di per sé indice di "progresso", se non di quello meramente tecnologico. Sul piano socioculturale è infatti indice di "regresso", non solo a motivo del crescente individualismo (rapporti umani basati sul concetto di forza), ma anche perché si perdono conoscenze fondamentali relative al rapporto uomo-natura.

Oggi un qualunque utilizzo di tecnologie sofisticate, al fine di ripristinare un rapporto equilibrato con la natura (p.es. lo sfruttamento dell'energia solare, eolica, geotermica ecc.), è viziato in partenza dal rapporto di dominio che l'uomo vuole avere nei confronti della natura. E lo dimostra il fatto che tutte queste forme di tecnologia non sono esportabili, non sono riproducibili per il mondo intero (perché troppo costose, difficili da gestire ecc.). Lo dimostra anche il fatto che queste tecnologie, di per sé, a causa dei materiali con cui vengono costruite, costituiscono una inevitabile forma d'inquinamento.

L'unica cosa che non inquina la natura è ciò che essa stessa produce, e l'uomo, essendo un suo prodotto, se vuole restare umano, deve limitarsi a produrre e riprodurre ciò che è naturale, ciò che può essere facilmente riciclato dalla natura stessa. Può sì produrre oggetti artificiali, ma sempre nel rispetto dell'ambiente; cioè i contenuti con cui fabbricare gli oggetti artificiali devono essere naturali, quindi appunto pietra, osso, legno, fango ecc., sostanze animali e vegetali.

Fondere metalli significa violare la riproducibilità della natura. L'uomo deve sapere con relativa sicurezza quanto tempo impiegherà la natura a riciclare i suoi prodotti artificiali. E in ogni caso una generazione non può far pesare alla successiva il problema di come smaltire le scorie ch'essa ha prodotto.

Quando nelle società antagonistiche sorgono delle innovazioni (tecnologiche ma non solo), generalmente i loro autori o ideatori (tecnici, scienziati, ricercatori, studiosi) vivono in condizioni di ristrettezza, di precarietà o sono sollecitati da esigenze altrui. Le più grandi scoperte dell'umanità non si sono fatte quando si avevano molti mezzi a disposizione, ma quando si era disposti, in nome di un ideale (personale o collettivo) o di un importante obiettivo da realizzare, a fare grandi sacrifici. Questi sacrifici però, nelle suddette società, vengono facilmente strumentalizzati per fini di potere (politico o economico), sicché alla fine l'idealismo scompare e una civiltà senza idealismo viene soppiantata da un'altra.

È possibile un ritorno al comunismo primitivo?

Bisogna ammettere che né il Marx delle *Formen* né l'Engels dell'*Origine della famiglia, della proprietà privata e dello Stato* riuscirono a capire che la transizione dal comunismo primitivo allo schiavismo non ebbe alcun carattere naturale o necessario, ma, al contrario, un carattere particolarmente violento. E questo nonostante che proprio loro avessero chiarito una volta per tutte che i processi dell'economia borghese andavano considerati come "storici" e quindi destinati a un'evoluzione che li avrebbe portati alla fine.

Il motivo di questa incomprensione è dipeso da un preciso limite epistemologico interno alla loro concezione materialistica della storia, quello secondo cui i processi economici hanno un primato assoluto su ogni altro fenomeno sociale e non esiste sovrastruttura in grado di modificarli. Tutto il processo storico viene spiegato sulla base del livello delle forze produttive e del loro nesso coi rapporti produttivi, che quando diventa insostenibile, determina la necessità di un radicale mutamento di struttura.

La sovrastruttura può giocare un ruolo di legittimazione del processo o di contrasto, ma non può impedire un determinato corso storico, che ha proprie leggi oggettive, indipendenti dalla volontà umana. I processi storici sono in fondo dei processi naturali basati sulle leggi della dialettica, che Hegel aveva scoperto (la negazione della negazione, dalla quantità alla qualità, la compenetrazione degli opposti). La transizione da una formazione sociale a un'altra diventa, ad un certo punto, quando tutte le potenzialità produttive si sono esaurite, un fatto inevitabile. Anche la borghesia ha la pretesa di far passare il capitalismo come un fenomeno naturale, ma la differenza dal marxismo sta appunto nel fatto ch'essa non vede la necessità del suo superamento.

Come noto, questa visione deterministica della transizione fu rovesciata da Lenin, il quale sosteneva che attraverso la politica rivoluzionaria si poteva impedire che in Russia si formasse il capitalismo, passando direttamente dal feudalesimo al socialismo, senza rinunciare alle acquisizioni tecnico-scientifiche della borghesia. I bolscevichi avrebbero dovuto realizzare non solo il socialismo ma anche l'elettrificazione di tutto il paese.

Lenin diceva che gli operai, abituati a difendere i loro salari, non potevano avere una coscienza della fattibilità di questa transizione, però se venivano aiutati dagli intellettuali, avrebbero potuto dare facilmente il loro consenso. Quanto ai contadini, sarebbe stato sufficiente assicurare loro la proprietà della terra.

Erano semmai gli intellettuali di sinistra, quelli che si richiamavano al marxismo, e i populisti, quelli che consideravano la comune agricola il baluardo più forte contro la penetrazione del capitalismo, i più difficili da convincere.

Infatti la lezione marxista ufficiale era tutta favorevole allo sviluppo capitalistico della Russia, onde permettere la nascita di un significativo proletariato industriale e lo sviluppo di un livello culturale tale da permettere il superamento delle influenze conservative delle tradizioni religiose. La lezione dei "marxisti legali" e degli "economicisti" era tutta deterministica, in linea con le tesi del *Capitale* e delle altre opere marxiane di economia politica.

In un certo senso Lenin fece una "rivoluzione contro il *Capitale*", come disse Gramsci, ma non fino al punto da negare la necessità di attribuire all'industria un primato sull'agricoltura. Per tutta la sua vita egli considerò gli operai superiori ai contadini (in un paese che al 90% era rurale) e non mise mai in discussione né che fosse indispensabile avviare un'imponente e immediata rivoluzione industriale, né che la produzione economica dovesse essere controllata dallo Stato. Tuttavia, finché rimase in vita cercò di non inimicarsi le simpatie dei contadini, i quali, grazie al suo *Decreto sulla terra*, erano finalmente riusciti a diventare padroni dei lotti che coltivavano.

A onor del vero va detto che se non ci fosse stata la guerra mondiale e se questa non fosse stata catastrofica per la Russia, nessuno avrebbe preso in considerazione le sue tesi. Chiunque si dichiarasse marxista, considerava indiscutibile credere nel fatto che se una formazione sociale non ha esaurito tutte le proprie potenzialità, è impossibile che venga superata dalla successiva. Tutti erano convinti che il socialismo non avrebbe mai potuto svilupparsi in Russia senza prima passare per le forche caudine del capitale. Marx ebbe un ripensamento soltanto nell'ultimissimo periodo della sua vita, venendo a contatto coi populisti, e ponendo come condizione per un salto epocale dal feudalesimo al socialismo che quest'ultimo si realizzasse preventivamente nella parte occidentale dell'Europa.

Infatti gli unici a credere che il capitalismo non si sarebbe sviluppato in Russia, in quanto la comune agricola non gliel'avrebbe permesso, erano i populisti, con cui il giovane Lenin aveva profondamente polemizzato, dimostrando che il capitalismo in Russia sarebbe stato inevitabile e che anzi era già in atto nelle grandi città. Resta tuttavia singolare che proprio nel momento decisivo della rivoluzione del 1917, Lenin facesse suo il programma dei populisti (o meglio, dei menscevichi) relativo alla gestione collettiva della terra.

Purtroppo lo stalinismo non ebbe questa flessibilità nei confronti dei contadini (né l'avrebbe avuta il trotzkismo, beninteso), per cui non si fece alcuno scrupolo nel far pagare a loro tutti i costi di una rivoluzione industriale e urbana che si volle imponente e accelerata, dietro il pretesto che, in caso contrario, non si sarebbe potuto reggere il confronto coi progressi dei paesi euroccidentali e nordamericani, né vincere l'ansia di non riuscire a fronteggiare un nuovo, eventuale, intervento armato straniero, come quello degli anni 1918-20.

Se la Russia non avesse avuto risorse enormi, umane e materiali, un progetto del genere sarebbe presto abortito o lo stalinismo l'avrebbe fatto pagare alle nazioni limitrofe, come fecero i paesi europei al momento del colonialismo. Non furono comunque solo i contadini a rimetterci, ma anche quei comunisti che non avevano mai pensato di fare una rivoluzione per ottenere una dittatura peggiore di quella zarista. E ci rimise anche l'ambiente naturale, la cui incredibile vastità sembrava autorizzare lo sfruttamento più indiscriminato di tutte le risorse (esattamente come avviene oggi, a dimostrazione che nei confronti della natura non esistono differenze di rilievo tra capitalismo privato e socialismo di stato).

*

Detto questo, viene ora da chiedersi che fine abbia fatto l'intuizione leniniana secondo cui una politica rivoluzionaria può modificare sostanzialmente dei processi storici oggettivi, apparentemente inevitabili. Guardando la parabola involutiva del "socialismo reale", verrebbe da dire che la sua tesi era completamente fuorviante e che, in definitiva, avevano ragione quei marxisti da lui combattuti, quando dicevano che, prima di realizzare il socialismo, occorre che si affermi il capitalismo, cioè quel sistema produttivo in grado di spazzare vie tutte le resistenze provenienti dal mondo rurale (e religioso, poiché quest'ultimo si basa sull'ignoranza e la superstizione dei contadini).

In realtà Lenin aveva ragione nell'attribuire alla politica una funzione non meno rivoluzionaria di quella dello sviluppo di tipo capitalistico. Quello tuttavia che non si spiega è il motivo per cui, dopo la sua lezione, non si siano avviati degli studi per comprendere che, nell'ambito della sovrastruttura, non solo la politica può giocare un'influenza decisiva sui processi storici dell'economia, ma anche la *cultura*. L'unico, tra i grandi, ad aver provato a fare un'operazione del genere è stato Gramsci, ma viziandola con due limiti di fondo:

1. Gramsci aveva nozioni molto scarse di economia politica e di storia dell'economia, per cui, quando affronta il tema della sovrastruttura, mette prevalentemente in rapporto la cultura con la politica e non la cultura con l'economia;
2. quando inizia a scrivere i *Quaderni*, Gramsci era un uomo politicamente sconfitto, sicché tutta la sua analisi sulla necessità di conquistare l'*egemonia culturale* prima di quella politica è visibilmente idealistica. Il socialismo, in realtà, non ha alcuna possibilità di conquistare l'egemonia culturale finché il possesso dei mezzi di comunicazione resta saldamente in mano alla borghesia, e se anche riuscisse a conseguire questo obiettivo, conservando le proprie istanze rivoluzionarie, dovrebbe in ogni caso passare a una rivoluzione istituzionale, in quanto i governi borghesi non cadono da soli. Il socialismo non può certamente limitarsi a rendere meno gravosa una determinata forma di sfruttamento, pretendendo di razionalizzare un sistema antagonistico.

Quello che oggi manca non è soltanto una politica di sinistra che martelli quotidianamente i partiti conservatori sulla loro gestione fallimentare dell'economia, ma anche una *cultura socialista* che cerchi di far capire come le idee, nella storia, hanno influenzato i processi storici.

Nonostante la piena destalinizzazione, ancora oggi si ha a che fare con una sinistra radicale che considera la sovrastruttura un epifenomeno della struttura, o che, nel migliore dei casi, si limita a utilizzare, della sovrastruttura, soltanto l'aspetto della politica, impoverendo enormemente la possibilità di fare un discorso molto più allargato. Il quale, si badi, non diventa tale soltanto quando si vanno a ricercare in talune espressioni dell'ideologia religiosa o idealistica (si pensi solo alle eresie medievali) delle anticipazioni, più o meno confuse, del socialismo scientifico. Limitandosi, infatti, a un'operazione del genere (che resta gramsciana), difficilmente p.es. si arriverebbe a capire che influì molto di più sulla nascita del movimento borghese, nell'Italia comunale, l'astratta teologia scolastica, che riduceva l'esperienza della fede a una mera dottrina filosofica, che non la ripresa dei commerci con l'oriente islamico.

Non è un caso, in tal senso, che la sinistra non abbia ancora recepito, in profondità, i temi *ambientalistici* e anteponga a questi, sempre e comunque, quelli economici della produttività e del lavoro; non è un caso che, ogniqualvolta essa affronta gramscianamente i temi culturali, smetta d'essere rivoluzionaria; non è un caso che, quando svolge una politica operaista, si frantumi in mille rivoli e finisca col chiudersi in un ghetto autoreferenziale; non è un caso, infine, che quando la sinistra preferisce una politica più moderata, vicina agli interessi dei ceti medi, non abbia assolutamente nulla di socialista, neppure il riformismo degli utopisti pre-marxisti.

Ci si può altresì chiedere il motivo per cui l'erede della tesi marxiana secondo cui il protestantesimo costituiva la religione più appropriata per lo sviluppo capitalistico, non sia stato un altro marxista, ma un sociologo borghese: Max Weber.

Dunque cos'è che ha impedito al marxismo di svolgere un'operazione culturale che mettesse in luce il ruolo specifico della sovrastruttura? Possibile che ogni volta che si affronta il nesso di economia e cultura, mostrando come questa possa influenzare quella, si debba rischiare di cadere nell'idealismo di matrice hegeliana? Cos'è che ci impedisce di sviluppare il marxismo, senza tradire la necessità di una transizione al socialismo democratico?

Se in occidente non riusciamo a capire il motivo per cui tendiamo pedissequamente ad accentuare il primato della struttura sulla sovrastruttura, o il motivo per cui, quando, analizzando quest'ultima, smettiamo d'essere rivoluzionari, noi continueremo ad avere, nei confronti dello sviluppo capitalistico, un atteggiamento del tutto rassegnato o, a seconda dei casi, del tutto illusorio, in quanto restiamo convinti ch'esso crollerà da solo, a causa delle proprie interne contraddizioni.

Cosa che in realtà non accadrà mai, proprio perché senza una reale e fattiva opposizione, che metta in chiaro un'ipotesi di superamento radicale dell'esistente, la borghesia non farà altro che curare le ferite delle proprie sconfitte, per poi tornare in campo più forte di prima. Basta guardare cosa è accaduto con la I guerra mondiale, col crack del 1929, con la II guerra mondiale e con la contestazione operaio-studentesca del 1968-69: ogni volta c'era la possibilità di una svolta radicale e ogni volta la si è sprecata. E questa cosa va avanti praticamente sin dalla prima grande crisi del Trecento.

*

Ci sono alcuni nodi che in Europa occidentale non abbiamo ancora saputo sciogliere, nonostante ormai due secoli di socialismo:
1. l'odio nei confronti delle tradizioni (cultura e coltura) contadine, che oggi peraltro abbiamo quasi completamente distrutto, ovvero reso folcloristiche (utili per il turismo o per la nostalgia delle generazioni più anziane), quando non sono state addirittura incanalate in una produzione esclusiva per il mercato;
2. l'indifferenza nei confronti delle questioni religiose, in luogo di un loro affronto culturale di tipo ateistico: il timore di cadere nel-

l'anticlericalismo giacobino ha impedito alla sinistra di sviluppare l'*umanesimo laico* e, indirettamente, ha favorito l'ingerenza del clero negli affari civili, nonché il collateralismo dei partiti politici ai valori religiosi, per ottenere l'appoggio della chiesa;

3. l'incapacità di vivere un'esistenza di tipo *collettivistico*, in quanto domina incontrastato l'individualismo borghese;
4. l'eccessiva importanza data alla scrittura (che oggi è anche videoscrittura) rispetto ai rapporti umani;
5. il rapporto feticistico che abbiamo nei confronti della scienza e della tecnica;
6. l'esigenza continua che abbiamo di possedere qualcosa di materiale come forma di status symbol (o di identificazione personale);
7. il bisogno di darci continuamente dei miti per sopportare meglio le frustrazioni della vita quotidiana.

Questi e altri condizionamenti hanno fatto sì (e la cosa è evidente anche in Marx ed Engels) che in Europa occidentale la sinistra radicale abbia del tutto trascurato il fattore del "libero arbitrio", ovvero l'elemento *soggettivo* nelle scelte in direzione dell'alternativa. La sinistra è come se fosse in fase di attesa, non si preoccupa minimamente di organizzare un consenso di massa, è convinta di avere in tasca la soluzione magica alle fondamentali contraddizioni del sistema borghese, per cui, quando vede approssimarsi all'orizzonte il rischio di gravi catastrofi sociali o ambientali, assume l'atteggiamento di chi, dopo tante sconfitte, è in procinto di prendersi una meritata rivincita. Non si rende conto che la borghesia è così forte che, in assenza di una vera alternativa, sa sempre fare delle catastrofi ch'essa stessa produce, un'occasione per diventare ancora più forte. Non solo, ma quando dice di voler fare un'opposizione radicale al sistema, la sinistra tende sempre a scindersi in tanti gruppuscoli rivali tra loro, ruotanti attorno a un unico leader carismatico, la cui funzione alla fine è proprio quella di dimostrare che la sinistra non ha alcuna alternativa praticabile.

*

Ora, cerchiamo di capire, con esempi concreti, come poter uscire da questa *empasse epistemologica*.

Innanzi tutto noi dovremmo partire dal presupposto leniniano secondo cui l'operaio non è più "rivoluzionario" del contadino semplicemente perché, essendo privo di tutto, eccetto la propria forza-lavoro, non ha più nulla da perdere, e anche perché non ha rapporti tradizionali con la chiesa. In sé l'operaio - diceva Lenin - al massimo ha una coscienza sindacale. Per avere una consapevolezza della necessità di un superamento dell'intero sistema, nella sua globalità, occorrono gli intellettuali, che devono persuadere gli operai a non illudersi di poter migliorare la loro condizione di sfruttamento limitandosi a chiedere aumenti salariali e altri diritti di tipo sindacale.

Gli stessi dirigenti sindacali tendono inevitabilmente al riformismo. Per avere una coscienza rivoluzionaria bisogna saper fare della politica uno strumento per abbattere il governo in carica e rovesciare il sistema.

In quanto intellettuale, Lenin rappresentava, non meno dell'operaio, l'uomo completamente sradicato dalle tradizioni della terra. Ma, a differenza degli altri intellettuali di sinistra, non riteneva necessario che si formasse un enorme proletariato nazionale prima di pensare a come rovesciare il sistema. Secondo lui era sufficiente scardinare i gangli dei principali centri urbani, ove si gestiva tutto il potere politico-istituzionale. Una volta occupati con la lotta questi centri, il resto sarebbe venuto da sé: operai e contadini avrebbero capito molto facilmente che, diventando gli effettivi padroni dei loro mezzi produttivi, non avrebbero avuto motivo di rimpiangere l'autocrazia zarista.

Lenin era un politico e tale restò sino alla fine della sua vita, salvo gli anni in cui s'interessò sia di *economia* (per contestare i populisti e ampliare il *Capitale* con l'analisi dell'imperialismo) che di *filosofia* (per sviluppare le tesi hegeliane sulla dialettica e contestare gli empirio-criticisti).

Lenin purtroppo morì giovane, a 54 anni, di cui gli ultimi due vissuti con grandissima fatica. Anzi, tutta la sua vita fu vissuta in condizioni molto difficili, non solo per l'attentato terroristico, che lo segnò in maniera irreparabile, ma anche per il carcere siberiano (tre anni) e per il lungo esilio (16 anni): egli non ebbe il tempo materiale per fare altro che politica. Al pari di Marx e di Engels, ci lasciò un *metodo di lavoro*, non una dottrina da imparare a memoria.

Egli era sicuramente più interessato alla pratica politica che non alla teoria economica (per lui la politica era una "sintesi" dell'economia); della rivoluzione gli premevano di più gli aspetti *tattici* e *strategici* che non quelli meramente critici. C'era molta differenza tra lui e Marx. Se Machiavelli inventò la scienza *borghese* della politica, Lenin ha inventato quella *proletaria*, infinitamente più democratica.

Uno sradicato come lui, che aveva capito l'inutilità del terrorismo solo dopo aver visto giustiziare il fratello, e che per tutta la sua vita si pose come unico obiettivo quello di abbattere lo zarismo, risparmiando ai propri connazionali la sciagura della guerra mondiale e le nefandezze dell'oppressione capitalistica, che dovette organizzare immediatamente la difesa contro la reazione dei "bianchi", appoggiati dall'interventismo straniero, dove poteva trovare il tempo per occuparsi del *lavoro culturale*? Alla fine della sua vita, sapendo benissimo dell'importanza di questa cosa, scrisse di sperare che altri lo facessero e che gli pareva ingiusto d'essere stato criticato per non averlo fatto.

Anche su questo, in effetti, aveva ragione: una volta compiuta la rivoluzione politica, avrebbe dovuto essere più facile compiere il lavoro culturale. Ma così purtroppo non è stato. Gorbaciov s'è lamentato che dal 1991 ad oggi il socialismo democratico non ha neppure fatto un passo in avanti: possiamo aggiungere che non l'ha fatto non solo sul piano politico, ma neppure su quello culturale.

Quando si parla di democrazia, si trascura completamente il socialismo, e quando si parla di socialismo, si ripetono tesi che hanno fatto il loro tempo. Lenin diceva che non ci può essere una politica rivoluzionaria senza una teoria rivoluzionaria: oggi possiamo aggiungere che una teoria, per essere davvero rivoluzionaria, non può fare a meno della *cultura*. Non avrebbe senso rifare una rivoluzione comunista per ripetere errori già compiuti.

Una cultura davvero rivoluzionaria - ecco l'aspetto che avrebbe messo in crisi anche uno come Lenin - non può essere elaborata da chi non ha alcun rapporto con la terra. Gli sradicati, coloro che vivono nelle città, quanti dispongono soltanto della propria forza-lavoro (manuale e/o intellettuale) per sopravvivere, nel migliore dei casi possiedono un grandissimo *desiderio* di liberazione, ma non possono avere il senso di una *memoria* di liberazione.

Lo si capisce semplicemente guardandoli difendere il diritto al lavoro, che per loro deve prescindere da qualunque preoccupazione di tipo *ambientale*. Il rispetto dell'ambiente rientra nell'ambito della sicurezza sul lavoro, ma non ha riferimenti prioritari alla tutela della riproduzione della natura. Questa viene concepita soltanto in funzione degli interessi dell'uomo.

I comunisti oggi difendono lo *status quo* dell'industrializzazione borghese, senza rendersi conto che non può assolutamente bastare la socializzazione dei mezzi produttivi per assicurare la realizzazione di un socialismo davvero democratico. Non ci può essere alcuna vera democrazia contro le esigenze riproduttive della natura.

Con lo stalinismo abbiamo capito che una *statalizzazione* della proprietà poteva tranquillamente convivere con la più totale assenza di democrazia civile e politica. Oggi dobbiamo arrivare a capire che anche con la *socializzazione* della proprietà si rischia di non garantire affatto alcuna vera democrazia, in quanto se non si ripensano i criteri della produttività del lavoro, che non possono più essere quelli basati sull'industria, l'uomo finirà, devastando irresponsabilmente la natura, con l'autodistruggersi.

La desertificazione, causata dai disboscamenti, dalla cementificazione, dalla antropizzazione incontrollata dell'ambiente, dai mutamenti climatici dovuti a stili di vita insensati, dall'uso del nucleare (civile e militare) e anche da uno sfruttamento intensivo dei suoli agricoli, tutto questo già oggi rende impossibile, in molti luoghi del pianeta, la riproduzione umana. Non è vero che la natura è comunque in grado di superare i guasti provocati dagli esseri umani: certamente non potrà farlo fino a quando sopravvivranno determinati stili di vita.

Per questo motivo dobbiamo pensare seriamente a come recuperare il tipo di esistenza vissuta sotto il *comunismo primitivo*. Il primo lavoro culturale che dobbiamo fare è proprio questo, passando eventualmente attraverso la valorizzazione dell'*autoconsumo* del periodo feudale.

Quando Engels scriveva che il passaggio dal comunismo primitivo allo schiavismo si verificò in maniera spontanea, attraverso l'accumulo di eccedenze alimentari, l'aumento della popolazione, la divisione del lavoro ecc., stava delineando una transizione con le medesime caratteristiche di *naturalezza* di quella che secondo lui si sarebbe dovuta verificare tra capitalismo e socialismo.

Sia per lui che per Marx la violenza è tale solo da parte di chi si oppone a delle leggi oggettive, inevitabili. Gli uomini dovrebbero semplicemente prendere atto di queste leggi e accettare le necessarie trasformazioni. Dissero questo non solo per la transizione dal feudalesimo al capitalismo e da questo al socialismo, ma, purtroppo, anche per quella dal comunismo primitivo allo schiavismo.

Questo fu un grave errore, parzialmente giustificato dal fatto che gli studi etno-storico-antropologici sul comunismo primitivo avevano appena raggiunto una rilevanza scientifica proprio nella seconda metà dell'Ottocento. Marx infatti evitò di dare alle stampe qualunque cosa su questo argomento: non si sentiva sufficientemente sicuro, anche perché attraverso i populisti russi era riuscito a comprendere l'importanza della comune agricola.

L'idea che una successione di determinazioni quantitative, ad un certo punto, porti a una nuova qualità, era di derivazione hegeliana. Applicarla anche alla prima transizione della storia, senza chiamare in causa alcun fenomeno di violenza, è stato uno sbaglio. Lo sarebbe stato anche nel caso in cui si fosse attribuita un'opposizione violenta ai difensori del comunismo primitivo, facendoli passare per dei "reazionari conservatori".

Si può anche pensare che per un contadino medievale passare dal servaggio al lavoro salariato in fabbrica sia stata una semplice questione di forma e che una vera resistenza allo sviluppo capitalistico sia stata compiuta solo dai feudatari (ancorché su questo potremmo trovare esempi del tutto opposti, e cioè resistenza contadina e condiscendenza nobiliare), ma è difficile pensare che da una condizione di piena libertà, quale quella preistorica, gli uomini siano passati tranquillamente a una condizione di piena schiavitù.

Abbiamo già detto che ci volle Lenin prima che il marxismo arrivasse a capire che la sovrastruttura può influenzare notevolmente il corso storico. Ora bisogna aggiungere che, oltre alla politica, anche la *cultura* può farlo, cioè anche la formazione di idee che divergono da quelle dominanti.

Se non si comprende questo, non si è poi in grado di spiegare il motivo per cui, in presenza di medesime condizioni economiche di vita, in un luogo si verificano determinati fenomeni, in un altro no. P.es. le cosiddette riserve produttive eccedenti il semplice bisogno di riproduzione immediata, non creano necessariamente l'esigenza di darsi un'organizzazione statuale, per il cui funzionamento occorrono addetti specifici. Un'organizzazione di questo tipo presume già una stratificazione sociale.

Persino il bisogno di andare oltre un certo livello di eccedenza è già sintomatico di una incipiente divisione in classi. Una riserva che va ben oltre il semplice autoconsumo, implica una gestione centralizzata del bisogno, che rende prima o poi inevitabile il privilegio e quindi l'abuso. La necessità di avere un'eccedenza che superi abbondantemente il livello dei bisogni primari indica una sfiducia nella gestione *collettiva* di questi bisogni, nonché un rapporto artificioso con la natura, che sono cose spesso destinate a marciare in parallelo.

Ecco perché bisogna sostenere che dal comunismo primitivo allo schiavismo vi fu una traumatica rottura, rinvenibile in qualche maniera nei miti che già conosciamo e che vanno interpretati tenendo conto che chi li ha elaborati aveva tutto l'interesse a mettere in cattiva luce gli elementi del passato che voleva superare.

Il mito ebraico, p.es., sintetizza la transizione da una formazione sociale all'altra nell'omicidio dell'allevatore Abele da parte del fratello Caino, agricoltore. All'origine della nascita dello schiavismo vi sono stati duri conflitti tra nomadi e sedentari, tra allevatori e agricoltori, che sicuramente precedono i conflitti tra mercato e autoconsumo, tra valore d'uso e di scambio. La delimitazione di determinate aree geografiche, per lo sviluppo dell'agricoltura, confliggeva con gli interessi degli allevatori e delle popolazioni nomadi, che furono le più antiche della storia e per le quali tutto il mondo era la propria casa.

Molte di queste aree disboscate per le esigenze rurali, ma anche per quelle abitative e persino commerciali, finirono col desertificarsi, riducendo drasticamente il numero dei lavori inerenti all'allevamento, ovvero il numero di persone dedite al nomadismo. L'allevamento così si ridusse al minimo e diventò esso stesso stanziale, parte organica della stessa attività agricola, almeno sino a quando questa non subirà nuove, pesanti, trasformazioni con l'ingresso del capitalismo nelle campagne.

Non è certo un caso che, per quanto riguarda le popolazioni indigene del continente americano, noi attribuiamo il temine di "civiltà" agli imperi inca, maya e azteco, che non solo non erano nomadi (come invece le popolazioni nord-americane, le cui abitazioni in tenda permettevano facili spostamenti), ma che sicuramente praticavano anche lo schiavismo, tant'è che le popolazioni locali, rimaste all'autoconsumo, le fuggivano spaventate.

Il fatto che di questa traumatica rottura, dalla libertà all'oppressione, non ci sia pervenuta una documentazione esplicita, non vuole affatto dire che il passaggio sia avvenuto in forma indolore. La violenza è all'origine della nascita delle civiltà: si tratta soltanto di individuarla in quei racconti mitologici che, essendo stati scritti dai vincitori, la presentano come una scelta necessaria.

Senza ideologia, la trasformazione della realtà arriva sino a un certo punto. Sono le idee che inducono a compiere delle scelte decisive, tali per cui risulta molto difficile il ripensamento, e ci vogliono idee particolarmente mistificanti per opporre con successo l'individualismo al collettivismo originario.

Sono soltanto i miti e le leggende che documentano questi traumi, mascherandoli in varie forme e modi. L'eroe del mito deve sempre apparire come una figura positiva, assolutamente innocente, che ha subìto un grave torto e che, per questo, si è dovuto difendere con la necessaria durezza. L'eroe può anche avere dei difetti personali, ma essi non inficiano mai la versione ufficiale che la cultura dominante ha dato di lui. È sempre l'eroe di una civiltà classista, che ha tolto di mezzo un nemico volutamente dipinto come rozzo, crudele, spietato, arrogante, ateo o, a seconda dei casi, superstizioso in quanto ignorante, primitivo.

L'agricoltore Caino è miscredente, invidioso e violento, attaccato alla proprietà: per questo uccide il pio, ingenuo e generoso Abele, di professione allevatore. Così Ulisse nei confronti di Polifemo, Teseo nei confronti del Minotauro ecc. È facile immaginarsi che nella realtà devono essersi verificati dei processi capovolti, in cui tradizioni secolari (si pensi solo al matriarcato) sono state messe in crisi e alla fine distrutte dalla nascita inaspettata degli antagonismi sociali.

Sarebbe interessante mettere a confronto i miti pagani con quelli cristiani: gli uni tradirono il comunismo primitivo, gli altri il tentativo, fallito, di ripristinarlo, cioè il tentativo di superare in maniera rivoluzionaria lo schiavismo. Ogni forma antagonistica ha bisogno di miti per illudere le masse oppresse che l'esistenza, nonostante lo schiavismo, è sopportabile e che il medesimo antagonismo è un fenomeno imprescindibile.

*

Tornare al comunismo primitivo per noi oggi vuol dire tornare a una proprietà *comune* dei mezzi produttivi, in nome del primato del *valore d'uso*, favorendo la sinergia tra agricoltura e allevamento. L'industrializzazione deve essere ridotta al minimo indispensabile (a una forma d'artigianato), in quanto i suoi prodotti, in genere, ledono il diritto della natura alla riproduzione. Noi dovremmo ammettere soltanto l'industria di quei prodotti naturali visibili a occhio nudo. Scavare in una miniera o nelle profondità della terra è già indizio di civiltà, e noi dalla civiltà dobbiamo uscire.

È curioso notare come quanto più forti sono le contraddizioni sociali, tanto più si vanno a cercare risorse nelle profondità della terra. Gli indiani d'America, prevalentemente nomadi, si rifiutavano di praticare persino l'agricoltura, poiché temevano di "ferire la terra". In effetti, quanto più siamo andati in profondità, tanto più abbiamo devastato la natura, e questa è stata tanto più devastata quanto più s'è cercato di trovare risorse energetiche equivalenti a quella solare, minacciando seriamente (l'abbiamo visto col nucleare) la stessa sopravvivenza umana.

Il criterio di alto o basso livello delle forze produttive non dà alcun vero indicatore circa il "benessere sociale" di una comunità umana. Non può essere un criterio *economico* di *quantità* a determinare il criterio *sociale* di *qualità* di un collettivo umano. Il socialismo scientifico ha ereditato dall'economia politica borghese un concetto di "benessere" che coincide troppo con "produttività" e molto poco con "socializzazione". Più importante dell'*economico* non vi è solo l'*ecologico* ma anche il *sociale*.

Se un uomo primitivo potesse leggere quel che di lui oggi gli storici dicono, e cioè che essendo molto basso il livello produttivo del suo lavoro, era di conseguenza molto precario tutto il resto, ci obietterebbe facilmente che tutto è relativo. Un livello molto alto di produttività non solo non garantisce maggiore democrazia e maggiore ambientalismo, ma, stando ai risultati storici, si dovrebbe sostenere proprio il contrario: qualcuno (i più deboli) e qualcosa (la natura) hanno pagato caro il "benessere" esagerato che altri hanno voluto vivere.

Infatti un alto livello produttivo non può basarsi sul *necessario* (come nell'autoconsumo) ma sul superfluo, non può capire la *fatica* ma solo la comodità, non è interessato a *risparmiare* ma a sperperare, antepone sempre l'interesse individuale a quello *collettivo*, nonché l'artificioso macchinismo alla *riproduzione naturale* delle cose. Ecco perché diciamo che tutto quanto esula dall'autoconsumo va considerato come frutto di un'alienazione sociale, di uno sradicamento dalla terra.

Bisogna inoltre fare molta attenzione alle origini materiali del "benessere sociale", che non può dipendere in alcun modo da fattori esterni (esogeni) alla comunità locale. Se una comunità è "benestante" semplicemente perché commercia con altre comunità, possiamo stare sicuri che prima o poi tra queste comunità scoppierà una guerra. Venezia, p.es., fruiva di rapporti commerciali privilegiati con Bisanzio, ma questo non le impedì di saccheggiarla orrendamente nel corso della quarta crociata.

Se il livello del benessere non dipende prevalentemente da fattori interni (endogeni) alla sopravvivenza della comunità locale, è inevitabile il ricorso alla guerra. Chi imposta il benessere sul commercio, aspira ad aumentarlo di continuo e non tollera in alcun modo variazioni che ne limitino la portata.

Si dirà che le crociate sono scoppiate quando ancora in Europa occidentale dominava l'autoconsumo. Sbagliato. Le crociate sono avvenute quando l'inizio dello sviluppo borghese era avvenuto in modo tale da togliere all'autoconsumo le sicurezze che aveva avuto un tempo. Alle crociate parteciparono sia i contadini affamati che i borghesi e i latifondisti loro affamatori.

La pace tra una comunità e l'altra può essere garantita solo se prevale nettamente l'*autoconsumo*, mentre il commercio va limitato alle eccedenze o al superfluo, o comunque a cose che, per quanto importanti vengano ritenute, possono essere sempre sostituite con altre, pena il rischio di minare l'indipendenza di una comunità.

La mancanza di elementi essenziali alla propria sopravvivenza ci rende facilmente ricattabili, esposti alle mire espansionistiche altrui. La proprietà collettiva dei principali e fondamentali mezzi produttivi deve esser tale da garantirci la riproduzione senza l'aiuto di forze esterne, a meno che la dipendenza non sia assolutamente reciproca e non sia basata su cose essenziali: p.es. gli allevatori possono aver bisogno degli agricoltori e viceversa. Se c'è dipendenza sostanziale su cose materiali che risultano vitali per la sopravvivenza di una comunità, la libertà spirituale finisce in bilico.

Quando prima si diceva che occorre tornare al comunismo primitivo, passando eventualmente per l'autoconsumo feudale, s'intendeva appunto escludere che il feudalesimo sia fallito a causa dell'autoconsumo, come spesso sostengono gli storici: il feudalesimo è fallito per il *servaggio* e per il *clericalismo* che gli era connesso in maniera ideologica.

Il servaggio ha portato a cercare un'alternativa non solo a se stesso, ma anche all'autoconsumo: il *libero mercato* (libero perché formalmente o giuridicamente i contraenti, che comprano e vendono, sono liberi, si sentono equivalenti). Un'alternativa che in realtà non ha fatto che produrre nuove contraddizioni antagonistiche, ancora più gravi delle precedenti.

Lo sviluppo del capitalismo non ha costituito alcuna vera alternativa all'autoconsumo medievale, anche perché ha fatto pagare le proprie conseguenze al mondo intero. L'illusione di una libertà individuale, connessa all'uso della scienza e della tecnica, nonché all'accumulo di capitali facili attraverso l'industria o il commercio, è stata la tentazione n. 1 che ha provocato la morte dell'innocenza originaria dell'autoconsumo.

*

Se c'è stato un progresso dal feudalesimo al capitalismo, lo si può notare a livello di concezione della vita, che da religiosa è divenuta *laica*. Il che però non dice nulla sul carattere "democratico" di una società, in quanto, in astratto, può essere più democratica una società religiosa che non una laica.

È difficile sostenere che lo stalinismo sia stato più democratico dello zarismo solo perché era ateo, o che il capitalismo è socialmente più democratico del feudalesimo solo perché possiede un parlamento, un sistema di votazione ecc. o solo perché è culturalmente più "laico" (che poi, a livello istituzionale, è soltanto "meno religioso"). Senza la democrazia, la laicità è soltanto una concezione di vita, al pari di altre. Oggi non abbiamo neppure un concetto di vera "democrazia", figuriamoci se possiamo averne uno di vera "laicità". Continuiamo a parlare di "Stato laico" senza renderci conto che la laicità può essere soltanto un prodotto della "società civile", di cui lo Stato deve semplicemente limitarsi a prendere atto.

È fuor di dubbio, tuttavia, che senza uno sviluppo impetuoso della scienza e della tecnica e ovviamente dell'industrializzazione (che ha comportato una netta subordinazione delle risorse naturali agli interessi umani), difficilmente si sarebbe sviluppato il *laicismo*, anche se le prime forme di questa cultura, dopo l'avvento del cristianesimo, le abbiamo avute con la riscoperta accademica dell'aristotelismo, cioè a partire dallo sviluppo dei Comuni borghesi. L'altra possibilità, in favore dell'ateismo, sarebbe stata quella di vedere i contadini emanciparsi dal servaggio per affermare la proprietà comune dei mezzi produttivi, conservando ovviamente l'autoconsumo. Ma le rivolte contadine non sono mai arrivate a ripristinare la situazione del comunismo primitivo, né vi sono riusciti i movimenti ereticali pauperistici.

È anche vero che siccome il moderno laicismo è di natura borghese (e quindi non popolare ma di *classe*), la sua coerenza è molto relativa, avendo la borghesia ancora bisogno dell'appoggio delle chiese contro la resistenza dei lavoratori allo sfruttamento. Il vero laicismo è soltanto quello connesso all'abolizione della proprietà privata e all'*uso sociale* dei mezzi produttivi, senza artificiosi intermediari, il primo dei quali è appunto lo Stato. Quando l'uomo è padrone dei mezzi produttivi non ha bisogno di cercare in una realtà a lui esterna il surrogato alle proprie frustrazioni. Ecco perché il comunismo primitivo era naturalmente ateo; ecco perché la religione nasce col sorgere dello schiavismo.

*

Bisogna fare attenzione a distinguere non solo l'*economico* dall'*ecologico*, non solo il *sociale* dall'*economico*, ma anche il *sociale* dallo *statale*. Quando il "socialismo reale" parlava di "Stato di tutto il popolo" non si rendeva conto di affermare una contraddizione in termini: un popolo padrone dei propri mezzi produttivi non ha bisogno di alcuno Stato, essendo in grado di autogestirsi.

Bisogna fare attenzione a questa differenza, proprio perché mentre si parla di "socialismo statale" si può negare completamente la democrazia. Anzi, bisogna addirittura stare attenti che la democrazia che si vive al proprio interno sia effettivamente un prodotto autoctono e non il frutto di un rapporto di sfruttamento con l'esterno.

Sarebbe davvero curioso vedere una comunità dividere equamente i redditi al proprio interno, mentre al proprio esterno compie un'opera di saccheggio o di sfruttamento di comunità più deboli. Sotto il capitalismo vi sono p.es. alcuni paesi in cui il pil pro-capite è molto elevato e la disoccupazione praticamente nulla, soltanto perché essi costituiscono dei "paradisi fiscali" per altri paesi molto più forti sotto vari indici.

168

Insomma, basta poco per capire che non è possibile testare il livello di democraticità di una comunità senza considerare i suoi rapporti con realtà ad essa esterne. Eppure uno dei limiti del *Capitale* di Marx è stato proprio quello di non aver messo subito in relazione la nascita del capitalismo in Europa occidentale con la nascita del colonialismo nei continenti extra-europei.

È vero il capitalismo non nacque nei primi due moderni paesi colonialisti: Spagna e Portogallo, in quanto senza riforma protestante esso avrebbe fatto fatica a svilupparsi, checché ne pensasse Marx, che tutta la vita si chiese il motivo per cui a parità di condizioni materiali favorevoli al valore di scambio, il capitalismo abbia finito coll'imporsi solo in Europa occidentale. Egli in realtà aveva intuito che doveva esserci un legame con la riforma protestante, ma si astenne dall'approfondirlo.

Tuttavia il limite di fondo del *Capitale* non sta solo in questo mancato approfondimento *culturale*, ma anche nel fatto che non si mise sufficientemente in luce che senza il colonialismo, il capitalismo non avrebbe potuto avere l'impeto che ebbe. Nel suo *Imperialismo* Lenin si guardò bene dal tenere separati capitalismo e colonialismo.

Con la riforma protestantica il capitalismo poté affermarsi a livello nazionale, ma senza colonialismo sarebbe presto collassato a causa delle proprie interne contraddizioni. Sono state infatti le colonie ad assorbire le maggiori contraddizioni europee, con la differenza che mentre le cattolicissime Spagna e Portogallo, col loro background feudale, non seppero approfittarne per compiere una rivoluzione borghese, viceversa Olanda, Francia e Inghilterra poterono iniziare da qui, grazie anche alla riforma protestante, il loro dominio mondiale, e l'avrebbe fatto anche la Germania, se invece di reprimere le rivolte contadine le avesse favorite contro i feudatari.

Quando lo sviluppo capitalistico degli ultimi paesi europei che avevano raggiunto l'unificazione nazionale: Italia e Germania soprattutto, rese indispensabile rivedere la ripartizione delle colonie, operata da Francia e Inghilterra (seguita da Stati Uniti e Giappone), inevitabilmente scoppiarono ben due guerre mondiali.

Questo per dire che un qualunque sviluppo capitalistico interno a una nazione ha necessariamente un riflesso nei rapporti che questa nazione ha con l'esterno, ed è un riflesso particolarmente negativo per le esigenze della pace. Un paese capitalistico è necessariamente un paese sfruttatore di risorse che non gli appartengono o comunque di risorse che, se anche gli appartengono per motivi storici, non dovrebbe sfruttare senza alcun rispetto per l'ambiente.

Non a caso quando un paese s'accorge che lo sfruttamento indiscriminato delle risorse interne non è più sufficiente per garantire un certo sviluppo del capitale, scatta necessariamente l'esigenza di conquistare territori altrui. Russia Cina India Brasile... si stanno in questo momento candidando per far scoppiare una nuova guerra mondiale: l'intenso sfruttamento delle loro risorse interne, umane e/o materiali, per quanto grande sia l'estensione dei loro territori o la vastità della loro popolazione, non potrà certo essere illimitato.

*

Che un cambiamento di *mentalità*, che allora voleva dire compiere una riforma protestante, fosse necessario per passare dal feudalesimo al capitalismo, lo dimostra non solo il fallimento dell'operazione colonialista di Spagna e Portogallo, ma anche il collasso del proto-capitalismo nell'Italia comunale e signorile.

L'Italia era partita per prima proprio perché il livello istituzionale della chiesa romana era così corrotto da non poter legittimamente impedire l'affermarsi del profitto sulla rendita feudale. Ma quando questo profitto pretese una contropartita politica, la chiesa, appoggiata dall'impero reazionario di Carlo V, fece presto a fare dietrofront. Anche Marx s'era accorto di un ritorno italiano all'orticoltura (cioè all'autoconsumo), dopo la parentesi comunale e rinascimentale, ma invece di metterla in rapporto alla Controriforma, si limitò a parlare di mancata unificazione nazionale e di spostamento dei traffici commerciali dal Mediterraneo all'Atlantico, senza rendersi conto che la Spagna, già unita, trafficava tranquillamente sull'Atlantico e non per questo divenne capitalistica.

Anche quando esaminava l'economia imperiale romana, Marx si chiedeva il motivo per cui non nacque in questo periodo uno sviluppo di tipo capitalistico, visto che quello commerciale era molto fiorente, e citava l'episodio di quell'imperatore che puniva chi proponeva migliorie a livello tecnico-produttivo, sulla base del fatto che ciò, diminuendo la necessità di avere degli schiavi, avrebbe portato ad aumentare le file dei vagabondi da mantenere con la pubblica assistenza.

Marx s'era reso conto che non era solo questione di basso livello produttivo, ma anche di *mentalità*. Nel mondo romano dominavano i mercati, i commerci, ma questo non fu sufficiente a far scattare dei processi di tipo capitalistico. Capì che il paganesimo non era in grado, culturalmente, di opporsi allo schiavismo e intuì persino che, col proprio culto astratto dell'uomo, il cristianesimo avrebbe potuto in qualche modo favorire la nascita di un modo di produzione i cui contraenti, sul mercato, fossero formalmente liberi. Ma non arrivò mai ad approfondire questa cosa.

Cioè non arrivò a capire che il passaggio dallo schiavismo al servaggio sarebbe avvenuto anche senza l'apporto delle tribù germaniche e slave, che pur non avevano mai conosciuto lo schiavismo come sistema sociale di vita. Era la stessa ideologia cristiana che, facendo diventare cristiani sia lo schiavo che il suo schiavista, portava inevitabilmente a una trasformazione dei rapporti produttivi, a una attenuazione dei precedenti rapporti di forza.

Ma prima di parlare del ruolo del cristianesimo nella società romana, bisogna precisare alcune cose sullo schiavismo.

Il fatto che ad un certo punto cominciassero a venir meno gli schiavi a causa delle limitate guerre di conquista (già agli inizi dell'impero si pensava soprattutto a difendere i confini acquisiti), non può essere considerato un motivo sufficiente per indurre i romani a trasformare la schiavitù in colonato. In teoria l'effetto avrebbe anche potuto essere opposto (quando vi sono delle dittature, la ferocia aumenta all'aumentare della percezione del crollo): sarebbe stato del tutto naturale, visto che gli schiavi a disposizione erano gli ultimi acquistabili sui mercati, peggiorare le loro condizioni di lavoro (già molto tempo prima che i barbari penetrassero nell'impero erano gli stessi cittadini romani liberi, residenti nelle zone di confine, a chiedere la loro protezione).

Lo Stato romano incrementò le persecuzioni anticristiane (le più dure furono sotto Diocleziano) anche per continuare ad avere una manodopera schiavile a bassissimo costo. La stessa legislazione contro i debitori insolventi era drasticamente peggiorata. Basta questo dunque per capire che non sono sufficienti dei semplici fatti, nudi e crudi, per modificare dei comportamenti consolidatisi nel tempo (qui in relazione ai rapporti produttivi). Occorre qualcos'altro, di tipo *immateriale*, non facilmente reperibile nelle fonti scritte, di regola prodotte dagli stessi schiavisti di quel tempo e dai loro lacché. Uno schiavista non avrebbe mai potuto parlar bene del cristianesimo e, nel contempo, chiedere che l'istituto della schiavitù subisse ulteriori restrizioni, a causa della penuria di schiavi sui mercati delle conquiste militari.

Il rapporto struttura/sovrastruttura consiste in due pesi che sui piatti della bilancia hanno uno strano rapporto: quello che dovrebbe essere più pesante, la struttura, che si vede a occhio nudo, in ultima istanza pesa meno di quello che nell'altro piatto neanche si vede e che può essere soltanto immaginato.

La *necessità*, di per sé, non determina atteggiamenti univoci, proprio perché gli esseri umani sono caratterizzati anche dalla *libertà*, la quale, entro certi limiti di circostanza, trasforma la necessità in *possibilità*. L'uomo si trova, ad un certo punto, a dover scegliere tra possibilità opposte e finisce col propendere per l'una o per l'altra, a seconda del credito che dà a questa o quella cultura o ideologia. Naturalmente per "cultura" si devono intendere quelle idee che cominciano ad affacciarsi alla pubblica considerazione, che cioè cominciano a interessare vasti strati sociali.

Detto questo, bisogna dire che non ha senso affermare che il cristianesimo non ha influito minimamente sulla trasformazione dello schiavismo in servaggio, in quanto non aveva nulla di politicamente rivoluzionario (a favore degli schiavi). Il fatto che un'ideologia religiosa fosse politicamente conservatrice non significa che socialmente e culturalmente fosse indifferente alla condizione schiavile. Basti pensare a due cose:

1. Gesù Cristo veniva sì considerato di origine divina, ma veniva anche considerato simile a uno "schiavo" che si auto-immola per redimere gli uomini dai loro peccati, il primo dei quali era stato quello edenico, che aveva per sempre impedito la riconciliazione degli uomini col loro dio (un dio che, con linguaggio più laico, va inteso come simbolo del comunismo primitivo);

2. il lavoro veniva considerato in maniera altamente significativa, al punto che Paolo arriverà a scrivere, nelle sue lettere, che chi non lavora non ha diritto a mangiare. Lui stesso aveva sempre cercato di non essere di peso a nessuno.

È evidente che fino a quando il cristianesimo non divenne la religione più importante dell'impero, le fonti ufficiali non potevano ammettere che questa religione, dopo tre secoli di permanenza nei grandi centri urbani, era riuscita a influenzare, in qualche modo, i rapporti tra padroni e schiavi. Quando un'ideologia è politicamente minoritaria ma socialmente rilevante, è naturale ch'essa possa esercitare una certa influenza sulla mentalità dominante. Si tratta di un'influenza che non può essere ammessa in maniera pubblica, ma che non per questo risulta insignificante.

Per poter interpretare adeguatamente i fatti storici, sarebbe sciocco basarsi esclusivamente sulle fonti che ce li hanno tramandati. È dunque inevitabile ipotizzare delle linee di tendenza che nelle fonti non possono risultare chiare e distinte. Prendiamo p.es. il passaggio epocale dal principato di Costantino a quello di Teodosio. Com'è stato possibile che in meno di 70 anni si sia passati ad una trasformazione del cristianesimo da religione "tollerata" a religione "privilegiata"? È evidente che il passaggio è potuto avvenire solo perché il cristianesimo aveva già acquisito a livello sociale e culturale un'enorme credibilità. Ma se andiamo a esaminare le fonti pagane coeve, dove risulta questa credibilità? Le persecuzioni erano durate apertamente fino a Diocleziano (305).

Se il cristianesimo fosse stato semplicemente una "religione" e non anche una "cultura" e un'"esperienza sociale", non solo non ci sarebbe stato l'Editto di Teodosio (380), ma neppure quello di Costantino (313). L'Editto di Milano infatti era stato fatto proprio perché il cristianesimo non era una religione come le altre, ma qualcosa che lo Stato romano guardava con sospetto e diffidenza. Qualunque religione pagana era già tollerata: perché emanare un editto specifico per dire che anche il cristianesimo lo era? Evidentemente perché non si poneva come una semplice religione.

E il fatto che Teodosio, nel 380, arrivasse a considerarla come l'unica religione lecita, rovesciando completamente la situazione precedente, sta appunto a dimostrare che gli imperatori non avevano mai considerato il cristianesimo come una semplice "religione". Nessuna religione era mai stata perseguitata per tre secoli. In ogni caso nessuna avrebbe mai potuto resistere a una persecuzione così prolungata. Le persecuzioni avvenivano per motivi squisitamente politici, pur sapendo che il cristianesimo non voleva affatto porsi come movimento rivoluzionario antischiavista. Dunque gli aspetti pre-politici (il *sociale* e il *culturale*) davano non meno fastidio di quelli politici.

Soltanto quando si resero conto che le persecuzioni non solo non servivano a nulla, ma anzi facevano incrementare le fila degli adepti a questa confessione, gli imperatori intrapresero la strada opposta: prima, con Costantino, cercando di dimostrare che lo Stato pagano non temeva alcuna religione, neppure quella cristiana; poi, con Teodosio, facendo vedere che lo Stato era persino disposto a fare del cristianesimo l'unica religione lecita. Cosa che sarebbe stata letteralmente impossibile se il cristianesimo non fosse già stato un'ideologia dominante nel tessuto sociale.

Il grandissimo torto del cristianesimo non fu ovviamente quello di aver accettato l'Editto di Milano, ma quello di aver accettato l'Editto di Tessalonica. È appunto a partire dal 380 che inizia la corruzione politica di questa confessione.

Oggi col socialismo ci troviamo in una situazione per certi versi analoga e per altri opposta. Esso non è ancora entrato nella cultura dominante borghese (anche se l'esperienza che più gli si avvicina è quella dello "Stato sociale"), proprio perché nei suoi confronti persiste la diffidenza. D'altro canto bisogna indurre gli Stati borghesi ad accettare nelle loro Costituzioni la fine della religione di stato, la fine della religione maggioritaria, un vero pluralismo confessionale, in cui nessuna religione possa fruire di particolari privilegi, e soprattutto l'inserimento del diritto a non avere alcuna religione, ovvero il diritto all'ateismo.

*

Chiusa la parentesi sul cristianesimo in epoca romana, qui si può concludere il discorso sullo schiavismo dicendo che le popolazioni cosiddette "barbariche", quando entrarono nell'impero, non fecero altro che mettere in pratica un disegno di umanizzazione risalente alle loro origini clanico-tribali. Un disegno che per realizzarsi, senza l'apporto del cristianesimo, avrebbe sicuramente richiesto tempi molto più lunghi.

"In nome di Cristo morto e risorto - diceva Paolo - non c'è più né schiavo né libero". Tutti i cristiani sono moralmente liberi di fronte a dio, anche se nella vita reale permangono le differenze di classe. Un discorso del genere, una volta che il cristianesimo avesse dimostrato socialmente la propria superiorità sulle religioni pagane, non avrebbe potuto non influenzare i rapporti produttivi.

L'incontro coi barbari fu, da questo punto di vista, una vera fortuna per il cristianesimo, poiché gli avrebbe permesso di trovare più facilmente un appoggio non solo di tipo politico-istituzionale (che già aveva ottenuto con Teodosio), ma anche *sociale*, in quanto i barbari non avevano mai usato lo schiavismo come organizzazione produttiva dell'intera società. Il cristianesimo poteva continuare a esistere ancora per molti secoli, pur avendo ingannato gli schiavi con la dottrina della liberazione ultraterrena.

Dal canto loro i barbari, pur essendo di religione pagana, non ebbero alcuna difficoltà ad accettare una religione che assicurava loro la pace sociale. All'inizio fecero solo differenza tra *arianesimo* (in cui lo Stato sottomette a sé la chiesa) e *ortodossia* (in cui vige la diarchia dei poteri); successivamente, nella parte occidentale dell'impero, si trovarono costretti a scegliere tra *Stato confessionale* e *teocrazia pontificia*.

Insomma, una cosa è sfruttare qualcuno in nome della *forza militare* (schiavismo); un'altra è sfruttarlo col placet della *fede religiosa* (servaggio); un'altra ancora è farlo sotto il pretesto del *diritto borghese* (lavoro salariato); l'ultima che conosciamo, infine, è quella di chi usa un *ideale socialista* gestito in maniera esclusiva dallo Stato (cosa che trasforma la sudditanza in una questione anche di coscienza).

Quale marxista arriverebbe mai ad ammettere che in Russia il socialismo statale è crollato proprio a motivo delle tradizioni cristiane, le quali hanno potuto dimostrare che il loro ideale religioso era superiore a quello laico dello stalinismo? E chi arriverebbe ad ammettere che la stessa cosa non è potuta accadere in Cina proprio perché qui le suddette tradizioni non hanno mai messo solide radici? Quando tradizioni più che millenarie considerano l'essere umano un mero prodotto di natura, per quale motivo dovrebbero perorare con forza la causa della democrazia per rimediare ai guasti del socialismo di stato? Non è forse sufficiente che la dittatura politica aumenti gli spazi di manovra della libertà meramente economica?

L'ultimo socialismo possibile: quello di mercato

Il marxismo è sempre stato visto dalla borghesia come un proprio irriducibile nemico a motivo del suo concetto di "proprietà comune dei mezzi produttivi". In realtà la vera proprietà "sociale" di tali mezzi si è verificata, da quando l'uomo esiste, solo in epoca *preistorica*, o quanto meno soltanto presso quelle popolazioni che non hanno mai conosciuto alcuna rivoluzione né verso la proprietà "statale" dei mezzi produttivi, né verso quella "privata".

La borghesia dell'Europa occidentale e degli Stati Uniti è lontanissima dall'accettare l'idea di una proprietà collettiva dei mezzi produttivi, proprio perché la proprietà in generale è nata e si è sviluppata, soprattutto in queste aree geografiche, in maniera fortemente *individualistica*, almeno a partire dallo schiavismo. Gli europei sono talmente portati a identificare la proprietà privata dei mezzi produttivi con lo schiavismo che non ebbero alcuna difficoltà a ripristinarlo nelle Americhe, dopo averlo abbandonato nell'Europa feudale da almeno un millennio.

Il capitalismo è stato fatto nascere da una borghesia che si concepiva come classe antagonistica nei confronti delle istituzioni dominanti (chiesa romana e impero feudale); poi, quand'essa è riuscita a imporsi anche politicamente, gli Stati che ha costruito dovevano semplicemente servire a difendere gli interessi privati di una classe particolare.

Il marxismo ha cercato di porre un argine ai guasti di questo marcato individualismo, ma, sul piano pratico, è riuscito soltanto a realizzare un "socialismo burocratico di stato", sostanzialmente privo di borghesia e quindi di proprietà privata. Il risultato è stato del tutto fallimentare. Il marxismo ha fallito proprio là dove appariva più alternativo al capitale.

Ora il testimone sembra essere passato alla Cina, dove si sta sperimentando un socialismo di tipo "borghese", dove cioè l'individualismo sul piano economico viene controllato da una gestione autoritaria del potere politico. Come possono conciliarsi questi due aspetti è per noi occidentali inspiegabile, proprio per le due opposte ragioni dette sopra: o si dà un individualismo borghese in cui il ruolo dello Stato è marginale, in cui cioè la politica è subordinata all'economia; oppure si permette allo Stato di prevalere nettamente e, in tal caso, l'uguaglianza imposta con la forza finisce col negare la libertà di coscienza, l'iniziativa individuale, gli interessi soggettivi. La via di mezzo sembra essere stata trovata, magicamente, dalla Cina, ed è probabile che, col passare degli anni, il suo esempio verrà imitato da altre realtà geo-politiche, tradizionalmente insofferenti a una gestione troppo individualistica delle risorse umane e naturali.

Tuttavia, comunque vadano le cose, l'umanità è ancora molto lontana dal vivere un'esperienza davvero "sociale" nella gestione dei mezzi produttivi. Una qualche idea, in merito, potrebbero darcela le ultime comunità primitive ancora esistenti sul pianeta, ma il loro destino sembra essere segnato: quello d'essere integrate nel nostro sistema sociale. Integrarsi, beninteso, per scomparire, o con le buone o con le cattive. Con realtà del genere, infatti, noi non riusciamo assolutamente a convivere: le loro risorse naturali ci fanno gola, ovunque esse siano. Se proprio non vogliono lasciarsi assorbire o sradicare, queste realtà possono ritirarsi nei deserti, nelle riserve predisposte per loro, nelle zone più aride e desolate del mondo, e se proprio vogliono opporsi con la forza, sappiano che non avranno scampo.

Noi siamo fatti così: la natura ci è soltanto serva. Abbiamo questa pretesa dai tempi dello schiavismo e abbiamo continuato ad averla anche sotto il feudalesimo, sotto il capitalismo e il socialismo statale, e ora l'abbiamo anche sotto il socialismo di mercato, in stile "asiatico".

Sotto questo aspetto appare del tutto naturale che il socialismo scientifico, contestando il capitalismo, non abbia capito che la vera alternativa a quest'ultimo poteva essere soltanto un ritorno all'epoca preistorica. Non avendo capito l'importanza del *comunismo primitivo*, tutta la critica marxista del capitale rischia d'avere un valore molto approssimativo. Il fatto stesso che le idee dei classici del marxismo abbiano fino ad oggi trovato una realizzazione solo nella forma del socialismo statale e ora in quella del socialismo di mercato, la dice lunga.

Dopo il fallimento del socialismo burocratico avremmo dovuto smettere di criticare il capitalismo in nome dello stesso marx-leninismo. Non perché l'ideologia borghese sia migliore di quella marxista, ma proprio perché quest'ultima, così come è, non può costituire un'efficace alternativa a quella, in quanto necessita di una profonda revisione.

Ora, è noto che tutte le volte che si parla di "revisionare" il marxismo, si finisce col fare gli interessi privati della borghesia. Fino ad oggi tutte le revisioni del marxismo sono state revisioni borghesi o socialdemocratiche.

Guardando quella attuale della Cina, dovremmo dire che anch'essa rientra nelle revisioni borghesi. Tuttavia non è esattamente così. Se è una revisione borghese, non lo è alla maniera occidentale. In Cina il partito comunista e il suo principale strumento di controllo, lo Stato, giocano un ruolo di primo piano, come mai nessuna borghesia occidentale permetterebbe. Questo significa che nei prossimi decenni o forse nei prossimi secoli sarà facile che chi si sente ispirato dal marxismo s'illuda di poter trovare nell'esperienza cinese una vera alternativa al capitalismo occidentale.

Obiettivi da realizzare

Nella storia spesso si verifica questo fenomeno: le esigenze di dominio politico autoritario si manifestano non quando una determinata istituzione viene accettata dalle masse popolari (come ad es. la chiesa romana nell'alto Medioevo), ma, al contrario, quando queste masse cercano di contestarla, rendendosi indipendenti.

In altre parole, il momento più significativo di una determinata istituzione è anche quello socialmente, culturalmente e politicamente più antidemocratico, a testimonianza che il processo di affermazione politica di un'istituzione non può che avvenire in contrasto con la resistenza delle masse. In tutte le società divise in classi, quanto più tale divisione tra potere e masse si fa acuta, tanto più la politica viene usata dal potere contro gli interessi delle masse.

Se la storia fosse letta in questa maniera, si dovrebbe essere indotti a vedere le influenze maggiori delle istituzioni sul popolo quando gli strumenti politici (e militari) vengono usati di meno, poiché ciò presuppone che fra istituzioni e popolo non sia ancora presente quella frattura che si crea successivamente e per la quale si ha bisogno di un certo autoritarismo.

Ma forse sarebbe meglio dire che in questo caso non sono le istituzioni a influenzare maggiormente le masse: sono le masse che hanno meno bisogno d'essere influenzate. Nel senso cioè che nella fase iniziale del processo d'emancipazione delle masse (da situazioni contraddittorie precedenti) le istituzioni giocano un ruolo secondario, in quanto le masse si sentono così forti da non voler delegare alle istituzioni la loro responsabilità politica diretta. Solo in un secondo momento, quando le masse cominciano a illudersi che per conservare le conquiste democratiche sia sufficiente affidarsi alle istituzioni, scatta il meccanismo dell'abuso di potere. Le masse, a quel punto, dovrebbero reagire il più presto possibile, altrimenti le istituzioni tendono a separarsi sempre di più dalla società, aumentando il loro potere a dismisura. Con questo criterio potrebbe essere letta tutta la storia delle civiltà, inclusa la nostra.

Naturalmente tra i due modi di fare politica, quello delle istituzioni e quello delle masse, lo storico deve privilegiare il modo di coloro che hanno cercato di promuovere rapporti sociali democratici. Che cosa voglia dire questo è presto detto: una qualunque storiografia che voglia porsi in maniera democratica non può non conoscere gli obiettivi principali da realizzare politicamente e quindi da valorizzare e tutelare storicamente. Essi sono appunto i seguenti:

1. fine della proprietà privata, quindi ripristino della proprietà *sociale* dei mezzi produttivi, distinguendo bene i concetti di proprietà *privata, sociale* e *personale* (con l'esclusione della proprietà privata bisogna escludere anche quella statale, in quanto il concetto di "pubblico" deve coincidere solo con quello di "sociale");

2. fine del dominio dell'uomo sulla natura, quindi revisione totale dei principi scientifici e tecnologici della cultura occidentale (occorre partire dal presupposto che l'uomo ha più bisogno della natura di quanto la natura abbia bisogno dell'uomo, quindi qualunque sviluppo tecnico-scientifico dev'essere compatibile con le esigenze riproduttive della natura);

3. fine del dominio dell'uomo sulla donna;

4. ricomposizione del diviso: città e campagna, lavoro intellettuale e manuale, teoria e prassi;

5. affermazione della democrazia diretta, localmente circoscritta, quindi fine della democrazia delegata e superamento di concetti come Stato, nazione, parlamento, leggi, istituzioni…;

6. superamento della divisione dei poteri (esecutivo, legislativo, giudiziario), in quanto è il popolo che decide, esegue e giudica;

7. il popolo deve difendere se stesso, quindi no alla delega del potere militare.

A questo punto è evidente che per realizzare la transizione dal capitalismo e dal socialismo autoritario al socialismo democratico diventa di fondamentale importanza riesaminare i rapporti tra l'organizzazione sociale dell'uomo primitivo, di tipo comunistico, e quella subito successiva, basata sullo schiavismo.

Molto utile sarà anche l'esame dell'organizzazione tribale che ancora oggi si ritrova in pochissime popolazioni rimaste isolate o che sono sopravvissute al contatto con gli occidentali, conservando le proprie caratteristiche fondamentali.

Bisogna tuttavia considerare che se il primo tentativo (quello giudaico) di ripristinare i valori primitivi è durato circa 4000 anni, e il secondo (quello cristiano) circa 2000, il terzo (quello socialista) non potrà durare meno di 1000 anni, dopodiché davvero l'alternativa non potrà che essere: o socialismo o barbarie.

Non c'è comunque bisogno di scomodare le categorie culturali che siamo soliti usare in campo storiografico: giudaismo, cristianesimo, socialismo… A ben guardare ogni popolazione esistita nella storia s'è scontrata con problemi analoghi, o perché li ha promossi direttamente o perché li ha subiti, proprio in quanto esiste un unico genere umano.

Ogni popolazione rappresenta un momento particolare del genere umano, ed anche, di conseguenza, un aspetto particolare in cui il genere umano è stato rappresentato. Il "momento" si riferisce al tempo storico, l'"aspetto" si riferisce alla modalità con cui una popolazione ha vissuto nel proprio "spazio" quel particolare momento.

Bisogna che lo storico sappia cogliere, nell'evoluzione storica del genere umano, le varie tappe del suo sviluppo (i diversi momenti storici), sufficientemente distinguibili le une dalle altre. Per es. il marxismo ha individuato cinque tappe storiche: comunismo primitivo, schiavismo, feudalesimo, capitalismo, socialismo, con varie diversificazioni interne a ciascuna di esse.

Queste tappe, come noto, non sono state vissute contemporaneamente da tutte le popolazioni umane: alcune addirittura sono passate da una all'altra tappa. Esiste nella storia una *discontinuità* (dovuta alla facoltà della libertà umana) da cui non si può prescindere. Se una popolazione è limitata nel suo sviluppo democratico, ciò non può esserle imputato più di quanto non possa esserlo a tutte le altre popolazioni, che non hanno saputo realizzare lo sviluppo uniforme, continuo, del genere umano verso la democrazia. I torti non stanno mai da una sola parte.

Occorre anche che lo storico sappia distinguere i vari aspetti socio-culturali che hanno caratterizzato l'organizzazione delle diverse popolazioni. Sulla base di questi aspetti è possibile verificare se la tappa evolutiva è stata vissuta in modo adeguato, conforme alle leggi dell'evoluzione storica del genere umano, se cioè la popolazione ha saputo lottare efficacemente contro le contraddizioni della sua epoca, acquisendo una consapevolezza matura dei rapporti umani e democratici. Naturalmente qui si esclude il passaggio dal comunismo primitivo allo schiavismo.

Lo storico deve saper individuare quale popolazione s'è avvicinata di più al compito che doveva svolgere. E deve anche cercare di chiarire, per quanto può, quale fisionomia di genere umano egli crede debba realizzarsi nella storia.

In una visione materialistica della storia si potrebbe anche affermare che l'umanità oggi paga le conseguenze delle proprie azioni delittuose nei confronti dei grandi personaggi della storia, come Cristo, Gandhi, M. L. King ecc. O, se vogliamo, ne paga le conseguenze quella parte di umanità che aveva maggiori interessi nell'appoggiare la loro causa e che però non ha voluto (o saputo) farlo con coerenza e decisione.

In una visione del genere si dovrebbe quindi dire che tutti i mali che oggi affliggono i poveri, gli affamati, i senzatetto ecc. sono in un certo senso inevitabili, poiché costoro persero l'occasione giusta di riscattarsi nel momento giusto.

La storia però offre sempre altre opportunità per risolvere le ingiustizie e i soprusi: di tanto in tanto ne offre alcune veramente grandi. Sprecarle con superficialità, non valorizzarle sino in fondo o volgere loro le spalle: questi sono atteggiamenti che comportano sempre tragiche conseguenze (e sempre più tragiche, col passare del tempo).

Tornare indietro per andare avanti

Dobbiamo tornare a vivere come l'uomo primitivo, se vogliamo sopravvivere come specie. Caccia e raccolta anzitutto. Se proprio vogliamo limitarci ad agricoltura e allevamento, avendo distrutto la gran parte delle foreste, dobbiamo farlo temporaneamente, in attesa che le foreste ricrescano grazie al nostro rimboschimento.

Dobbiamo tornare ad essere come eravamo all'inizio, in cui ci siamo conservati umani e naturali almeno sino alla nascita dell'agricoltura e dell'allevamento, allorché sono iniziate le ostilità tra agricoltori, che avevano bisogno di campi chiusi, e allevatori, che avevano bisogno di campi aperti.

I problemi sono sorti non tanto quando sono nate l'agricoltura e l'allevamento, ma quando si è cominciato a separarle. Infatti, quando ci si specializza in un settore produttivo, si vede l'altro come un rivale, un concorrente, e lo si teme. Con la caccia e la raccolta non vi erano questi problemi, anche perché, generalmente, la prima veniva praticata dagli uomini e la seconda dalle donne. Non si andava oltre le differenze di sesso ed età. Non a caso si pensa che l'agricoltura sia stata inventata dalle donne e l'allevamento dagli uomini.

Agricoltura e allevamento sono due forme di sedentarietà. Caccia e raccolta indicano invece il movimento, l'instabilità, l'itineranza, che meglio si addice alla natura umana, se vuole restare coerente con se stessa. La comunità tendeva a spostarsi là dove si trasferivano gli animali selvaggi, e le donne dovevano apprendere, in ambienti diversi, dove trovare il cibo sano e nutriente. Era la natura stessa che s'incaricava di formare gli esseri umani.

In origine, quando la Terra era completamente ricoperta di foreste, forse ci si spostava molto meno. Si viveva soprattutto di raccolta, in quanto il cibo vegetale era molto abbondante. La caccia è subentrata in un secondo momento, per integrare un cibo considerato non del tutto sufficiente.

Oggi quasi tutta la Terra è antropizzata negativamente. La catastrofe ambientale che ci attende pare inevitabile. Naturalmente ci saranno vari modi di affrontarla. Uno potrà essere quello di continuare a vivere in maniera disumana e innaturale, fingendo ch'essa non serva come monito per una inversione radicale di tendenza. Quindi è molto probabile che ai disastri ambientali andranno ad aggiungersi nuovi conflitti mondiali, scatenati da parte di quegli Stati che vorranno far pagare agli Stati più deboli il peso di quei disastri.

Il vero problema tuttavia non sarà soltanto quello di come prevenire la catastrofe ambientale, ma anche e soprattutto quello di che cosa fare quando verrà il momento di cercare un'alternativa alla nostra insensatezza. Fino ad oggi, infatti, nonostante 6000 anni di antagonismi epocali, non siamo riusciti a capire che l'unico modo per restare umani e naturali è quello di tornare all'epoca primitiva, quella in cui appunto si viveva di caccia e raccolta, e dove l'agricoltura e l'allevamento non costituivano una fonte di irriducibili conflitti sociali all'interno della comunità tribale.

Fino ad oggi non abbiamo fatto altro che sostituire un antagonismo con un altro. In un primo momento il superamento di determinate contraddizioni sociali appare un fenomeno molto positivo, ma poi se ne formano altre che, per molti aspetti, diventano ancora più gravi, e il problema di come superarle si ripresenta, senza che mai si riesca a porre le condizioni perché una determinata contraddizione non si trasformi in un irriducibile conflitto.

Dobbiamo uscire da questa spirale perversa e, per farlo, c'è solo un modo: *tornare alla preistoria*. L'alternativa deve essere radicale: non possono esserci mezze misure. E l'alternativa non può essere che questa: praticare l'*autoconsumo* e il *baratto*, eliminare la proprietà privata dei mezzi produttivi e la dipendenza dai mercati, ridurre la tecnologia a quella compatibile con le esigenze riproduttive della natura e, per quanto riguarda la politica, affermare la *democrazia diretta*, sopprimendo gli Stati e i parlamenti della democrazia meramente rappresentativa.

*

In ogni caso, anche se non vogliamo tornare spontaneamente alla preistoria, sarà la storia stessa che s'incaricherà d'imporcelo. Infatti quanto più sviluppiamo scienza, tecnica, mercati, economia finanziaria, armamenti, tanto più ci avviciniamo alla catastrofe, umana e ambientale. E quanto più grande sarà questo disastro, tanto più saremo costretti, per poter sopravvivere, a riportare in auge lo stile di vita dell'uomo primitivo.

Siamo liberi di muoverci, ma entro certi limiti: se li oltrepassiamo, l'inevitabile apocalisse ci riporterà in carreggiata. Una libertà senza limiti non ha senso. Certo la conoscenza può non aver limiti, e così il bisogno di amare e di essere amati, e anche l'esigenza di produrre qualcosa, ma se andiamo oltre i limiti dell'umano e del naturale, tutto quello che facciamo perde immediatamente di valore. Perdiamo tempo, perdiamo noi stessi. E quanto più uno si perde, tanta più fatica gli costerà ritrovarsi.

Se davvero vogliamo essere responsabili, dobbiamo saper gestire il senso della illimitatezza, dell'incondizionato: dobbiamo arrivare a capire che l'infinito è possibile solo all'interno di determinate regole universali.

Avremmo dovuto vivere un percorso evolutivo senza traumi, cioè senza guasti irreparabili, ma per colpa delle nostre scelte scriteriate abbiamo finito col creare delle situazioni ingestibili. Abbiamo addirittura smarrito il criterio con cui stabilire quando una scelta può essere considerata giusta o sbagliata. Solo a posteriori ci accorgiamo dell'erroneità delle nostre scelte. E i rimedi che vi poniamo non sono mai sufficienti, mai risolutivi.

Tuttavia questo non impedisce alla natura di seguire il proprio corso. Vi è un'oggettività più potente della nostra soggettività (quanto meno è più ancestrale). Infatti quando vogliamo fare di questa soggettività una diversa oggettività, un nuovo criterio di valori, la pretesa non dura molto tempo: prima o poi ci si scontra con situazioni insostenibili. Quanto maggiore è la pretesa di dominare il mondo intero, tanto più breve è il tempo per rendersi conto dell'illusorietà di tale obiettivo, proprio perché gli effetti sono più devastanti.

C'è qualcosa che ci collega direttamente alla natura. È come se la natura avesse leggi universali e necessarie che tutti i suoi componenti, meno l'essere umano, vivono inconsapevolmente. L'unico però che potrebbe viverle secondo ragione, è anche quello che più le trasgredisce. E lo fa senza rendersi conto di perdere tempo prezioso per la crescita della propria autoconsapevolezza. Le conquiste dell'umanità, soprattutto quelle scientifiche e tecnologiche, il più delle volte le usiamo contro la natura e contro noi stessi. È impossibile dare una spiegazione razionale di questo comportamento. La libertà è un mistero assolutamente insondabile.

*

Il socialismo si è illuso che vi potesse essere un progresso semplicemente limitandosi a socializzare la proprietà privata. Invece dobbiamo azzerare un'intera civiltà, quella basata sul *macchinismo*. L'unico vero socialismo è stato quello *preistorico*.

La domanda che, a questo punto, dobbiamo porci è soltanto una: dobbiamo attendere rassegnati la catastrofe, nella convinzione che le contraddizioni sono diventate talmente abnormi da risultare irrisolvibili all'interno dell'attuale sistema, oppure possiamo porre sin da adesso le condizioni (o almeno le pre-condizioni) in virtù delle quali si possa realizzare quanto prima una transizione verso il nostro più lontano passato, quello precedente alla nascita dello schiavismo?

In altre parole: com'è possibile realizzare la democrazia diretta e l'autoconsumo all'interno del sistema antagonistico? Vi è la possibilità di ritagliarsi uno spazio autonomo, oppure è prima necessario abbattere politicamente il sistema? Il socialismo democratico che vogliamo realizzare deve passare attraverso un riformismo graduale o attraverso una rivoluzione che inevitabilmente sarà violenta, in quanto il sistema non depone mai spontaneamente le armi?

Al giorno d'oggi è difficile pensare che esista una terza via, quella di trasferirsi in zone vergini del pianeta, non contaminate dallo stile di vita occidentale. Gli angoli rimasti puri sono talmente piccoli da risultare del tutto insufficienti per una transizione che coinvolga milioni e milioni di persone, intenzionate a realizzarla. Pensare di trasferirsi altrove per ricominciare da capo va considerata una soluzione impraticabile, del tutto utopistica. La via d'uscita va cercata là dove si vive, anche perché si ha il vantaggio di conoscere, più o meno bene, il proprio territorio.

Dunque il metodo da seguire per realizzare la transizione potrebbe essere il seguente: tentare delle esperienze innovative di *autoconsumo* e di *democrazia diretta*, cominciando a proporle alla collettività. Tutti i mass-media possono essere utilizzati per propagandare un'alternativa concreta al sistema. Poi da come il sistema reagirà, si deciderà il da farsi. L'importante è non escludere a priori l'idea di dover difendere le proprie esperienze innovative anche, se necessario, con l'uso delle armi. Bisogna cioè fare molta attenzione a che il concetto di non-violenza non venga usato dal sistema per impedire una vera transizione al socialismo democratico.

Bisogna semplicemente limitarsi a sfruttare il fatto che il sistema, per affermare se stesso, si avvale, formalmente, del concetto di democrazia, che implica quello di diritti umani, civili e politici. Dobbiamo mettere il sistema nelle condizioni di svelare che la sua difesa della democrazia è puramente formale. Dobbiamo dimostrare, con le armi della *democrazia diretta* e dell'*autoconsumo*, che il nostro stile di vita è più umano e naturale di quello che offre il sistema, e che siamo disposti a difenderlo, da chi vorrà distruggerlo, con ogni mezzo.

Conclusione

Dovremo tornare a vivere come l'uomo primordiale ("primitivo" lo usiamo in senso dispregiativo), nella piena consapevolezza che qualunque altra forma d'esistenza non è naturale né umana. Dovremo arrivare alla conclusione che un'esistenza umana è possibile solo se è conforme a natura, le cui leggi ci hanno preceduto nel nostro tempo storico. Dovremo arrivarci in maniera scientifica, il che, stante l'attuale antagonismo sociale, sarà una grande contraddizione in termini. Infatti, come sarà possibile che, sviluppando al massimo grado la tecnologia, si arrivi alla convinzione che il sistema di vita più naturale e quindi più umano è stato quello in cui se ne usava di meno?

Una consapevolezza del genere dovrebbe essere acquisita rinunciando progressivamente alla scienza, o comunque rinunciando a una forma di civiltà che usa la scienza contro gli interessi umani e naturali. Ora, poiché non è questa la nostra strada, è da presumere che lo sviluppo abnorme della scienza, all'interno di una civiltà basata sull'antagonismo delle classi, ci porterà inevitabilmente a una catastrofe mondiale. Noi arriveremo a capire la verità di noi stessi non per virtù ma per necessità. Questo perché la nostra libertà vuole scandagliare tutte le possibili esperienze individualistiche e quindi irrazionali, per poter arrivare a capire che la migliore esperienza era la prima, l'unica davvero libera e collettivistica.

Dunque dalla scienza alla coscienza: ecco il percorso positivo che dobbiamo intraprendere. La coscienza deve diventare la scienza delle cose umane, da viversi in maniera condivisa, nel rispetto delle leggi riproduttive della natura. Questo percorso non è detto che sia lineare, anzi, sarà sicuramente a sbalzi, a zig-zag, con accelerazioni e retromarce, ma resta comunque un percorso verso una direzione sensata.

Di tale percorso oggi possiamo con sicurezza dire che si sono fatti più progressi sul versante dell'*umanesimo laico* che non su quello del *socialismo democratico*. Se costretto, il capitalismo è più disposto ad accettare una tendenza verso l'indifferenza religiosa, persino un'esplicita professione di agnosticismo o di ateismo, che non il più piccolo richiamo a favore della necessità di gestire in maniera collettiva la proprietà privata.

Tutti i discorsi strutturali a favore del socialismo vengono accuratamente rimossi. Anzi, quanto più è forte la crisi del sistema, tanto più i governi borghesi utilizzano le leve dello Stato per risanare i buchi finanziari, i crolli borsistici, i fallimenti aziendali. Il bene pubblico viene utilizzato per sanare i guasti dell'economia privata.

Occorre creare un movimento popolare che nel contempo sia favorevole alla laicità e al socialismo, un movimento incentrato sui problemi quotidiani delle classi e dei ceti che più soffrono le contraddizioni di questo sistema. Se il movimento non sa affrontare i bisogni della gente, se sovrappone a questi bisogni dei discorsi astratti, ideologici, resterà inevitabilmente settario e inefficace.

Tale movimento dovrà saper coinvolgere il maggior numero possibile di persone, a prescindere dalla loro collocazione sociale, economica o politica. Senza ampi consensi non si realizza alcuna transizione. E soprattutto quand'esso propone forme di tutela ambientale, di risparmio energetico ecc., non dovrà farlo avendo di mira l'obiettivo di rendere più sopportabile il sistema.

*

Quando Marx scrisse, nei *Manoscritti economico-filosofici del 1844*, che "l'ateismo è, in quanto soppressione di dio, il divenire dell'umanismo teoretico, e il comunismo, in quanto soppressione della proprietà privata, è la rivendicazione della vita umana reale come sua proprietà, cioè è il divenire dell'umanismo pratico", faceva in sostanza capire che l'*umanesimo laico* senza *socialismo democratico* rischia di diventare un'operazione meramente intellettuale.

Il giovane Marx tuttavia aggiungeva ben altro: "l'ateismo è l'umanismo mediato con se stesso dalla soppressione della religione, il comunismo è l'umanismo mediato con se stesso dalla soppressione della proprietà privata. Solo attraverso la soppressione di questa mediazione, che però è un presupposto necessario, si forma l'umanismo che ha inizio positivamente da se stesso, l'umanismo *positivo*".

Più chiaro di così Marx non poteva essere. Anzi, aveva qui raggiunto una chiarezza così cristallina che gli studi successivi di economia politica la opacizzeranno, nonostante la scoperta della legge del plusvalore e di altre importanti leggi del capitalismo.

Il giovane Marx infatti aveva capito che gli aspetti sociali e culturali non potevano marciare separatamente, in quanto esisteva tra loro un reciproco condizionamento, una certa organica interconnessione. Se Marx avesse proseguito gli studi approfondendo quella geniale intuizione, invece di ripetere continuamente le stesse cose, avrebbe fatto una scoperta ancora più grande di quella della legge del plusvalore. Si sarebbe infatti accorto che il futuro dell'umanità, una volta liberatasi della religione e della proprietà privata, non sarebbe stato molto diverso da quel lontano passato che gli uomini avevano abbandonato proprio per affermare la proprietà privata e quindi la religione.

*

Sostenere che dal comunismo primitivo allo schiavismo (relativo alla proprietà statale o privata dei mezzi produttivi) si sia passati per mezzo di successive determinazioni quantitative, cioè senza una traumatica rottura di tipo qualitativo, è stata una delle tesi più sbagliate del marxismo, in questo erede della dialettica hegeliana.

Non ha infatti alcun senso dire che la proprietà privata poteva nascere solo in presenza di allevamento e agricoltura, non essendo possibile con la semplice raccolta ottenere un surplus alimentare. Di per sé non c'è nulla che possa favorire una gestione statale o privata o sociale dei mezzi produttivi. Cioè non possono essere stati l'agricoltura o l'allevamento a far nascere il senso della "proprietà privata". Questo passaggio non riveste alcun carattere di necessità.

Le cose infatti potrebbero essere andate in maniera rovesciata: è stato il senso di una proprietà non più comune a far nascere un certo tipo di lavorazione della terra o un certo tipo di allevamento. Determinati campi possono essere stati recintati, oppure la mandria (o una sua porzione) può essere appartenuta non più al collettivo tradizionale, ma a un proprietario particolare, che all'inizio si poneva o, meglio, s'imponeva in forma inedita.

L'idea di appropriarsi di qualcosa in maniera privata o in maniera astratta, cioè attraverso un ente che si vuol far passare come *super partes*, lo Stato, non può essere venuta in mente a un'intera tribù in un medesimo momento. Inizialmente l'idea dev'essere emersa in una parte di essa e può averla coinvolta interamente solo all'interno di una successione di momenti distinti.

Ovviamente nessuno nega che possano esserci stati dei mutamenti quantitativi nella gestione dei mezzi produttivi, ma è da escludere che tali mutamenti siano avvenuti fino al punto da sconvolgere in maniera naturale e radicale dei metodi tradizionalmente acquisiti. I progressi - se e quando c'erano (si pensi al fuoco o alla ruota) - venivano gestiti dall'intero collettivo. Solo per un motivo molto grave una parte della comunità poteva pensare di usarli per nuocere all'altra parte.

Le caratteristiche del collettivo non venivano compromesse né da un perfezionamento dei mezzi produttivi, né da un aumento della popolazione, né da condizioni climatiche o geografiche particolarmente sfavorevoli alla riproduzione umana. Se si pensa di trovare in queste e altre cose una motivazione plausibile per giustificare la fine del comunismo primordiale, ve ne sono altrettante che, sulla base di quegli stessi progressi, potrebbero portarci a fare considerazioni del tutto opposte.

Per esempio è una forzatura arguire che il concetto di "famiglia monogamica" sia nato proprio in seguito all'affermarsi di un uso diverso (privato) della proprietà. Ha poco senso pensare che dei sentimenti positivi di eticità nascano da un qualcosa di materialmente negativo. Come, d'altra parte, non ha senso sostenere che la nascita dello Stato, nel cosiddetto "modo di produzione asiatico", fu un qualcosa di "progressivo" proprio perché lo Stato, di per sé, non implicava né la divisione in classi contrapposte, né l'appropriazione individuale delle eccedenze o di una parte dei mezzi produttivi di sopravvivenza, e neppure la trasformazione del valore d'uso in valore di scambio.

In realtà non è affatto normale che nasca un organismo impersonale, al di sopra del collettivo, ammantato di idee religiose, avente propri funzionari specializzati, di tipo sia burocratico-fiscale che poliziesco-militare. Un organismo del genere presuppone già uno sconvolgimento di un certo livello nelle abitudini di una data comunità.

Bibliografia

Le fonti per la storia antica, ed. Il Mulino, Bologna 2008.

R. Rossi, *Storia antica*, ed. Vallardi A., Milano 2005.

Storia antica, Edizioni Giuridiche Simone, Napoli 2005.

E. Terray, *Il marxismo e le società primitive*, ed. Samonà e Savelli, Roma 1971

G. Sofri, *Il modo di produzione asiatico*, ed. Einaudi, Torino 1969.

H. Bengtson, *Introduzione alla storia antica*, ed. Il Mulino, Bologna 2003.

M. G. Angeli Bertinelli - A. Donati (a cura di), *La comunicazione nella storia antica. Fantasie e realtà. Atti del III incontro internazionale di storia antica* (Genova, 23-24 novembre 2006), ed. G. Bretschneider, Roma 2008.

Elementi di storia antica e greca. Dalla preistoria all'età ellenistica, Edizioni Giuridiche Simone, Napoli 2008.

A. Rizza, *Assiri e babilonesi. Storia e tesori di un'antica civiltà*, ed. White Star, Novara 2007.

L'Epopea di Gilgamesh, (a cura di N. K. Sandars), ed. Adelphi, Milano 1986.

W. Candini Formigoni, *Dalla scienza giuridica romana all'educazione alla convivenza civile. Appunti di didattica e laboratorio della storia antica e educazione civica*, ed. Aracne, Roma 2007.

S. Roger Bagnall, *Papiri e storia antica*, ed. Bardi, Roma 2007.

G. P. Guzzo, *Pompei. Storia e paesaggi della città antica*, ed. Mondadori Electa, Milano 2007.

A. Bellantone; M. Contatore; A. J. Domínguez, *Polifemo*. Rivista di storia delle religioni e storia antica (2005). Vol. 5/2006, ed. Aracne.

L. Benevolo, *Storia della città*. Vol. 1: *La città antica*, ed. Laterza, Roma-Bari 2006.

G. Pinoli, *Anek l'hittita. Una storia avvincente alla scoperta del fascino dell'antica civiltà hittita*, L'Autore Libri Firenze, 2005.

M. G. Angeli Bertinelli - A. Donati (a cura di), *Il cittadino, lo straniero, il barbaro, fra integrazione ed emarginazione nell'antichità. Atti del 1° Incontro internazionale di storia antica* (Genova, 2003), ed. Bretschneider Giorgio, Roma 2005.

C. F. Crispo, *Contributo alla storia della più antica civiltà della Magna Grecia*, Franco Pancallo Editore, Locri (RC) 2005.

G. Giannelli, *Culti e miti della Magna Grecia. Contributo alla storia più antica delle colonie greche in Occidente*, Franco Pancallo Editore, Locri (RC) 2005.

R. Bianchi Bandinelli, *Introduzione all'archeologia classica come storia dell'arte antica*, Laterza, Roma-Bari 2005.

F. Guglielmi, *Storia antica. Dai sumeri all'impero romano*, Giunti Editore, Firenze 2005.

A. C. Brioschi, *Breve storia della corruzione. Dall'età antica ai giorni nostri*, ed. TEA, Milano 2004.

S. Piano, *Lineamenti di storia culturale dell'India antica*, Libreria Stampatori, Torino 2004.

Simblos. Scritti di storia antica. Vol. 4, 2004, Lo Scarabeo (Bologna).

G. Brusa Zappellini, *Alba del mito. Preistoria dell'immaginario antico*, Arcipelago Edizioni, Firenze 2010.

Y. Coppens, *Il presente del passato. L'attualità di preistoria e storia*, ed. Jaca Book, Milano 2010.

Preistoria. L'evoluzione della vita sulla Terra, ed. Giunti Junior, Firenze 2010.

N. D'Acunto, *Storia*. Vol. 1: *Dalla preistoria al 200 d. C.*, ed. Vallardi A., Milano 2010.

C. Foliti, *Storia*. Vol. 1: *Dalla preistoria alla caduta dell'impero romano*, ed. Edises, Napoli 2010.

D. Amir Aczel, *Le cattedrali della preistoria. Il significato dell'arte rupestre*, ed. Cortina Raffaello, Milano 2010.

A. Pozzi, *Megalitismo. Architettura sacra della preistoria*, ed. Società Archeologica Comense, Como 2009.

A. Priuli, *Il linguaggio della preistoria. L'arte preistorica in Italia*, ed. Ananke, Torino 2006.

I mondi dell'arte. Asia, Africa, Americhe, Oceania e preistoria, ed. Jaca Book, Milano 2006.

A. Guidi, *Preistoria della complessità sociale*, ed. Laterza, Roma-Bari 2009.

Preistoria. Come perché, ed. Larus, Bergamo 2009.

D. Cocchi Genick, *Preistoria*. Con CD-ROM, ed. QuiEdit, Verona 2009.

P. Faorlin; M. Puccio, *Didattica della storia. La storia in scena*. Vol. 1: *La preistoria*, ed. ERGA, Genova 2008

A. Campbell – S. Parker, *Dinosauri & vita nella preistoria*, ed. EL, Trieste 2008.

Dinosauri. Scopri la preistoria, ed. IdeeAli, 2008.

J. Goudsblom, *Storia del fuoco. Dalla preistoria ai giorni nostri*, ed. Donzelli, Roma 2008.

Armi. Storia, tecnologia, evoluzione dalla preistoria a oggi, ed. Mondadori Electa, Milano 2007.

E. Beaumont, *La preistoria*, ed. Larus, 2007.

G. Feo, *Geografia sacra. Il culto della madre terra dalla preistoria agli etruschi*, ed. Nuovi Equilibri, Tarquinia 2006.

J. J. Bachofen, *Il matriarcato. Storia e mito tra Oriente e Occidente*, ed. C. Marinotti, Milano 2003.

J. J. Bachofen, *Diritto e storia. Scritti sul matriarcato, l'antichità e l'Ottocento*, ed. Marsilio, Venezia 1990.

J. J. Bachofen, *Il matriarcato. Ricerca sulla ginecocrazia nel mondo antico nei suoi aspetti religiosi e giuridici*, ed. Einaudi, Torino 2016.

Bachofen Johann J., Baeumler Alfred, Creuzer Friedrich, *Dal simbolo al mito,* ed. Spirali, Milano 1983.

E. Fromm, *Amore, sessualità e matriarcato*, ed. A. Mondadori, Milano 1997.

J. G. Frazer, *Matriarcato e dee madri. Miti e figure femminili delle origini*, ed. Mimesis, Milano 2014.

M. R. Herweg, *La yidishe mame. Storia di un matriarcato occulto ma non troppo da Isacco a Philiph Roth*, ECIG, Genova 1996.

A. M. Corradini, *Meteres. Il mito del matriarcato in Sicilia*, Papiro, Enna 1997.

E. Mazzola, *Fratelli e sorelle per l'età dell'acquario. Né patriarcato né matriarcato*, Bastogi Editrice Italiana, Foggia 2004.

P. Angelini, *Le cattive madri: l'emarginazione della donna e il mito "maschile" del matriarcato*, ed. Savelli Roma 1974.

M. Acciaro Pitzalis, *In nome della madre. Ipotesi sul matriarcato barbaricino*, ed. Feltrinelli, Milano 1978.

Matriarcato e potere delle donne, a cura di Ida Magli, ed. Feltrinelli, Milano 1982.

A. Ammermann – L. Cavalli-Sforza, *La transizione neolitica*, ed. Boringhieri, Torino 1986.

Le radici prime dell'Europa: gli intrecci genetici, linguistici, storici (a cura di G. Bocchi e M. Ceruti), ed. Bruno Mondadori, Milano 2001.

A. Broglio, *Introduzione al Paleolitico*, ed. Laterza, Roma-Bari 2007.

G. Childe, *Il progresso nel mondo antico. L'evoluzione della società umana dalla preistoria agli inizi del mondo classico*, ed. Einaudi,

Torino 1963.

G. Clark, *La preistoria del mondo. Una nuova prospettiva*, ed. Garzanti, Milano 1986.

P. Clastres, *La società contro lo Stato*, ed. Ombre Corte, Verona 2013.

M. Frangipane, *Nascita dello Stato nel Vicino Oriente*, ed. Laterza, Roma-Bari 2005.

F. Giusti, *I primi Stati. La nascita dei sistemi politici centralizzati tra antropologia e archeologia*, ed. Donzelli, Roma 2002.

R. Leakey – R. Lewin, *Le origini dell'uomo*, ed. Fabbri-Bompiani Milano 1993.

L. H. Morgan, *La società antica. Le linee del progresso umano dallo stato selvaggio alla civiltà*, ed. Feltrinelli, Milano 1970.

K. Polanyi e altri, *Traffici e mercati negli antichi imperi. Le economie nella storia e nella teoria*, ed. Einaudi, Torino 1978.

M. Sahlins, *L'economia dell'età della pietra. Scarsità e abbondanza nelle società primitive*, ed. Bompiani, Milano 1980.

M. Weheler, *Civiltà dell'Indo e del Gange*, ed. Il Saggiatore, Milano 1963.

S. Moscati (a cura di), Autori vari (Fales, Fronzaroli, Garbini, Liverani, Matthiae, Pintore, Zaccagnini), *L'alba della civiltà. Società, economia e pensiero nel Vicino Oriente antico*, 3 volumi, ed. Utet, Torino 1976.

M. Torelli, *Storia degli Etruschi*, ed. Laterza, Roma-Bari 2005.

AA.VV., *L'origine dello Stato nella Grecia antic*a, a cura di F. Codino, Editori Riuniti, Roma 1975.

G. Alfoldy, *Storia sociale dell'antica Roma*, ed. Il Mulino, Bologna 1997.

Bibliografia su Lulu

Memorie:
Sopravvissuto. Memorie di un ex
Grido ad Manghinot. Politica e Turismo a Riccione (1859-1967)
Storia:
Homo primitivus. Le ultime tracce di socialismo
Cristianesimo medievale
Dal feudalesimo all'umanesimo. Quadro storico-culturale di una transizione
Storia dell'Inghilterra. Dai Normanni alla rivoluzione inglese
Scoperta e conquista dell'America
Il potere dei senzadio. Rivoluzione francese e questione religiosa
Cenni di storiografia
Herbis non verbis. Introduzione alla fitoterapia
Arte:
Arte da amare
La svolta di Giotto. La nascita borghese dell'arte moderna
Letteratura-Linguaggi:
Letterati italiani
Letterati stranieri
Pagine di letteratura
Pazìnzia e distèin in Walter Galli
Dante laico e cattolico
Grammatica e Scrittura. Dalle astrazioni dei manuali scolastici alla scrittura creativa
Poesie:
Nato vecchio; La fine; Prof e Stud; Natura; Poesie in strada; Esistenza in vita; Un amore sognato
Filosofia:
Laicismo medievale
Ideologia della chiesa latina
L'impossibile Nietzsche
Da Cartesio a Rousseau
Rousseau e l'arcantropia
Il Trattato di Wittgenstein
Preve disincantato
Critica laica
Le ragioni della laicità
Che cos'è la coscienza? Pagine di diario
Che cos'è la verità? Pagine di diario
Scienza e Natura. Per un'apologia della materia
Spazio e Tempo: nei filosofi e nella vita quotidiana
Linguaggio e comunicazione
Interviste e Dialoghi

Antropologia:
La scienza del colonialismo. Critica dell'antropologia culturale
Ribaltare i miti: miti e fiabe destrutturati
Economia:
Esegeti di Marx
Maledetto capitale
Marx economista
Il meglio di Marx
Etica ed economia. Per una teoria dell'umanesimo laico
Le teorie economiche di Giuseppe Mazzini
Politica:
Lenin e la guerra imperialista
Io, Gorbaciov e la Cina (pubblicato dalla Diderotiana)
L'idealista Gorbaciov. Le forme del socialismo democratico
Il grande Lenin
Cinico Engels
L'aquila Rosa
Società ecologica e democrazia diretta
Stato di diritto e ideologia della violenza
Democrazia socialista e terzomondiale
La dittatura della democrazia. Come uscire dal sistema
Dialogo a distanza sui massimi sistemi
Diritto:
Siae contro Homolaicus
Diritto laico
Psicologia:
Psicologia generale
La colpa originaria. Analisi della caduta
In principio era il due
Sesso e amore
Didattica:
Per una riforma della scuola
Zetesis. Dalle conoscenze e abilità alle competenze nella didattica della storia
Ateismo:
L'Apocalisse di Giovanni
Amo Giovanni. Il vangelo ritrovato (ed. Bibliotheka)
Pescatori di uomini. Le mistificazioni nel vangelo di Marco
Contro Luca. Moralismo e opportunismo nel terzo vangelo
Metodologia dell'esegesi laica. Per una quarta ricerca
Protagonisti dell'esegesi laica. Per una quarta ricerca
Ombra delle cose future. Esegesi laica delle lettere paoline
Umano e Politico. Biografia demistificata del Cristo
Le diatribe del Cristo. Veri e falsi problemi nei vangeli
Ateo e sovversivo. I lati oscuri della mistificazione cristologica
Risorto o Scomparso? Dal giudizio di fatto a quello di valore

Indice

www.ingramcontent.com/pod-product-compliance
Lightning Source LLC
Chambersburg PA
CBHW061341250726
48657CB00004B/1268